WILLKOMMEN! KRÄNZE, DIE FREUDE AUSSTRAHLEN!

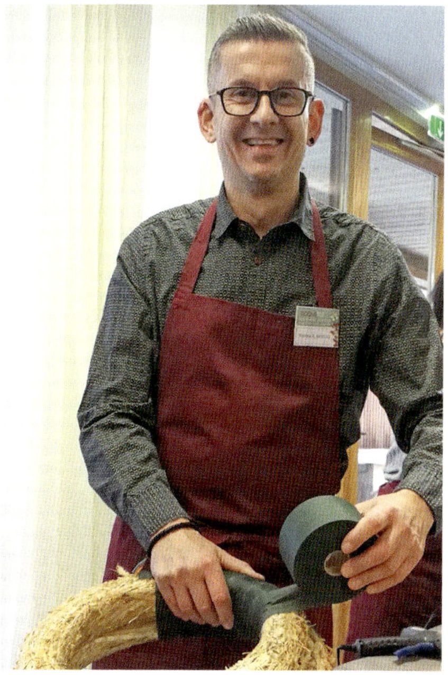

Immer wieder erlebe ich es, wie begeistert meine Workshop-Teilnehmerinnen und -Teilnehmer sind, wenn sie gemeinsam und unter Anleitung einen Kranz oder auch ein anderes Werkstück erstellt haben. Selber mit den Händen kreativ zu werden und sich Schmuckstücke für Zuhause aus Blumen sowie Pflanzen und sonstigen Naturmaterialien zu gestalten, macht einfach viel, viel Spaß. Vielleicht auch mehr denn je zuvor passt das eigene gestalterische Sich-Beschäftigen mit der Natur in diese Zeit. Wir ziehen uns verstärkt in unsere eigenen vier Wände zurück, wir gestalten unser unmittelbares Umfeld wieder bewusster, und mit viel Liebe und wir suchen Aktivitäten, die für uns eine Herzensangelegenheit darstellen, die uns zur Ruhe kommen lassen und mit Freude erfüllen.
Deshalb habe ich mich entschlossen, Euch Einblicke in meine Workshops und deren begeisternde Ergebnisse zu geben, die immer das Thema „Kränze“ beinhalten. Kranz ist aber nicht gleich Kranz, das werdet Ihr schnell merken. Und das Werkstück „Kranz“ existiert nicht nur als Adventskranz oder österlicher Tischmittelpunkt. Wir haben sommerliche Graskränze gewunden, Kieselsteine aus dem Bachlauf als Kranzunterlagen verwendet, Kränze auf Stecken oder fürs Fenster gefertigt. Und immer haben wir zuvor in der freien Natur nach den passenden Fundstücken gesucht, die unsere Kreationen auf natürliche Weise ergänzten und zu hinschauenswerten Objekten machten.
Ich erläutere Euch genau die Herstellungsweise, benenne die wichtigsten Bestandteile und Utensilien, die Ihr benötigt, damit Ihr dieses Workbook als Anregung für das eigene Kreieren zuhause verwenden könnt. Vielleicht gestaltet Ihr einfach mal einen floristischen Kranz-Nachmittag mit Eurer besten Freundin? Dann kommt bei Euch sicherlich die gleiche Begeisterung auf, wie bei unseren Workshops, die wir noch in größeren Runden stattfinden lassen konnten.
Ich würde mich freuen, wenn Ihr hier viele Anregungen zum Nachmachen findet. Und die vielen Beispiele sollen Euch zeigen, dass es nicht darauf ankommt, genau dieses oder jenes Werkstück nachzumachen, sondern dass Ihr es selbst in der Hand habt, wie Euer Kranz ausfallen wird. Somit ist jedes Teil ein Unikat, das Eure Handschrift trägt!

Viel Spaß wünscht Euch

Euer Markus A. Reinhold

INHALTSVERZEICHNIS

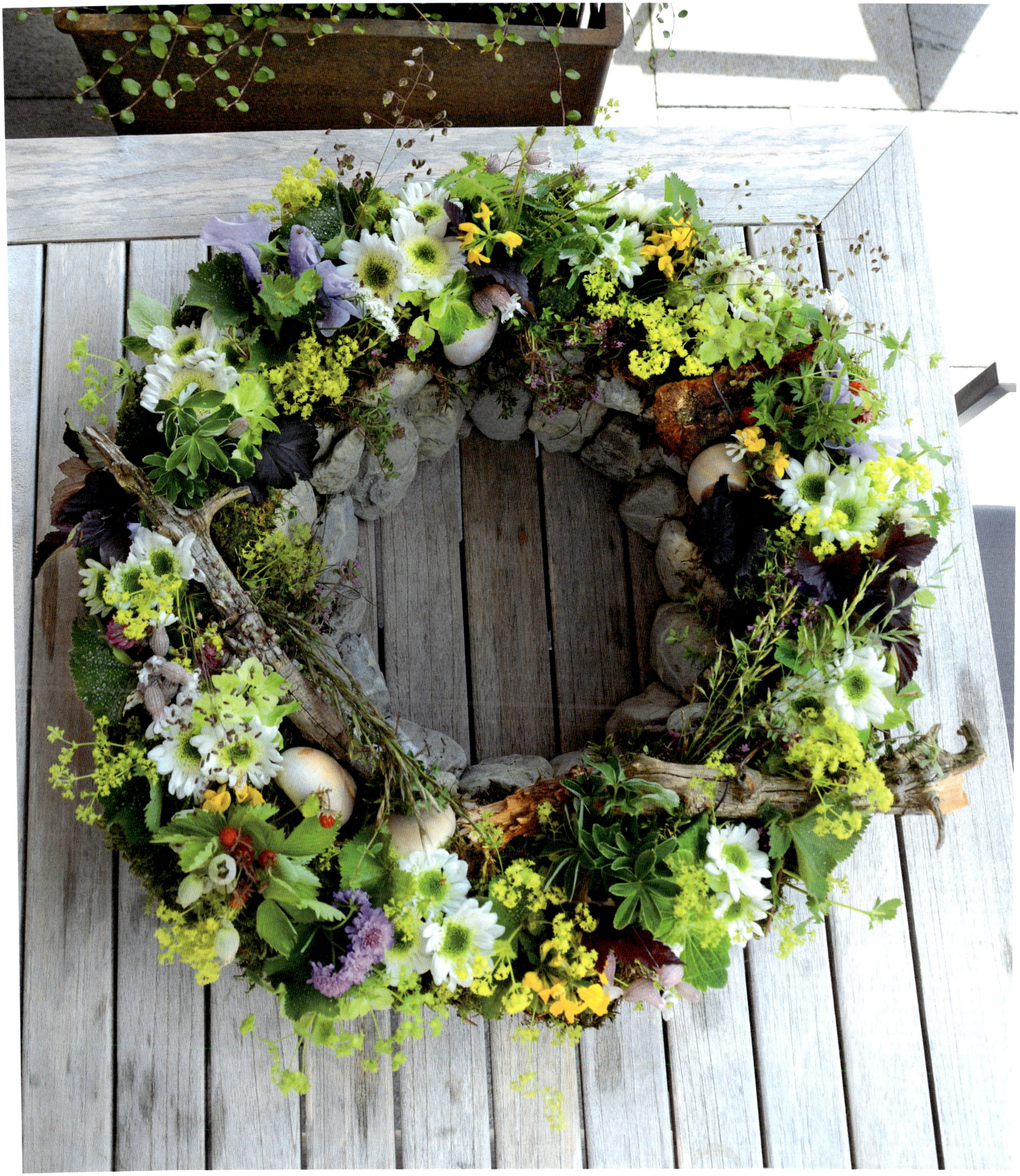

GRASKRÄNZE

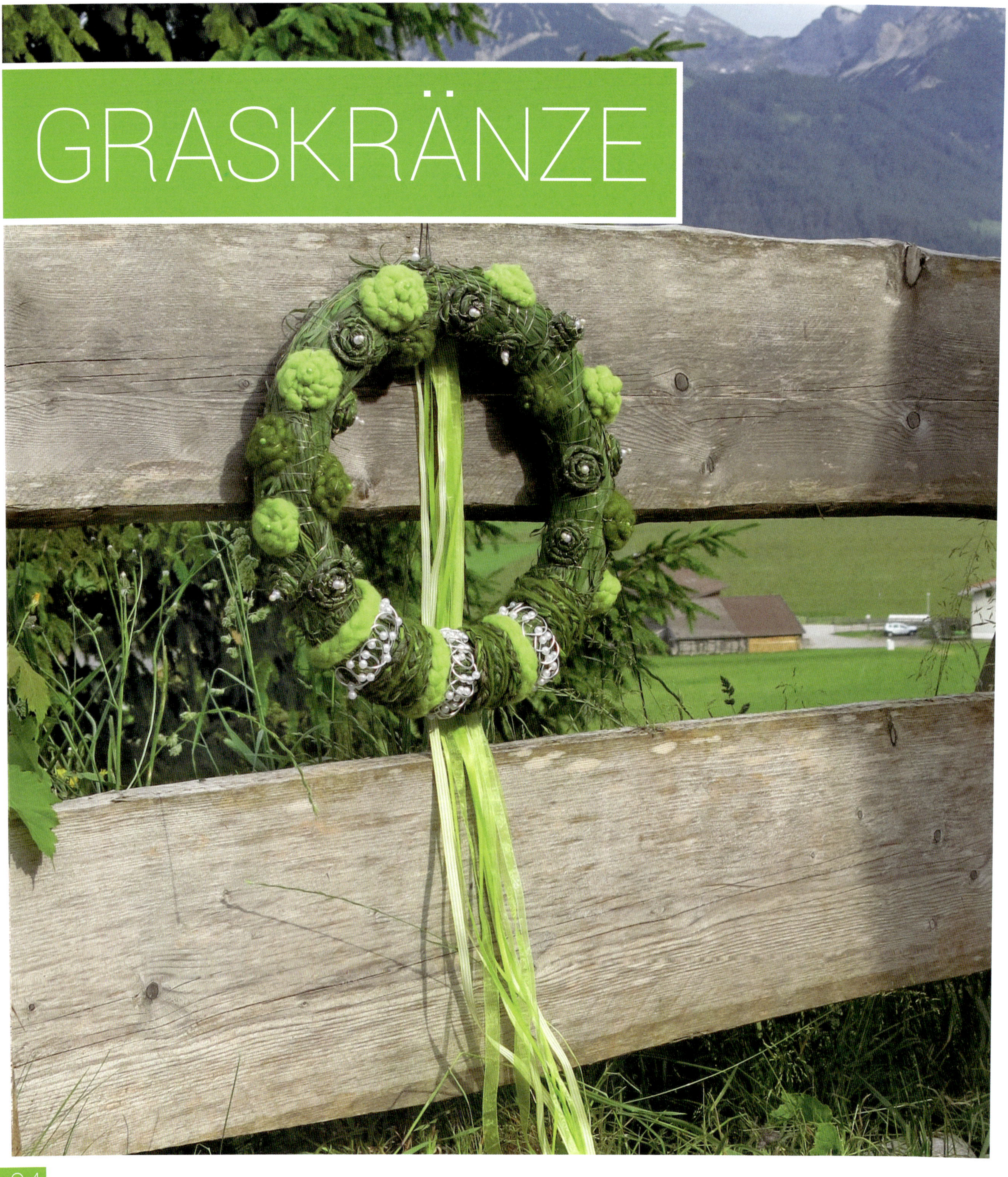

MEIN SOMMER-HIT

Ich hätte es nicht zu denken gewagt, dass Graskränze mal zum absoluten Hit meines Sommer-Workshops werden sollten! Aber alle Vorzeichen waren optimal. So fanden sich zum Sommeranfang alle Wiesen gerade in vollem, saftigem Grün. Die erste Mahd stand zwar kurz bevor, aber zum Glück hatten die Bauern noch nicht die Sense angesetzt, sodass wir wunderbar langes, saftig-grünes Wiesengras in Hülle und Fülle vorfanden. Außerdem hatten wir tollstes Juni-Wetter, warm aber nicht zu heiß, was die Lust aufs Sammeln und das anschließende kreative Tätigwerden nur so beflügelte. Schnell füllten sich unsere Sammeltaschen und der Duft des frischen Grases machte sich anschließend im Arbeitsraum breit.

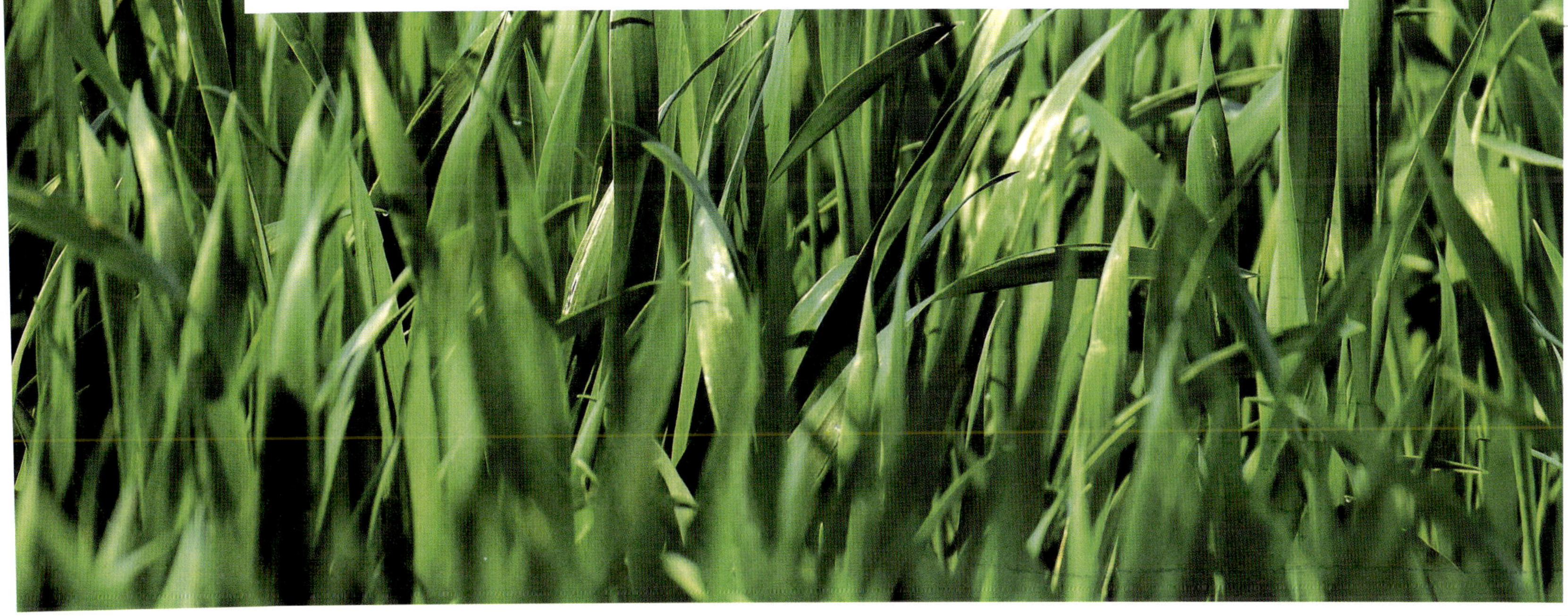

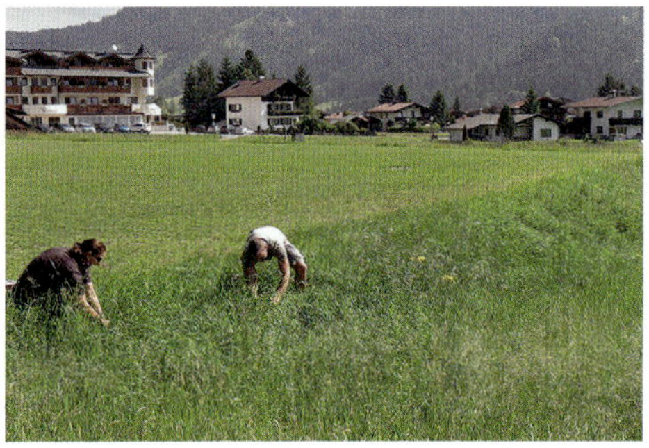

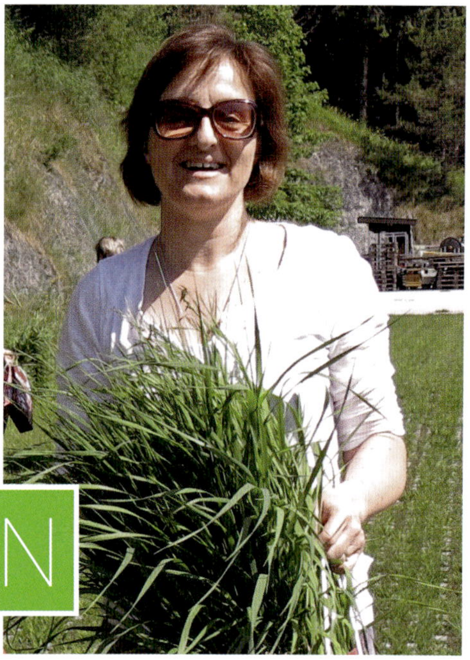

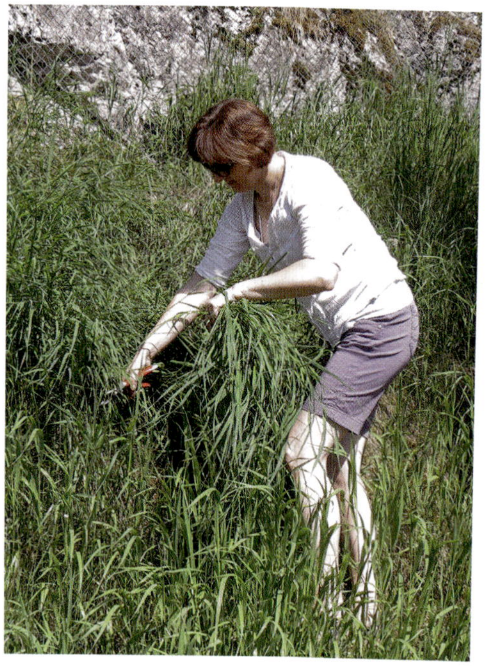

LANG UND SAFTIG GRÜN

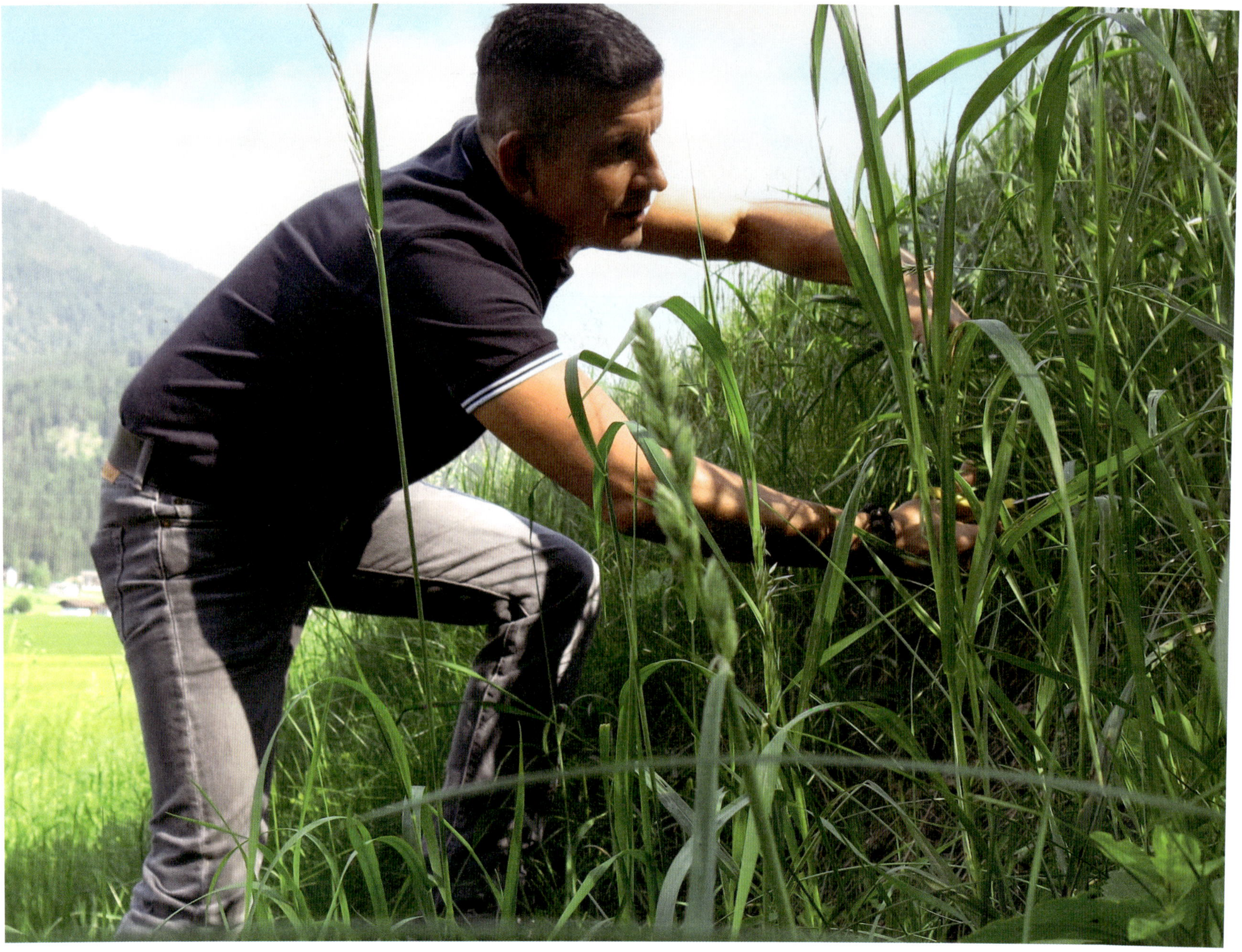

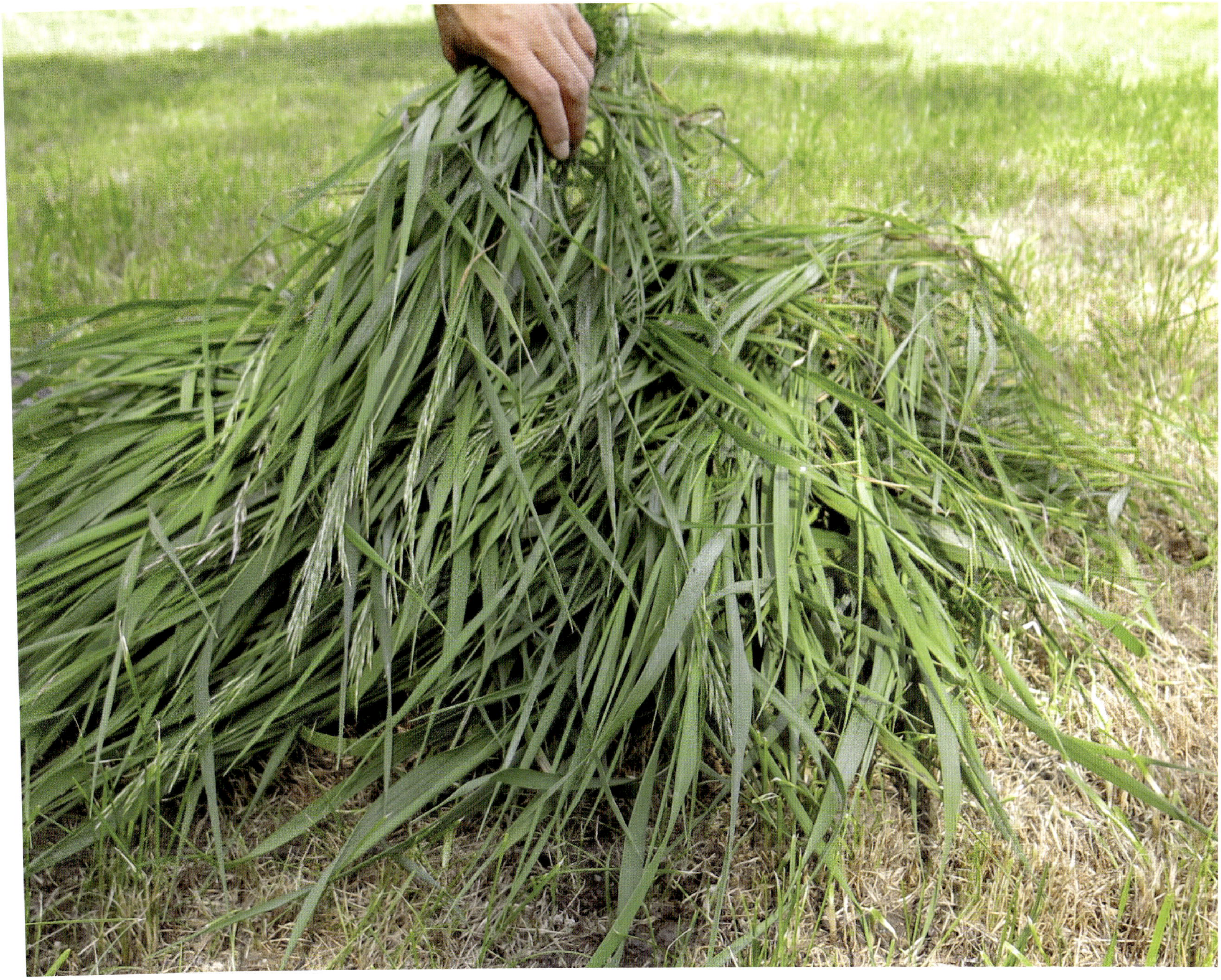

Je länger das Gras, desto besser! Reingreifen und büschelweise abschneiden, macht Spaß. Dabei haben wir natürlich mehr in den Randbereichen von Wiesen oder an Abhängen geschnitten, denn selbstverständlich müssen wir das Eigentum der Bauern respektieren.

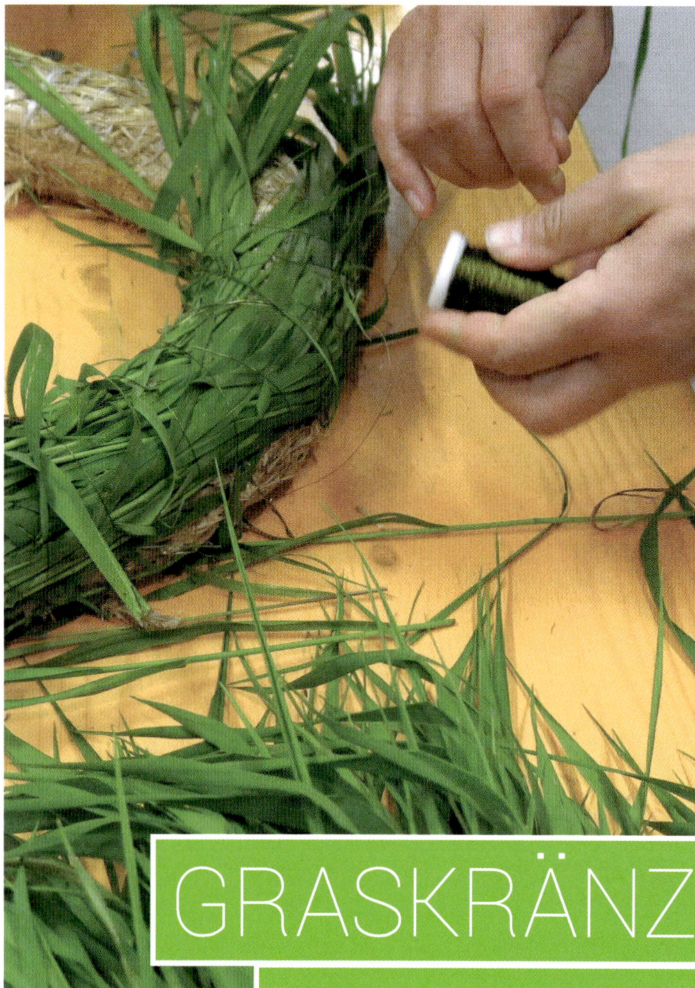

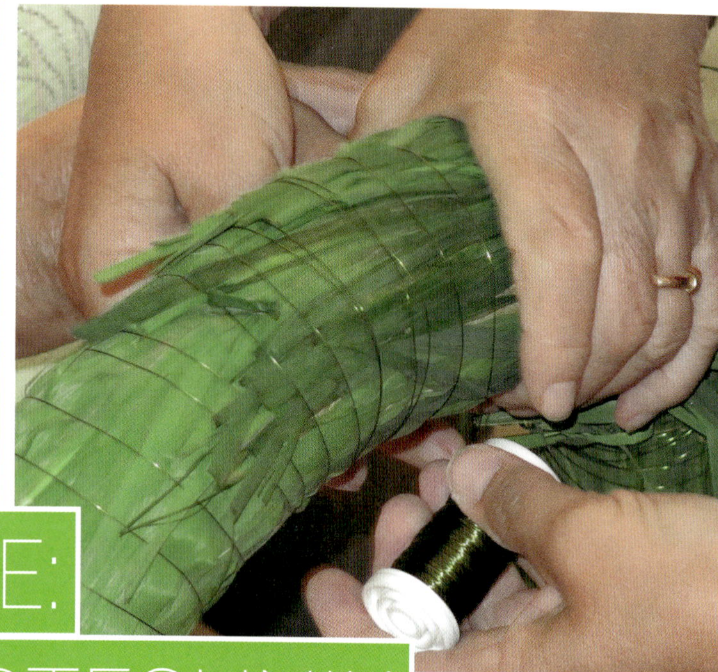

GRASKRÄNZE: DIE GRUNDTECHNIK

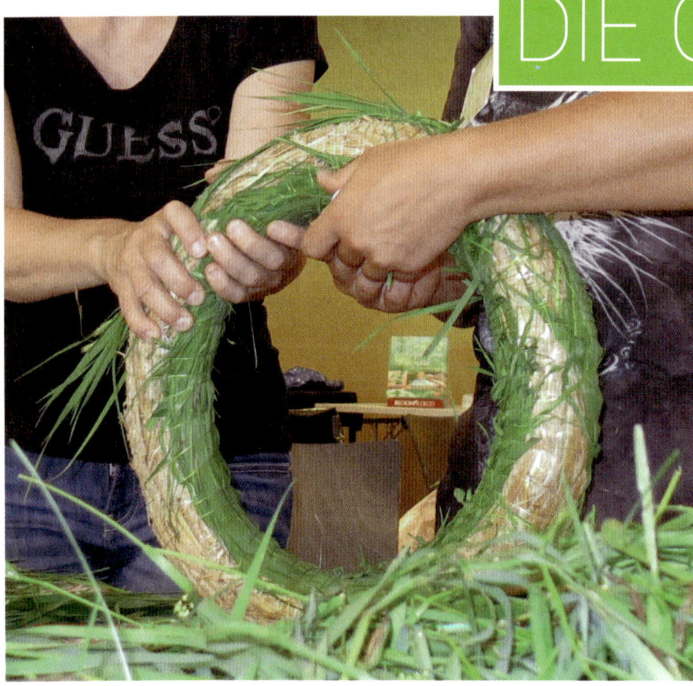

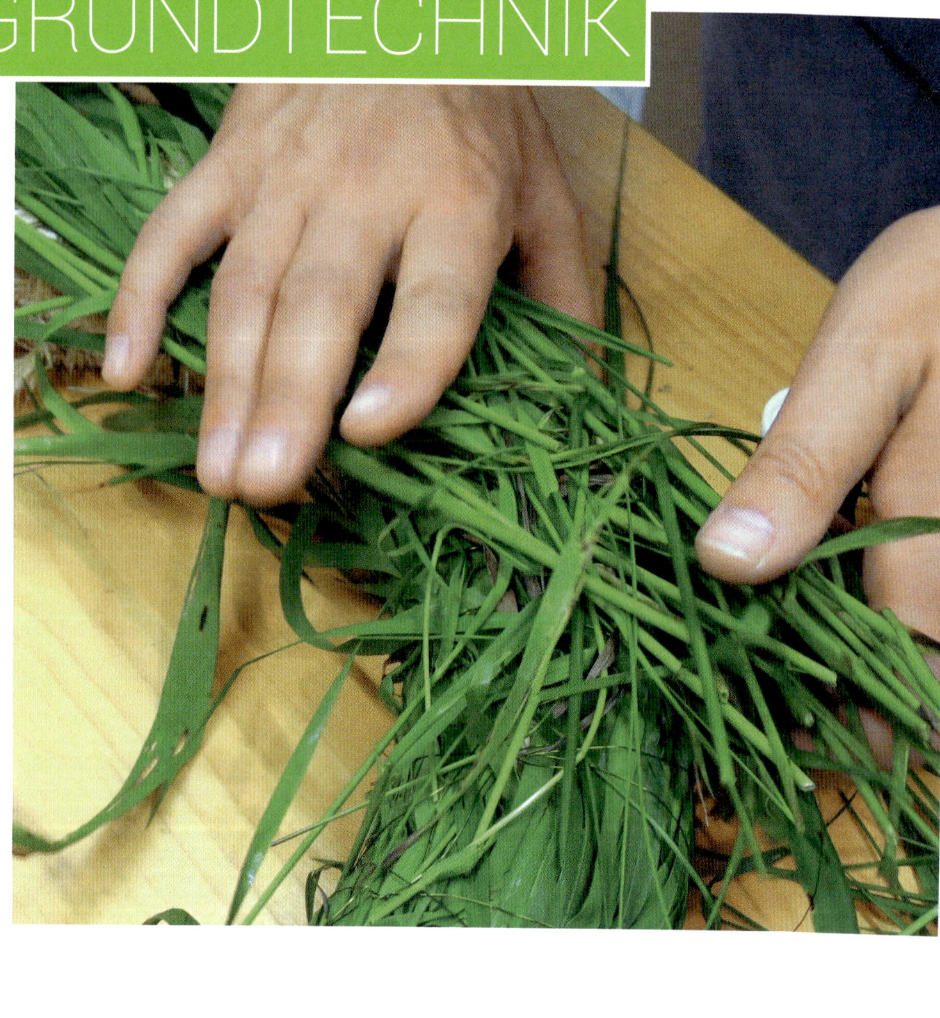

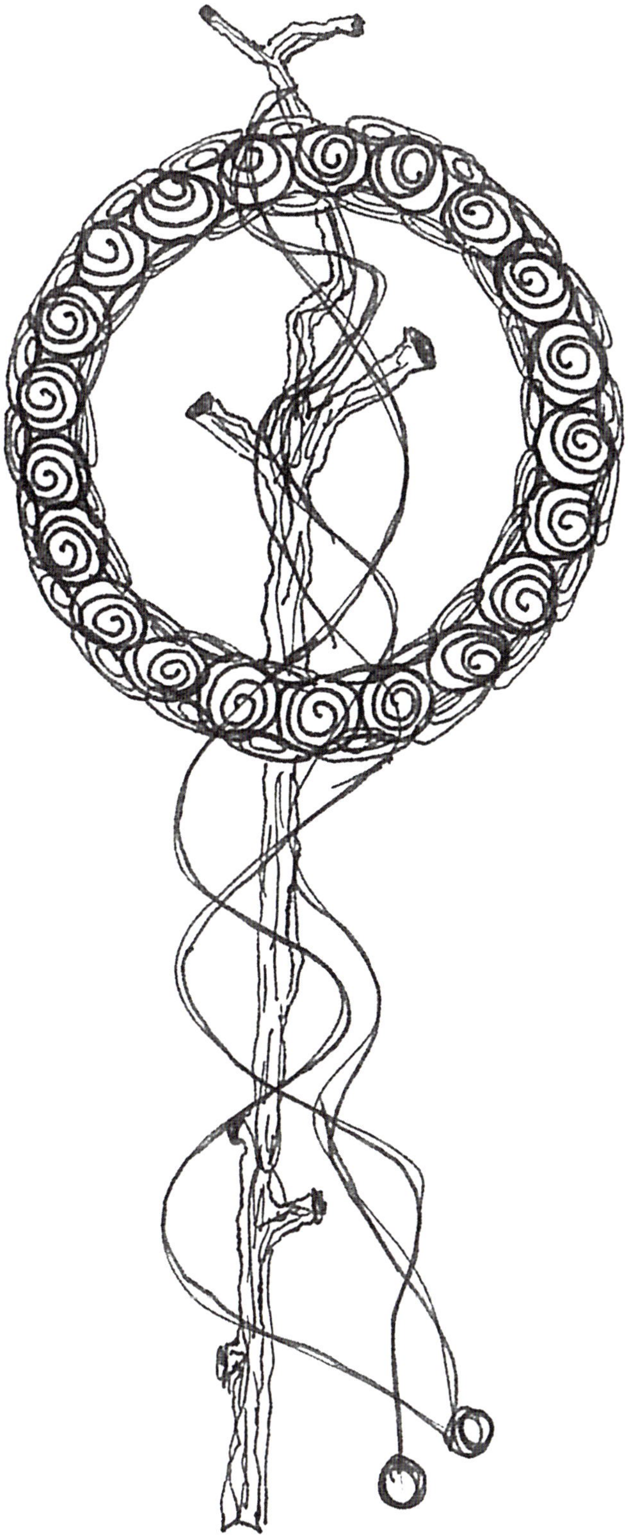

DAS BRAUCHT IHR

- Wiesengras, lang, frisch geschnitten
- evtl. Ast, schön gewachsen als Stecken für den im Garten platzierten Graskranz
- Strohrömer
- Steckdraht, verzinkt
- Drahtkrampen
- Silberdraht, fein
- Bindedraht
- Wolle, Bänder, Deko-Accessoires

SO IST DIE GRUNDTECHNIK

Die Grasbüschel werden mithilfe von Zierdraht um den Strohrömer gewickelt. Dazu legt Ihr die Halme in Kranzrichtung an und nehmt quer dazu die Drahtumschlingungen vor. Etwas leichter geht dies, wenn Ihr zu zweit arbeitet. Dann kann einer mit beiden Händen die Grasbüschel gleichmäßig auf den Kranzkörper drücken und diese damit bändigen, während der andere die Umwicklungen gleichmäßig und sauber ausführt. So wird die Basis für alles Weitere geschaffen. Und nun kann es ans Ausgestalten gehen.

DIE DEKO-MÖGLICHKEITEN

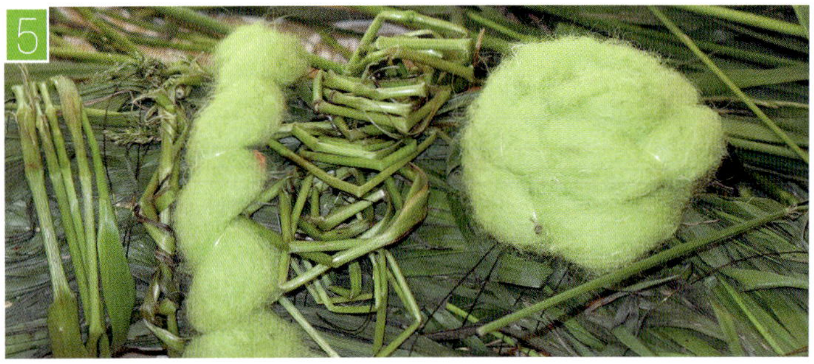
5

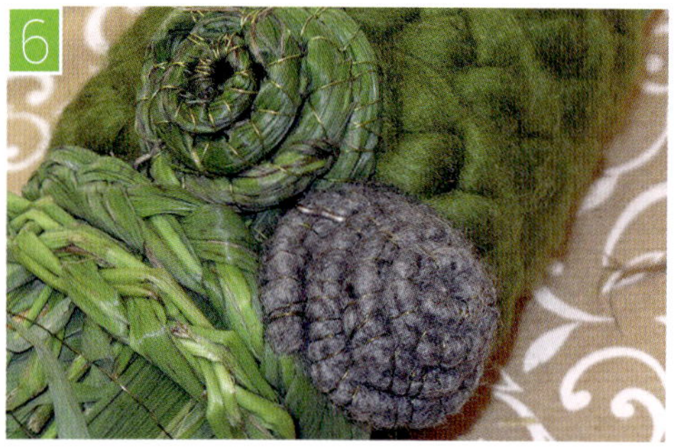
6

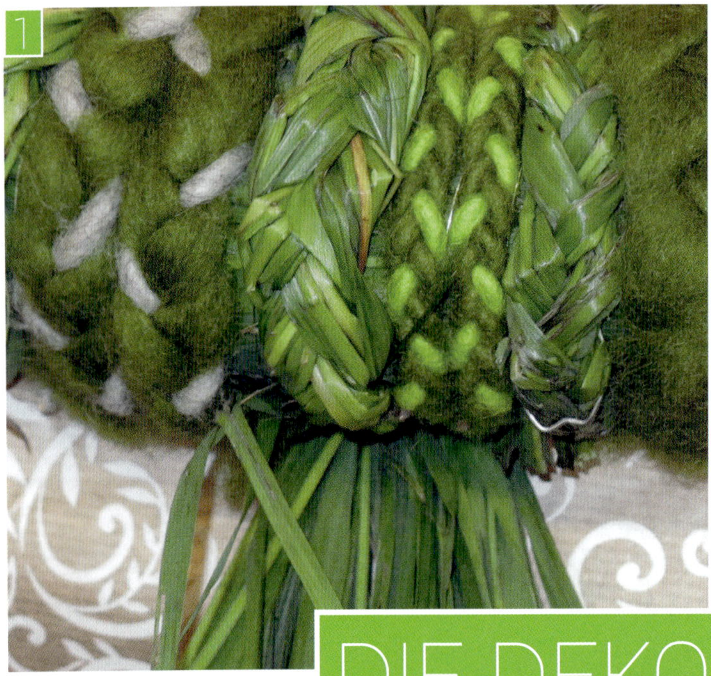
1

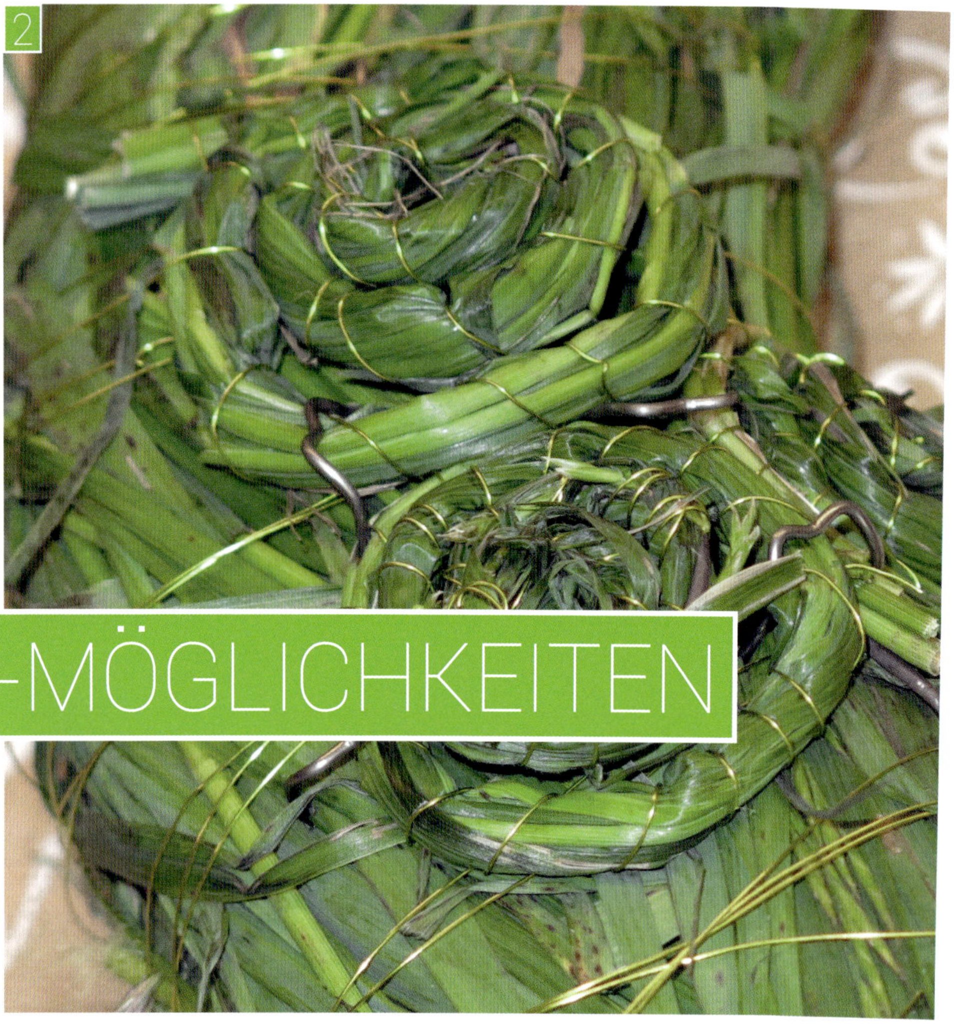
2

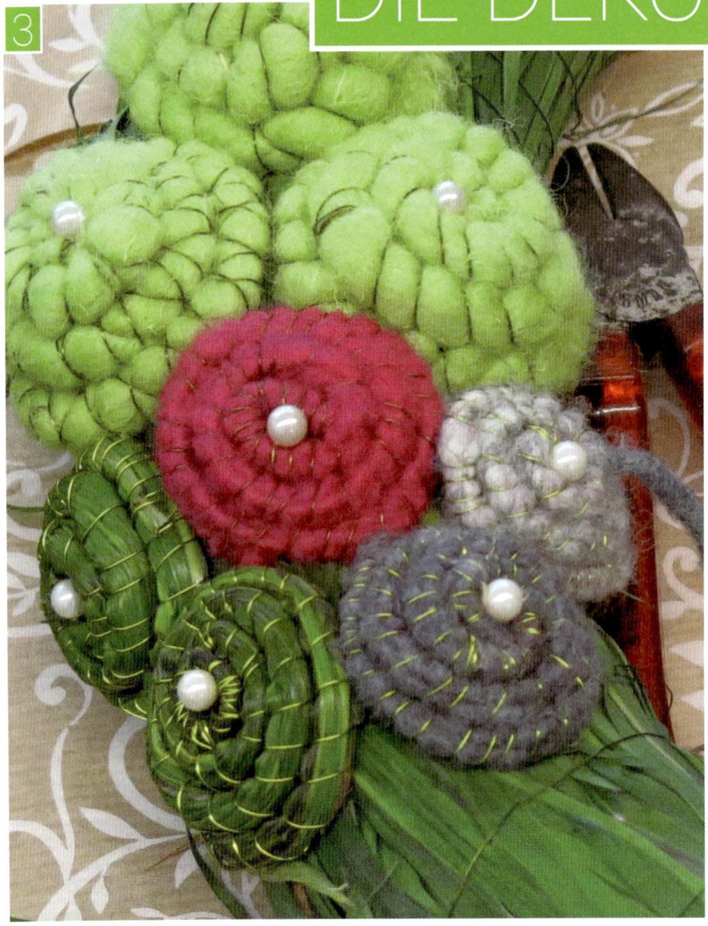
3

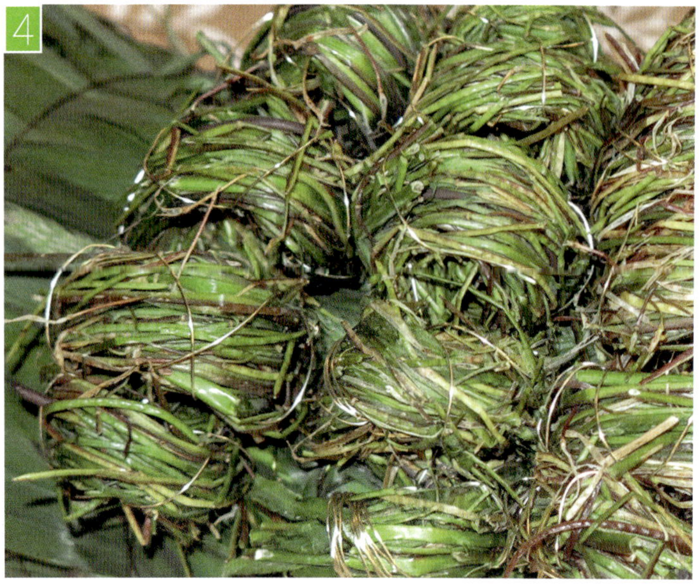
4

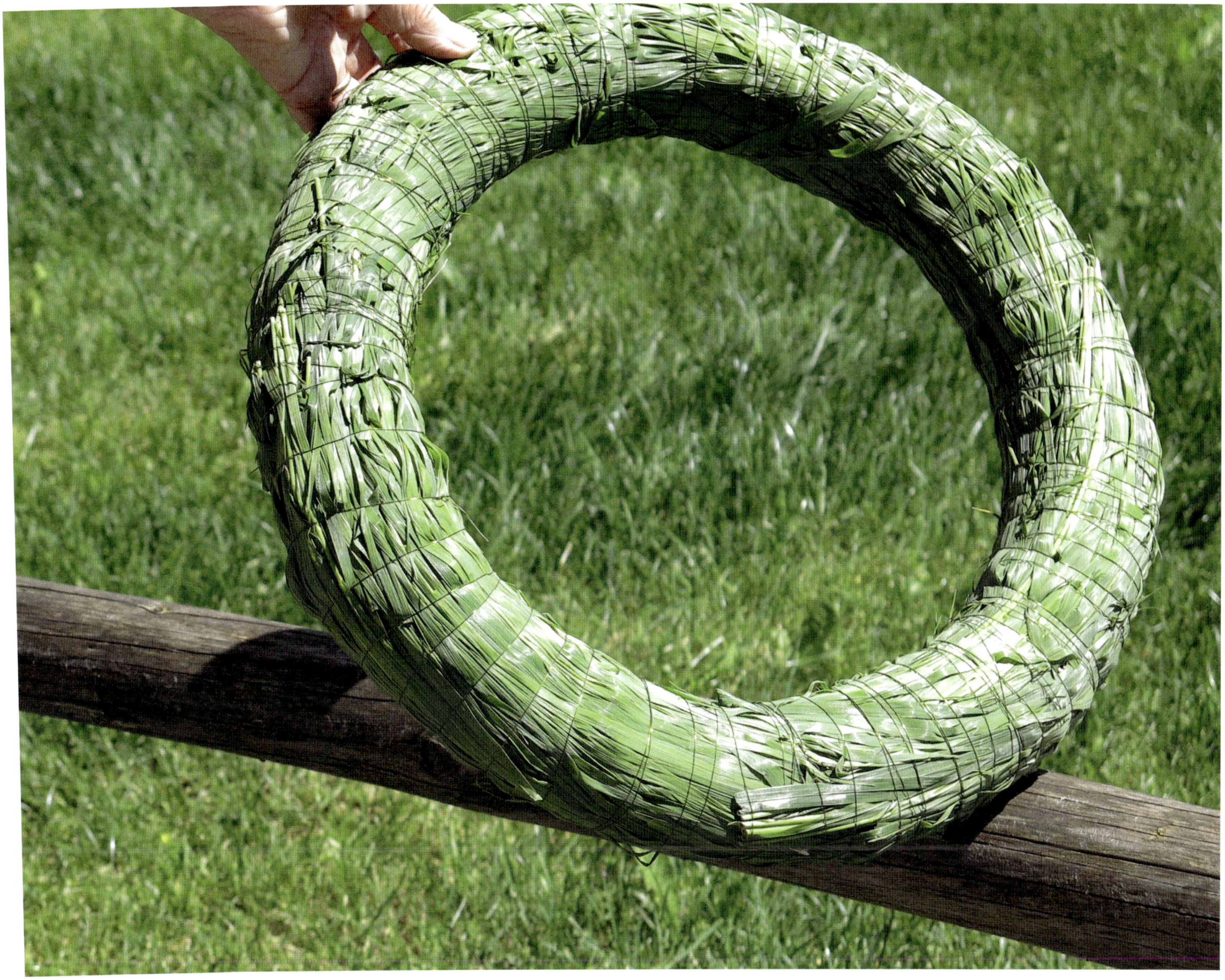

1 **Grasflechtungen:** Dazu werden lange Grasstränge miteinander verflochten und ihr Anfang und Ende jeweils mit etwas Bindedraht fixiert. So können sie im Ganzen um die Kranzkörper geschlungen werden.

2 + 3 **Grasschnecken:** Mit feinem Draht gleichmäßig umwickelte Grasstränge lassen sich mithilfe einer Steckdrahtseele zu Schnecken wickeln, diese sehen sehr akkurat und schick aus.

4 **Graskugeln:** Mithilfe von feinem Draht oder dünnen Fäden zu Kugeln verarbeitetes Gras ist ebenfalls eine selbst erstellte Deko-Möglichkeit.

5 + 6 **Filz- und Wollaccessoires:** Die Fülle an Produkten aus Schafwolle, ein Naturprodukt aus der österreichischen Bergwelt stammend, ist gleichermaßen eine passende Ergänzung zu unseren Kränzen. In allen Stärken und Farben sind sie erhältlich. Sie haben den Vorteil, auch bei der Verwendung als Outdoorkränze den Feuchtigkeits- und Witterungsänderungen unbeschadet standzuhalten.

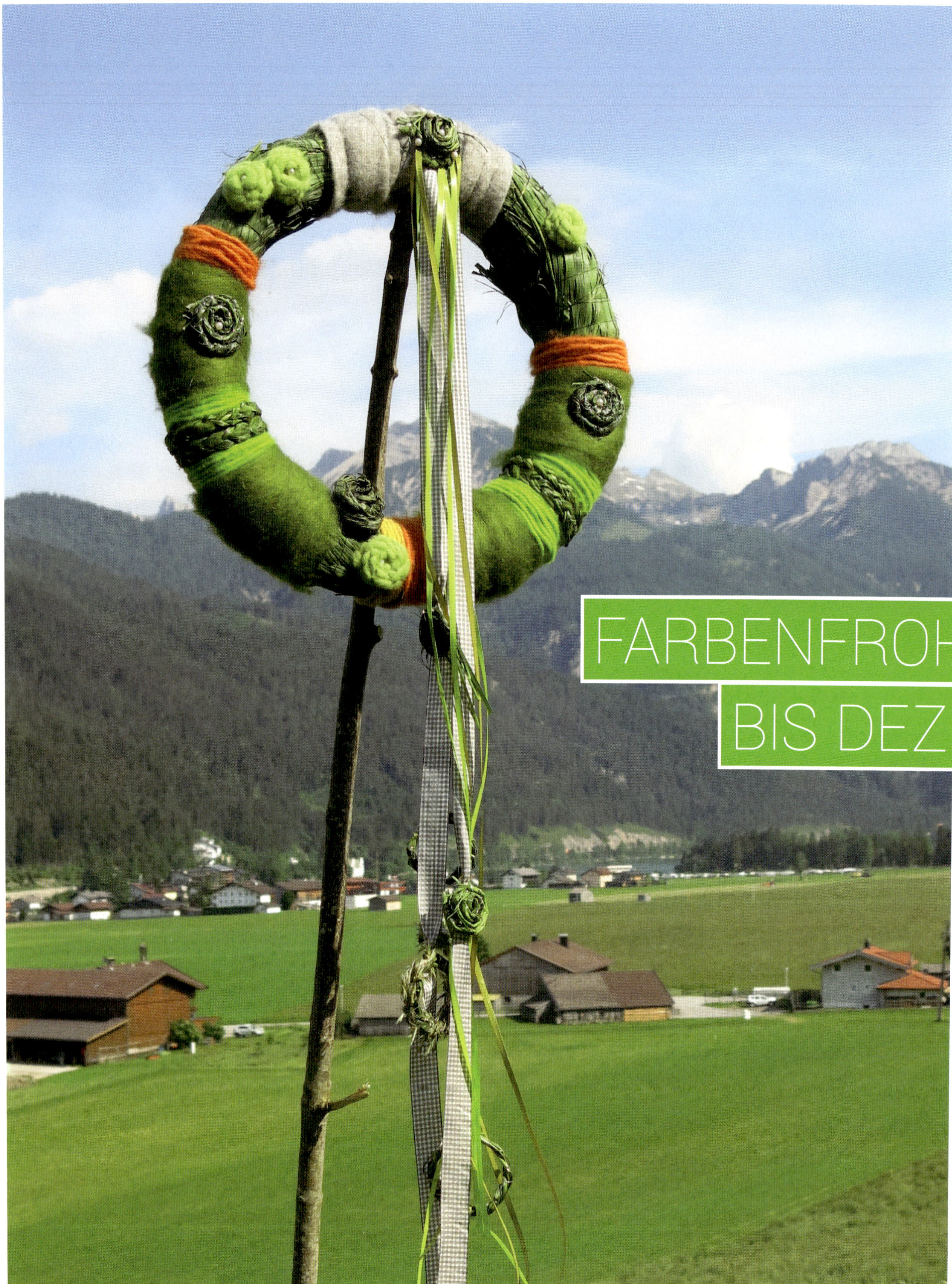

FARBENFROH BIS DEZENT

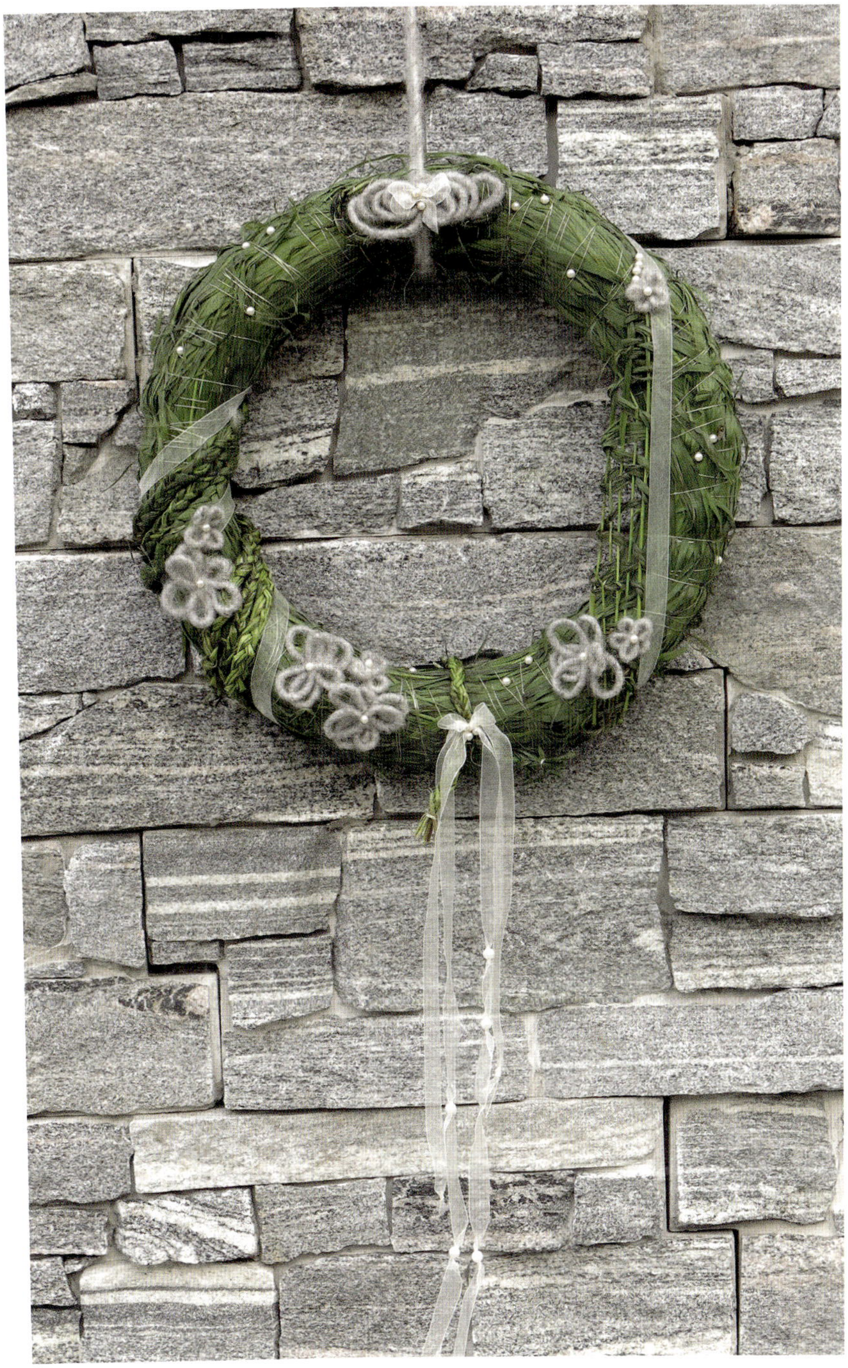

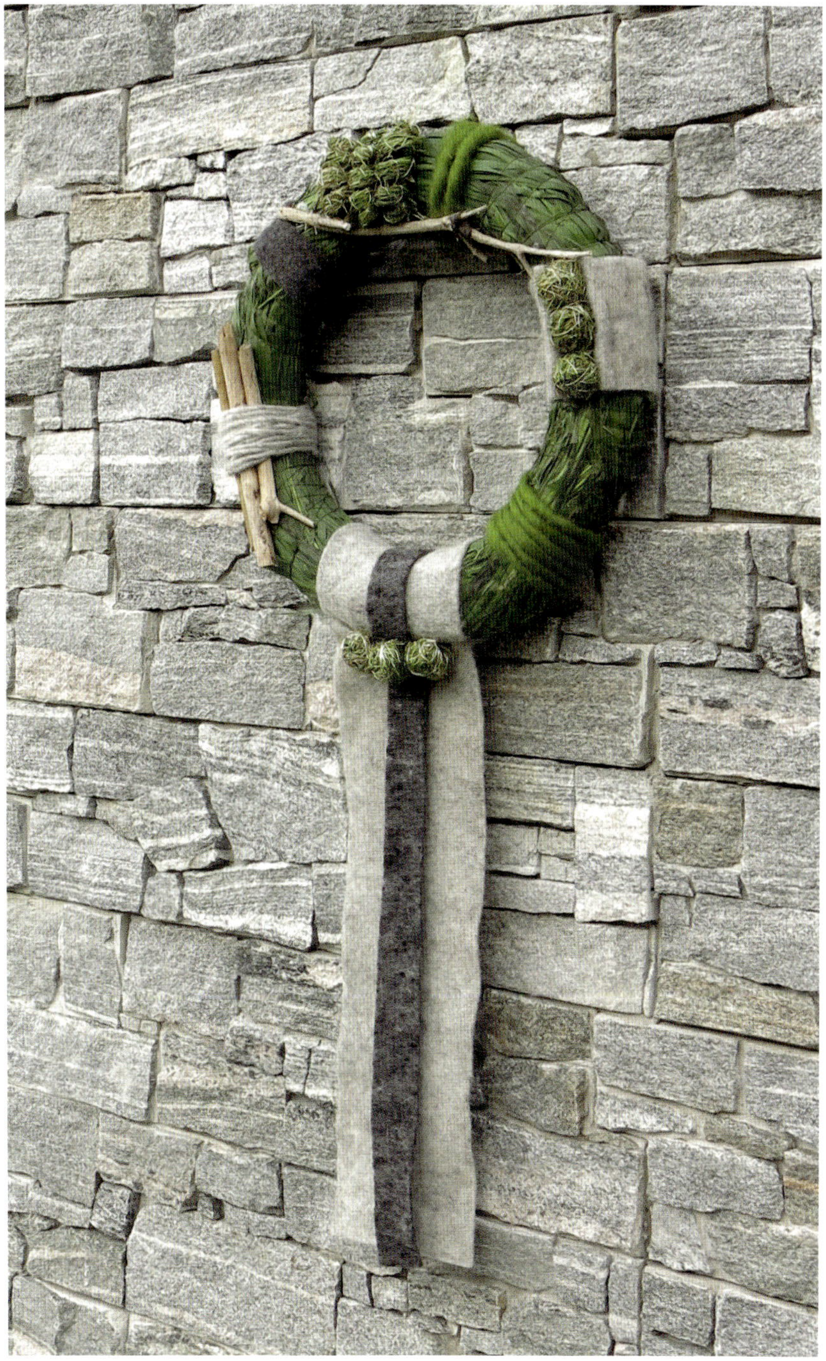

Variationen gibt es reichlich. Ob der Graskranz farbenfroh oder eher dezent zurückhaltend, in einer einzigen Farbe oder einer Farbfamilie gestaltet wird, ist letztendlich die Frage, wo er schlussendlich seine Aufhängung findet.

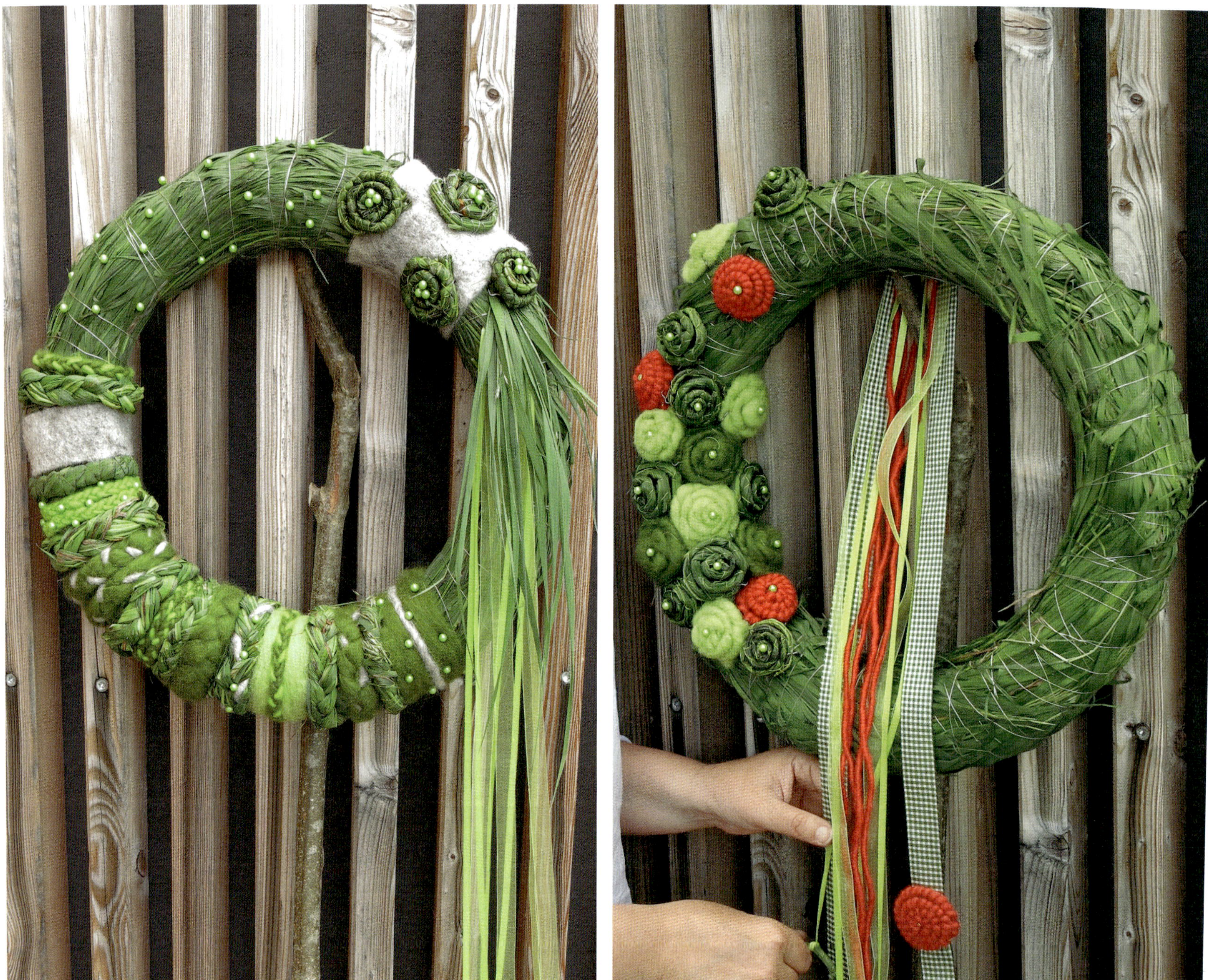

Wandkränze in ganz unterschiedlicher Ausführung mit Zopfschmuck, Woll- und Grasschnecken.

KREATIVE EINZELSTÜCKE

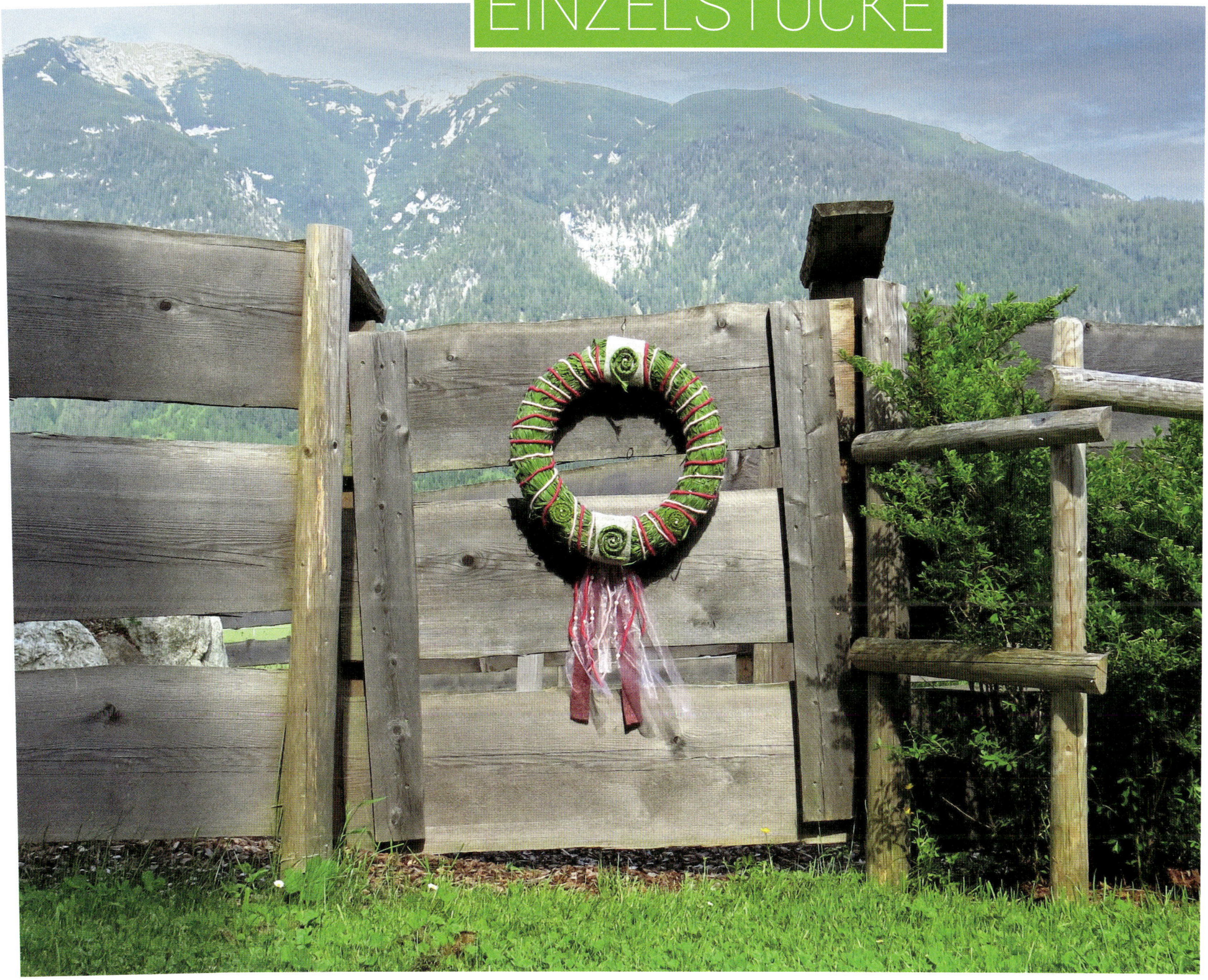

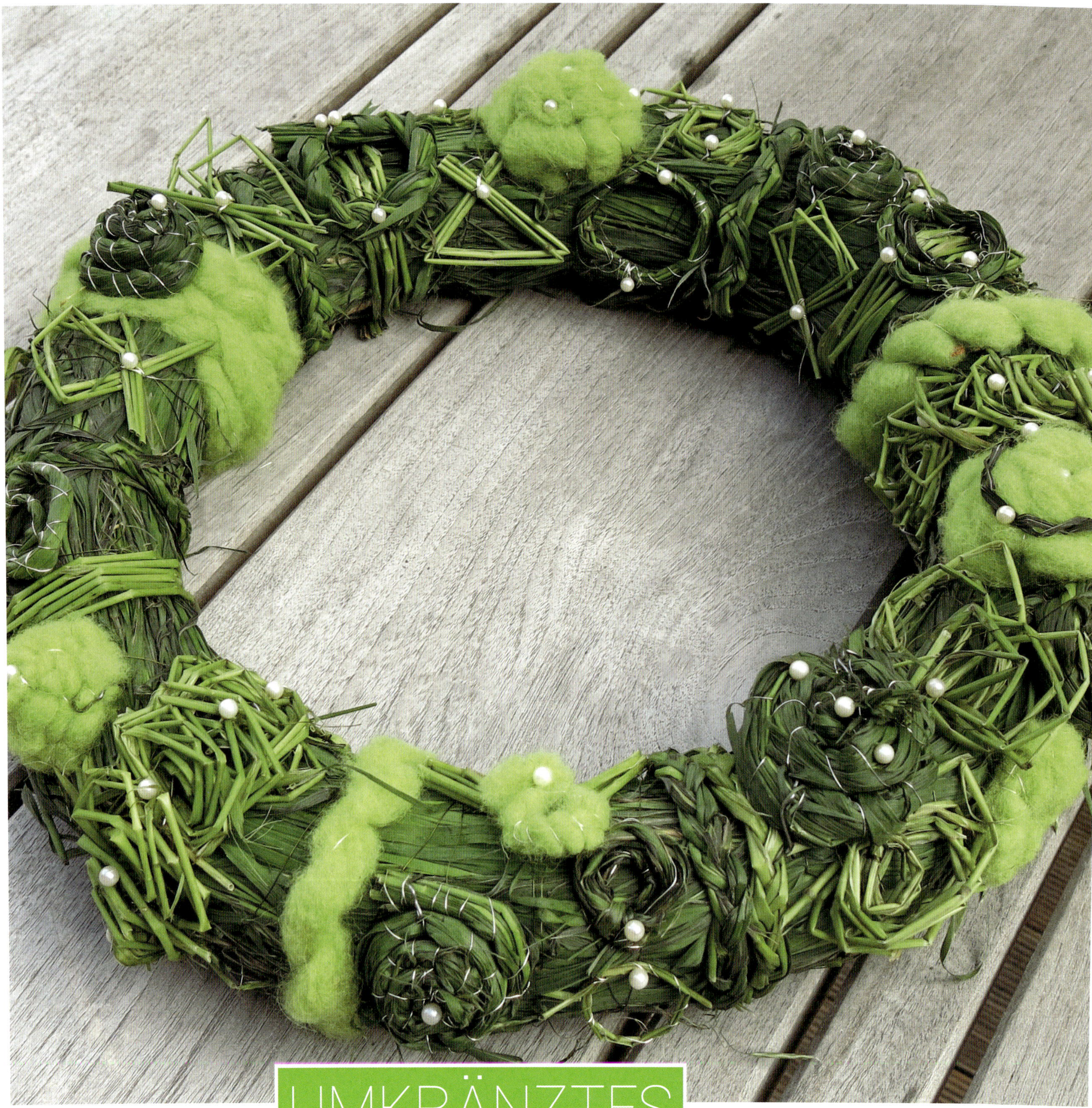

UMKRÄNZTES WINDLICHT

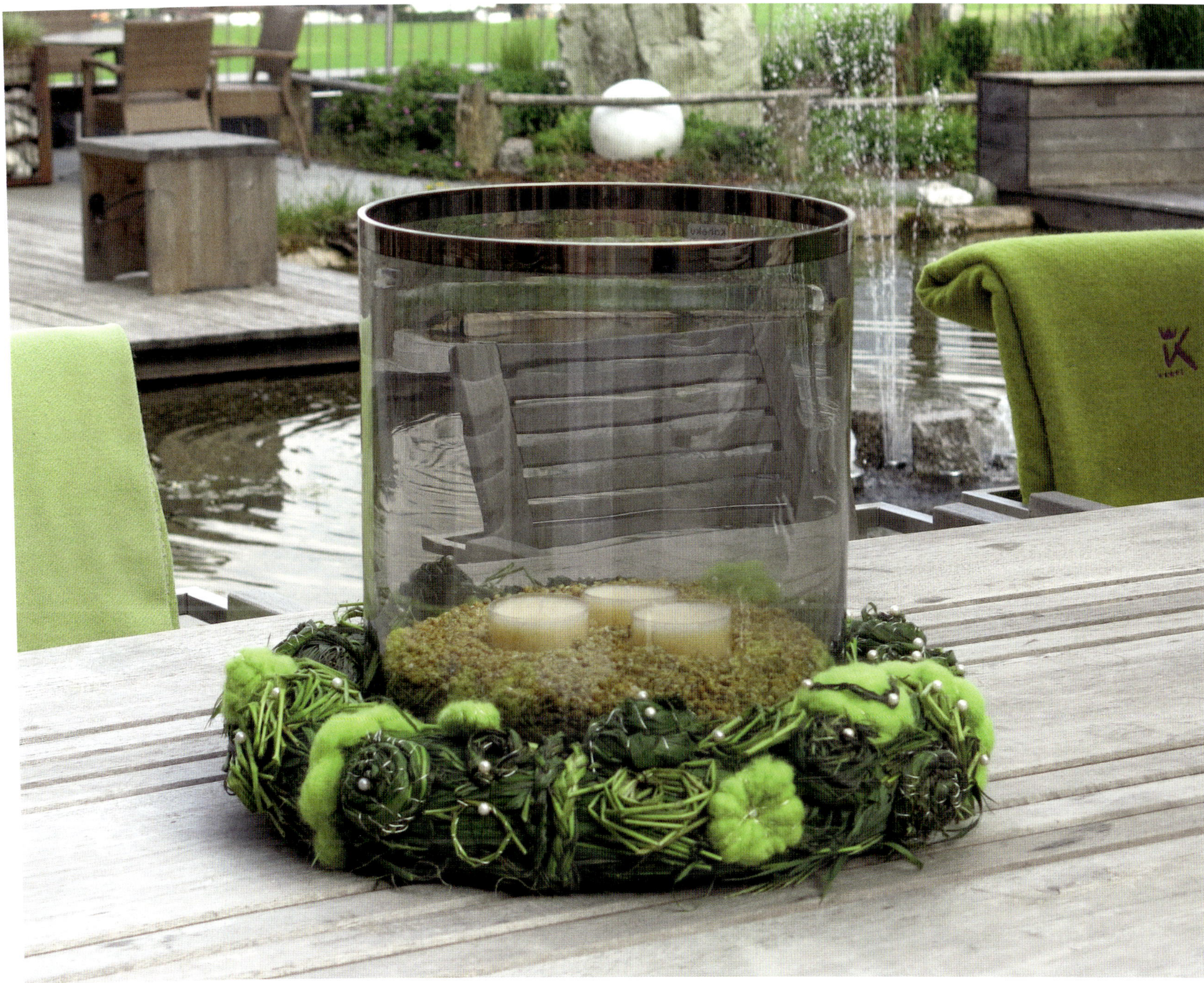

Tolle Idee, den Graskranz als Umkränzung des Windlichtes zu gestalten!

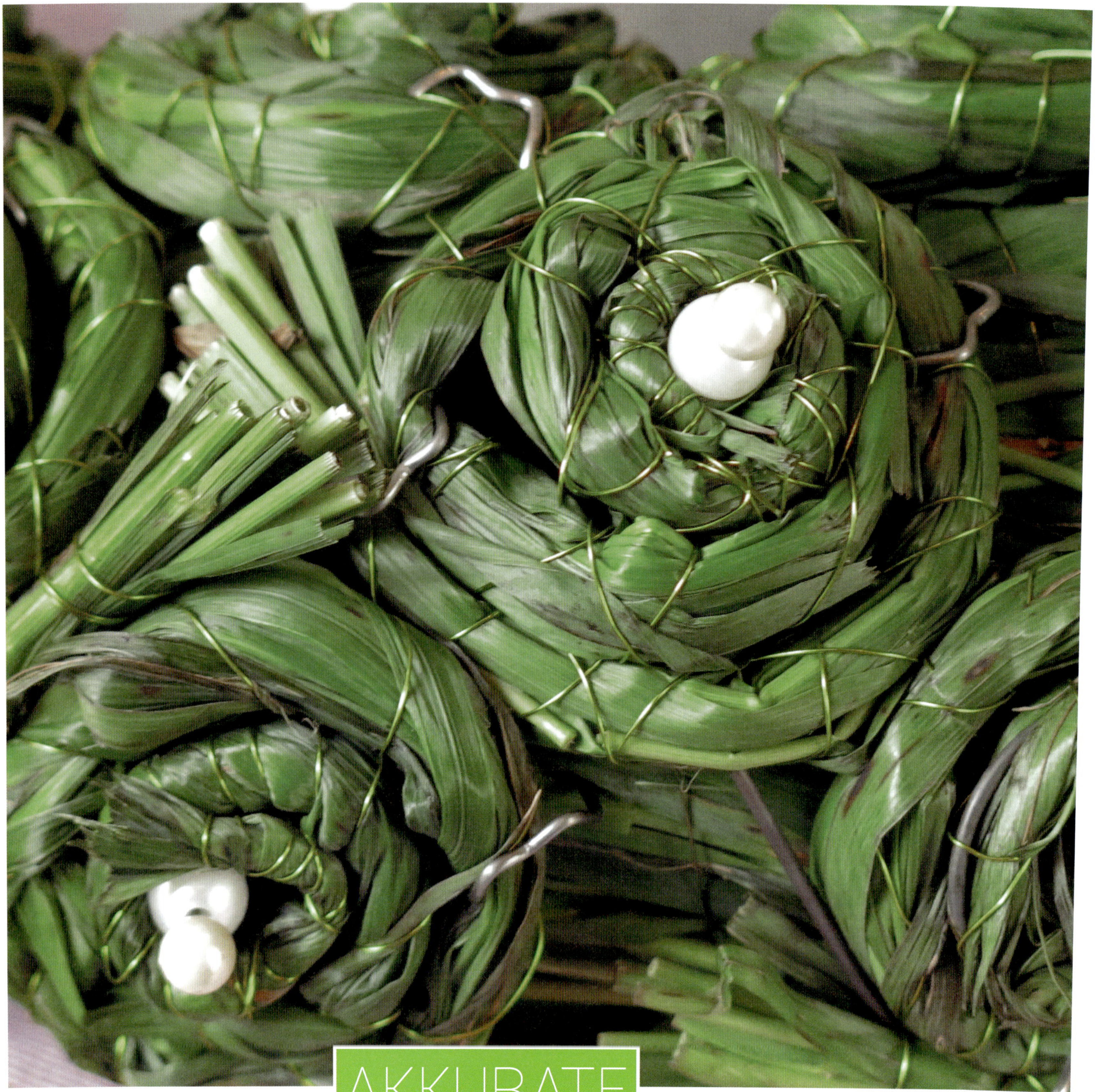

AKKURATE DREHUNGEN

Ein Graskranz durch und durch!
Sehr ordentlich gearbeitet und
auch später als Heukranz
eintrocknend, ziert er noch lange!

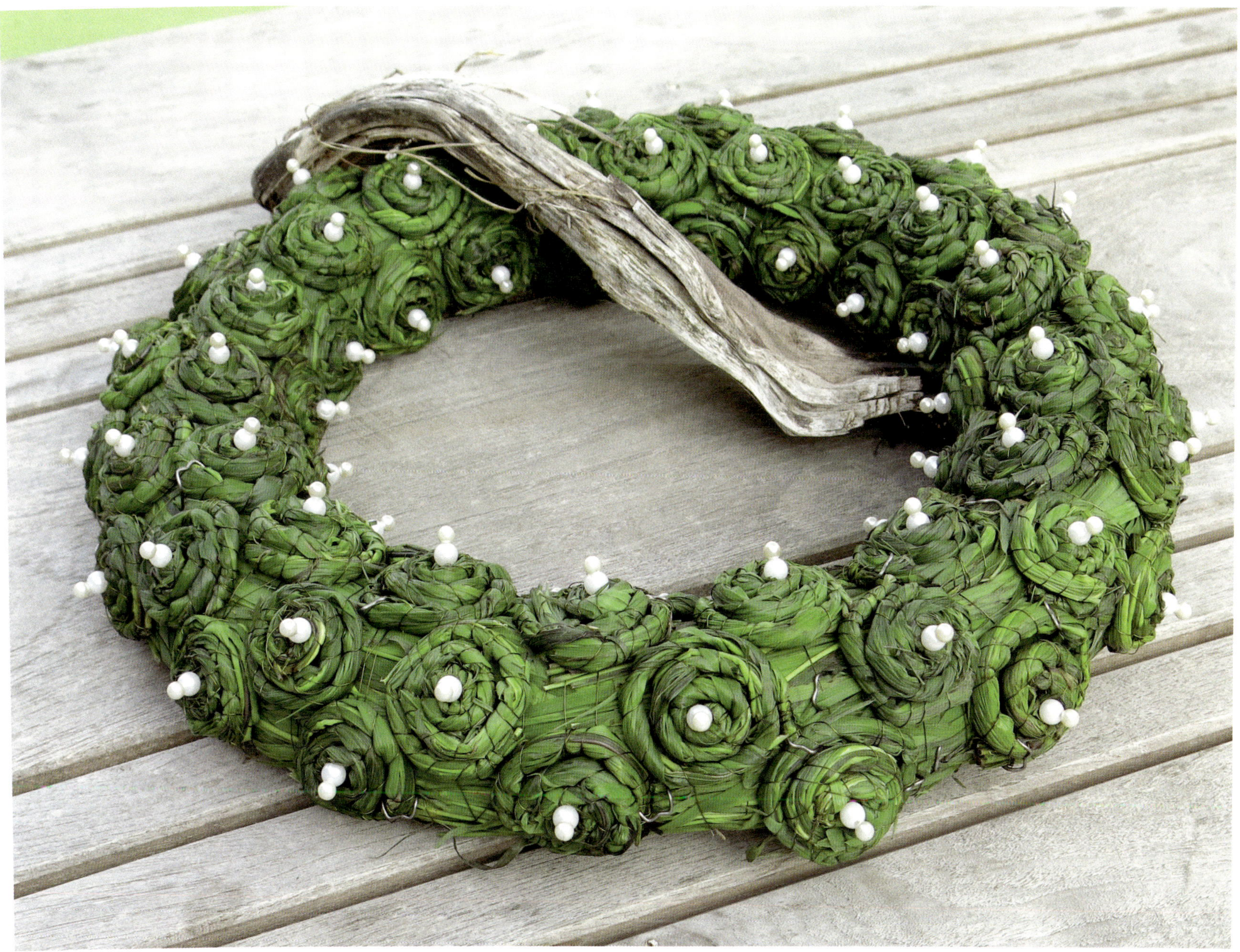

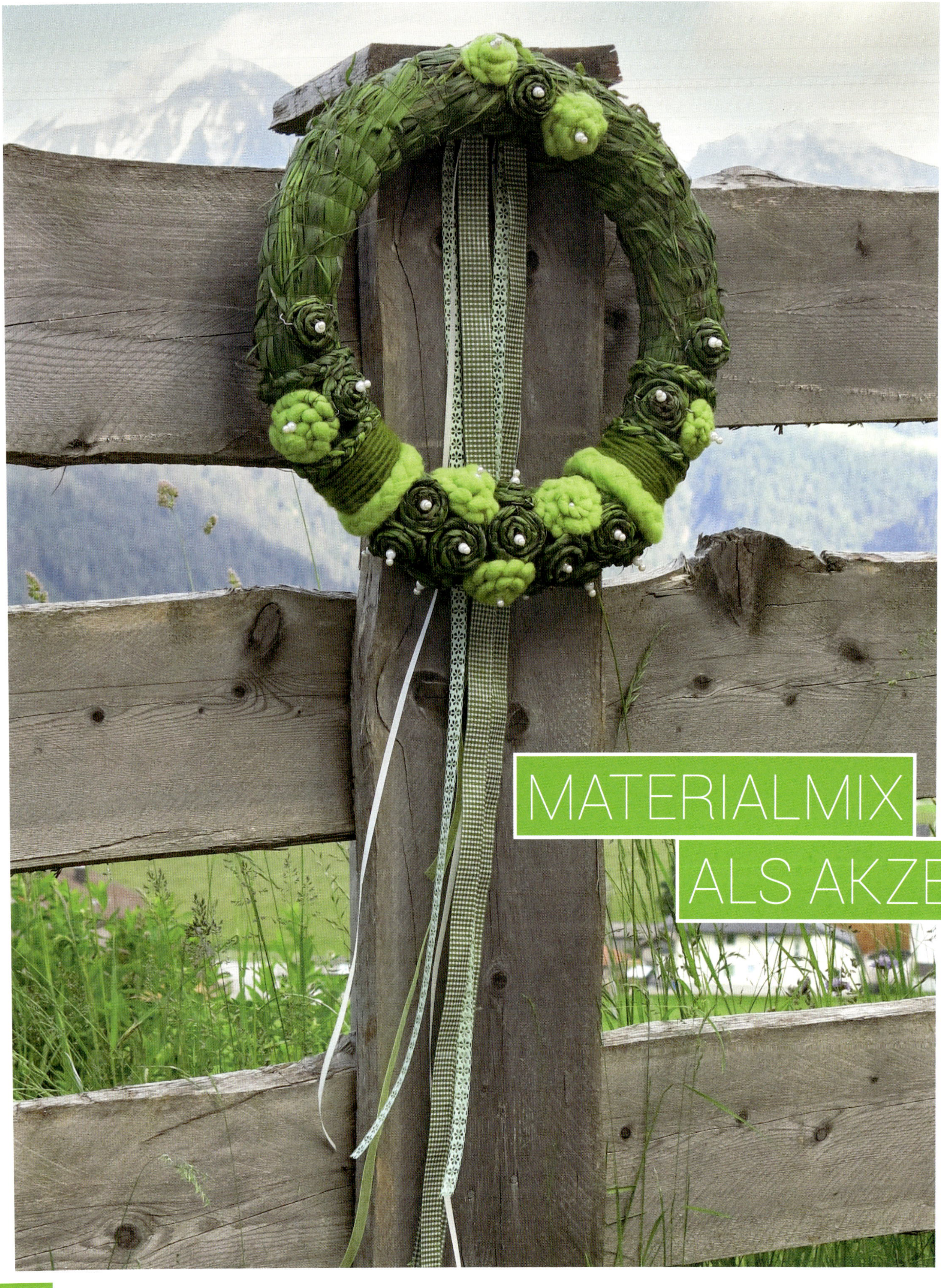

MATERIALMIX ALS AKZENT

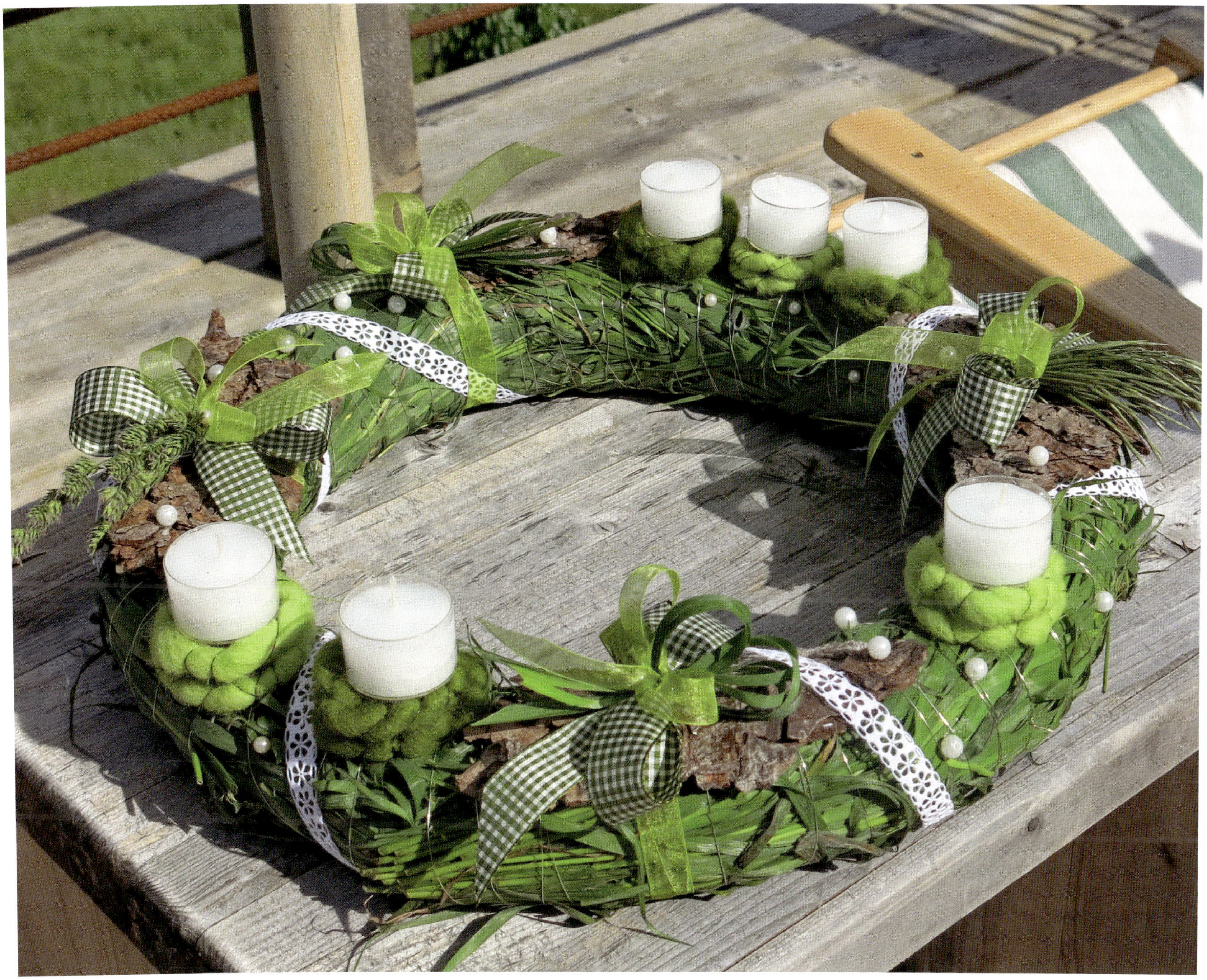

Der sauber mit Gras belegte Kranzkörper bleibt noch gut erkennbar und wird bereichsweise mit den dekorativen Elementen aus Wollformen, Grasschnecken und Umwicklungen oder mit Bändern, Rindenstücken und Teelichtern ergänzt.

STEINKRÄNZE

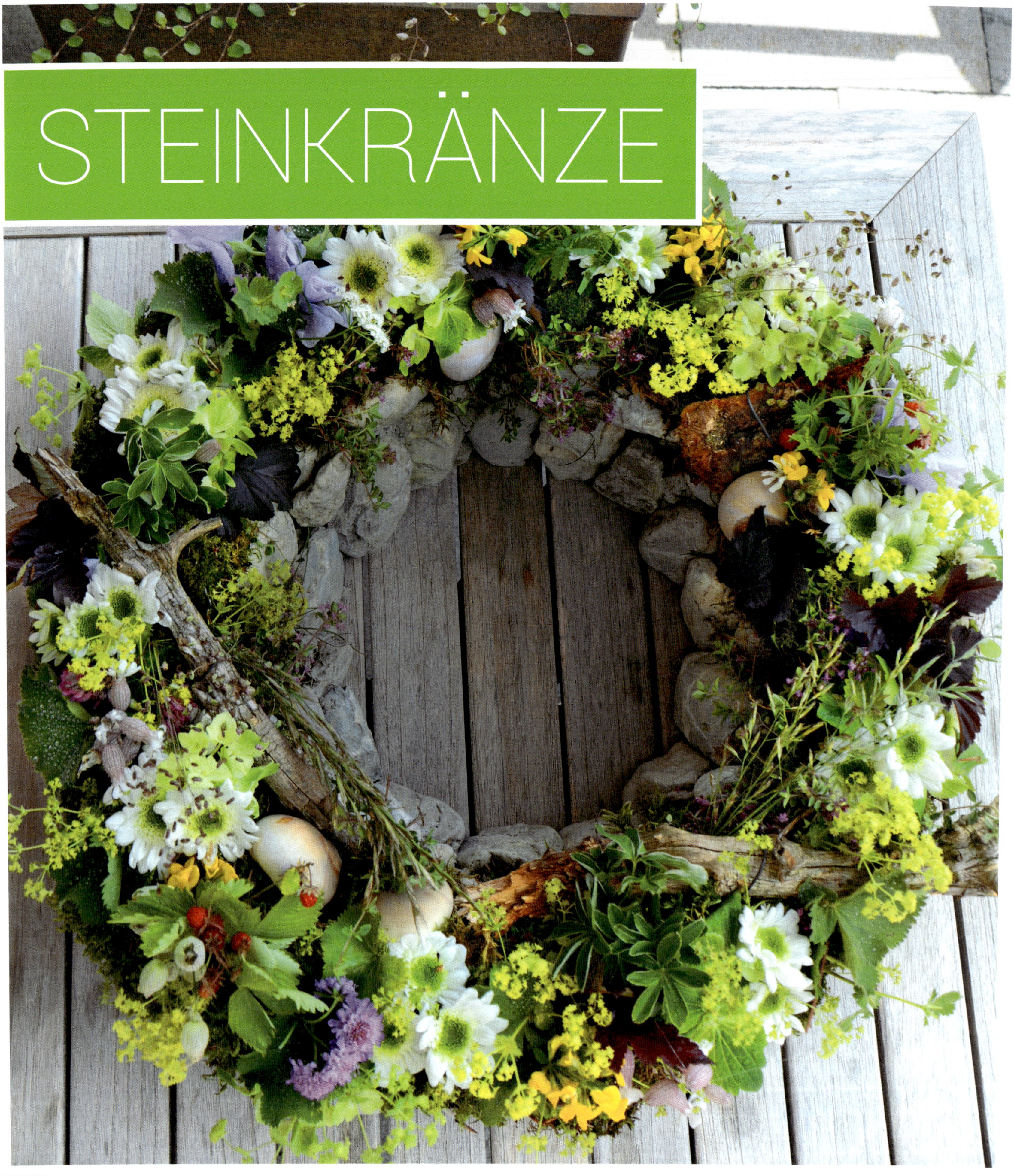

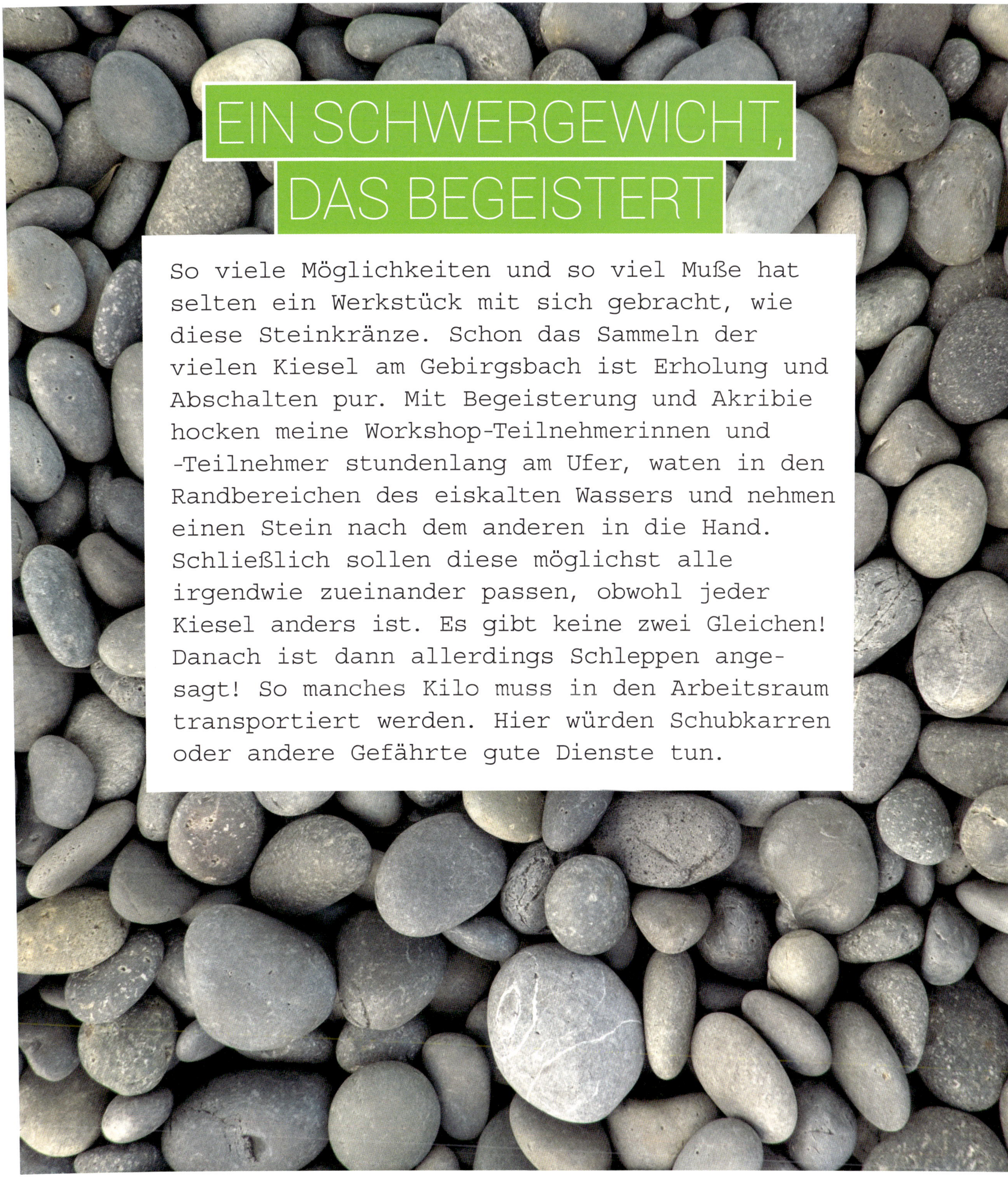

EIN SCHWERGEWICHT, DAS BEGEISTERT

So viele Möglichkeiten und so viel Muße hat selten ein Werkstück mit sich gebracht, wie diese Steinkränze. Schon das Sammeln der vielen Kiesel am Gebirgsbach ist Erholung und Abschalten pur. Mit Begeisterung und Akribie hocken meine Workshop-Teilnehmerinnen und -Teilnehmer stundenlang am Ufer, waten in den Randbereichen des eiskalten Wassers und nehmen einen Stein nach dem anderen in die Hand. Schließlich sollen diese möglichst alle irgendwie zueinander passen, obwohl jeder Kiesel anders ist. Es gibt keine zwei Gleichen! Danach ist dann allerdings Schleppen angesagt! So manches Kilo muss in den Arbeitsraum transportiert werden. Hier würden Schubkarren oder andere Gefährte gute Dienste tun.

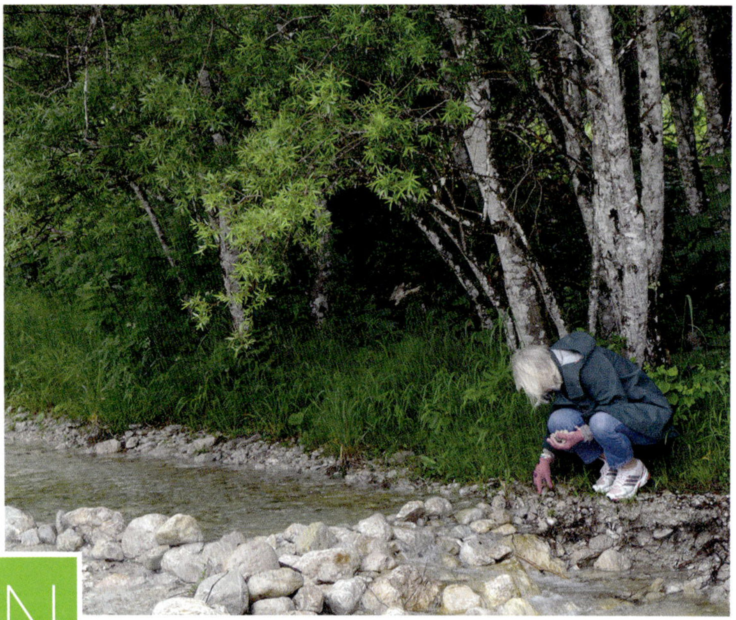

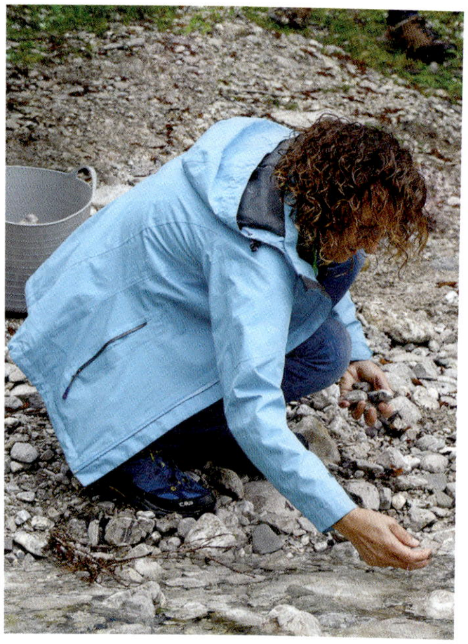

KEIN STEIN WIE DER ANDERE

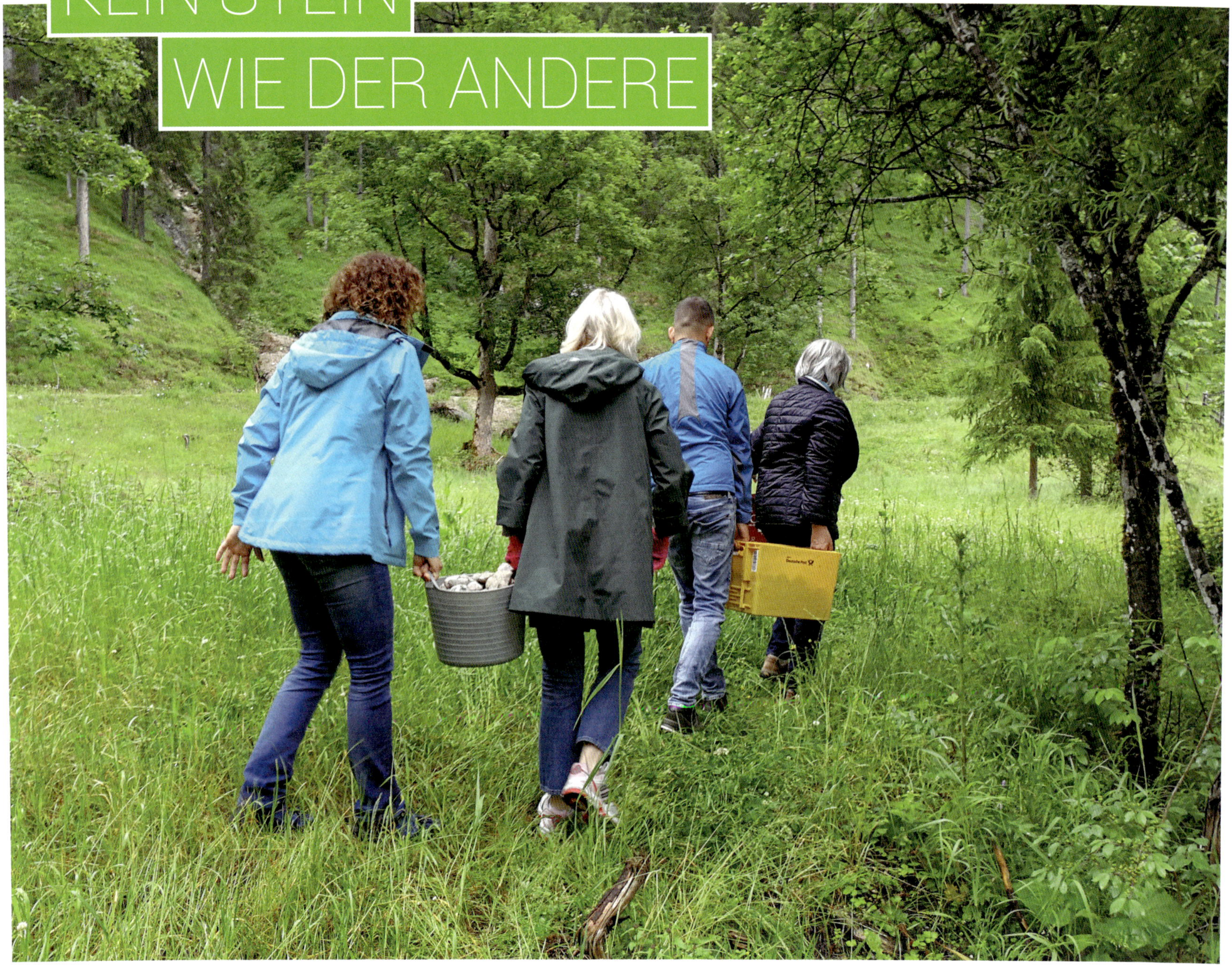

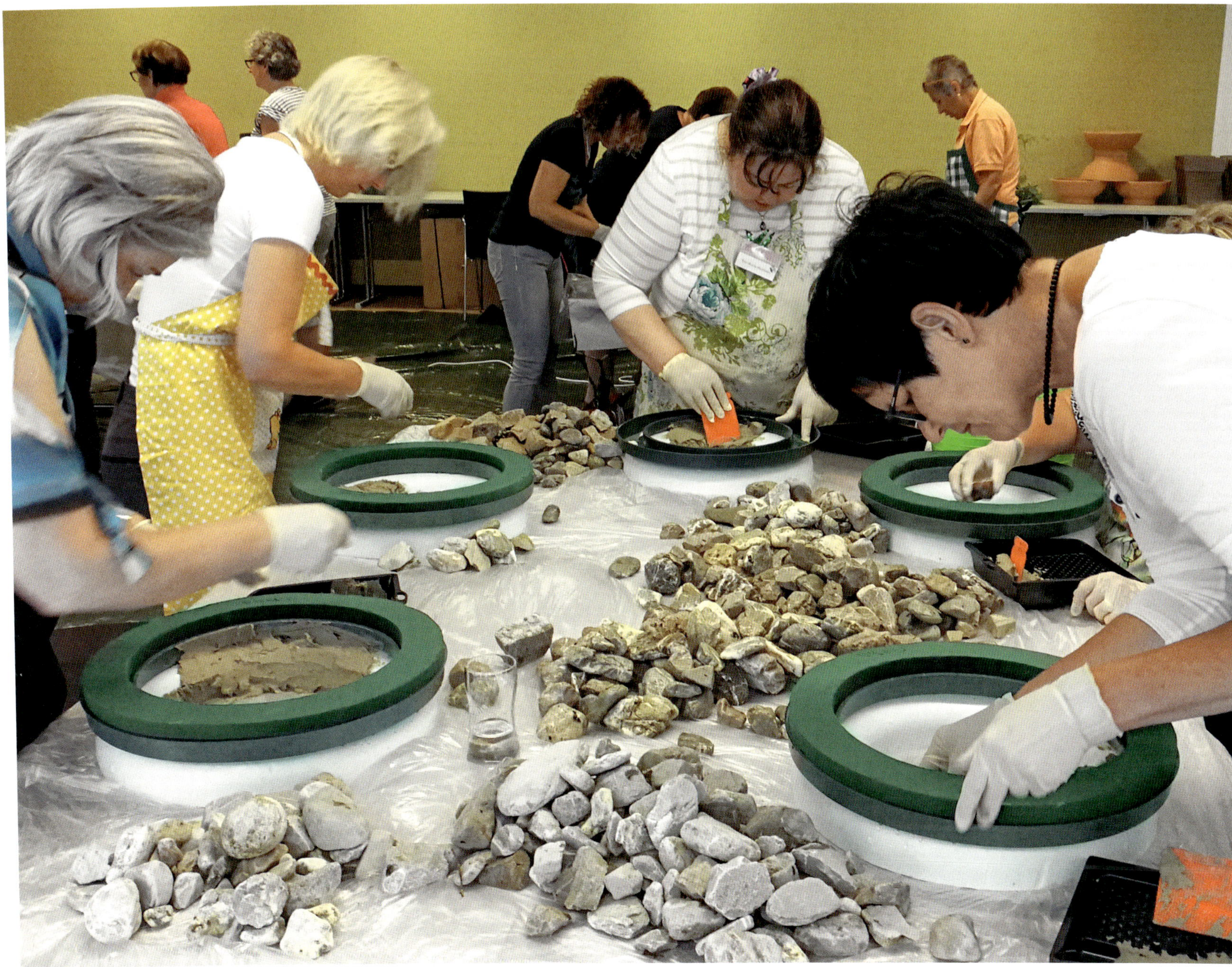

Schnell füllen sich die Tragegefäße für die Steine. Stabil müssen diese sein, denn die Fundstücke bringen ein gutes Gewicht auf die Waage. Manch einer sucht gezielt nach Bruchstücken mit eingeschlossener Quarzader, andere favorisieren mehr die rundlichen Findlinge. Im Arbeitsraum gehen sofort die handwerklichen Vorarbeiten los.

STEINKRÄNZE: DIE GRUNDTECHNIK

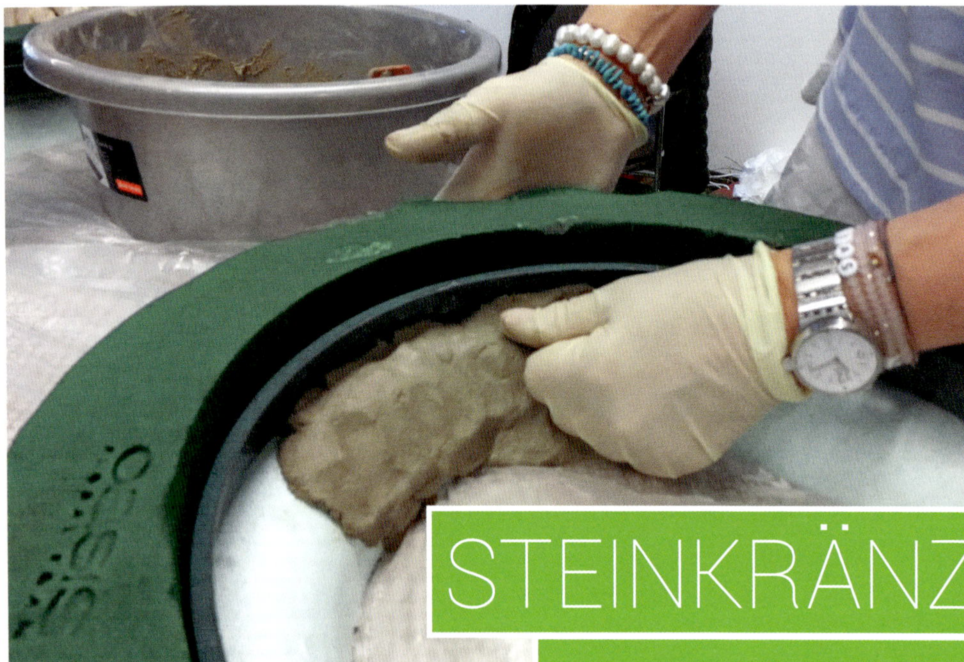

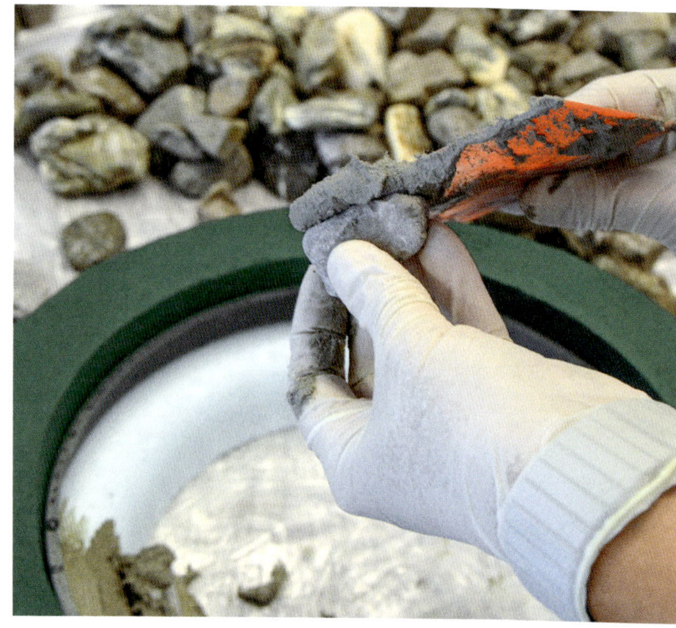

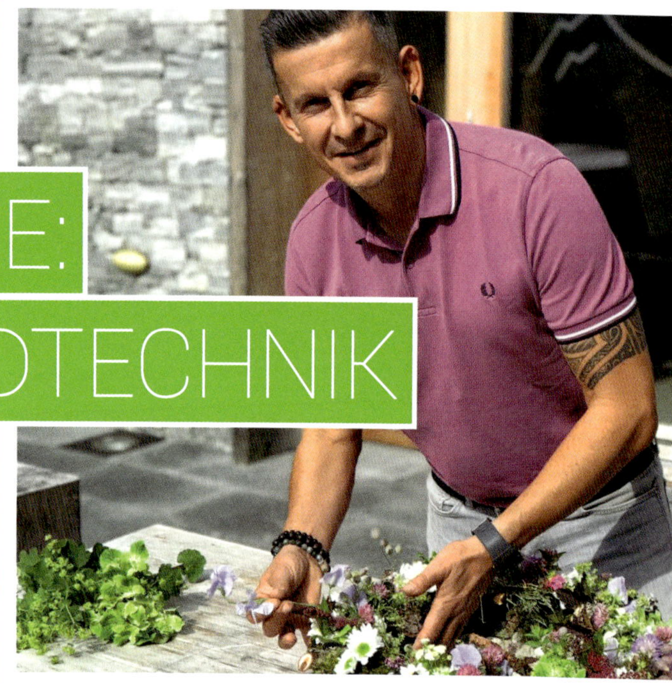

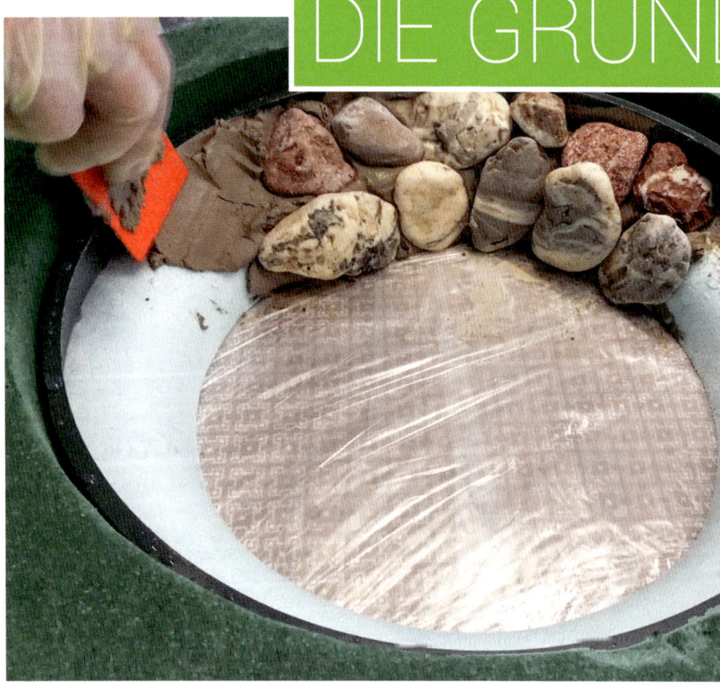

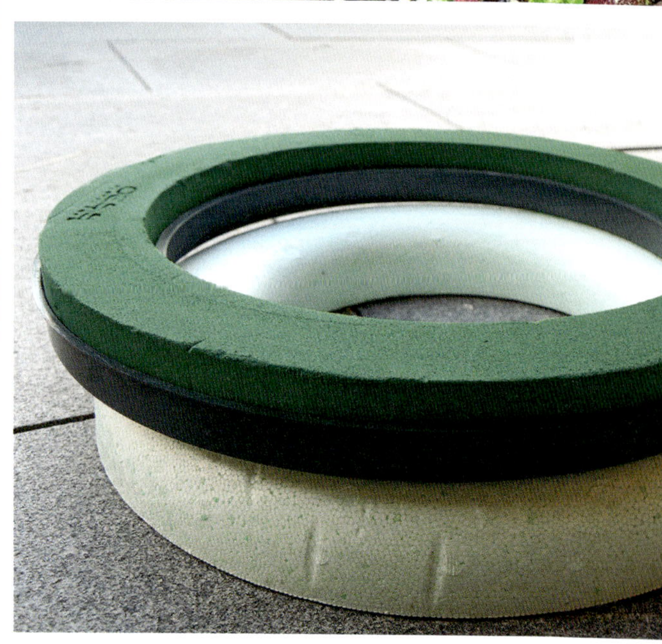

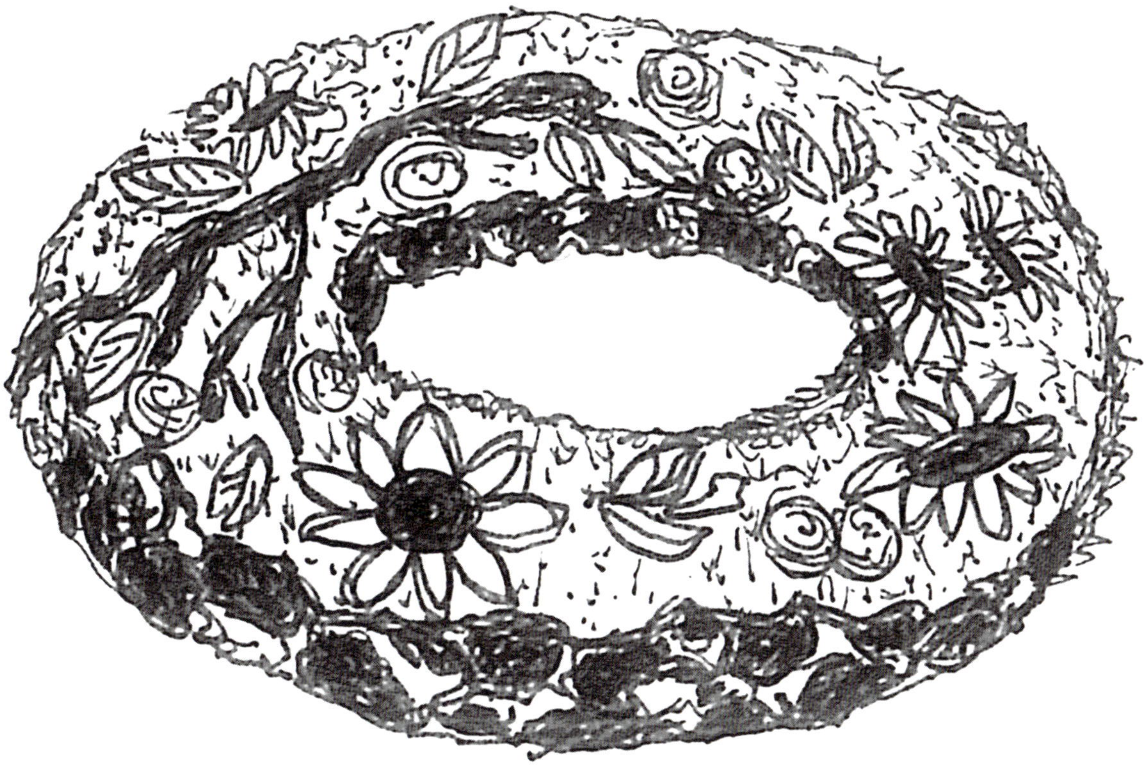

DAS BRAUCHT IHR

- Kieselsteine
- Wiesenblumen
- Moos
- Äste
- Polystyrol-Ring 40 cm Durchmesser
- Frischblumensteckschaum-Ring
- Heißkleber
- Knetbeton

SO IST DIE GRUNDTECHNIK

Der Frischblumensteckschaum-Ring wird aus der Kranzunterlage genommen und gewässert. Die Unterlage mit Heißkleber auf den Polystyrol-Ring kleben. Nun rührt Ihr entsprechend der Anleitung den Knetbeton an und bestreicht damit die beiden Ringe von außen und innen.
In den noch weichen Knetbeton dann dicht an dicht die Kieselsteine drücken. Je nachdem, wie schnell der Beton abbindet, solltet Ihr auch partieweise vorgehen, also immer nur so viel von der Kranzoberfläche einstreichen, wie anschließend mit Steinen bedeckt werden kann, bevor die Masse trocknet.
Anschließend den gewässerten Frischblumensteckschaum-Ring einsetzen und mit den gepflückten und gesammelten Blumen, Blättern, kleinen Pflanzen und Ästchen sowie Moos bestecken. Es sollten keine Zwischenräume verbleiben und der Steckschaum muss gut abgedeckt werden. Teils können dann ganz blumige Kränze entstehen, teils landschaftlich wirkende Ausführungen. Der Vorteil an dem aufgelegten Frischblumensteckschaum-Ring liegt darin, dass er jederzeit erneuert werden kann, der Steinkranzunterbau also immer wieder anders zum Einsatz kommen kann und somit jahrelang Freude bereiten wird.

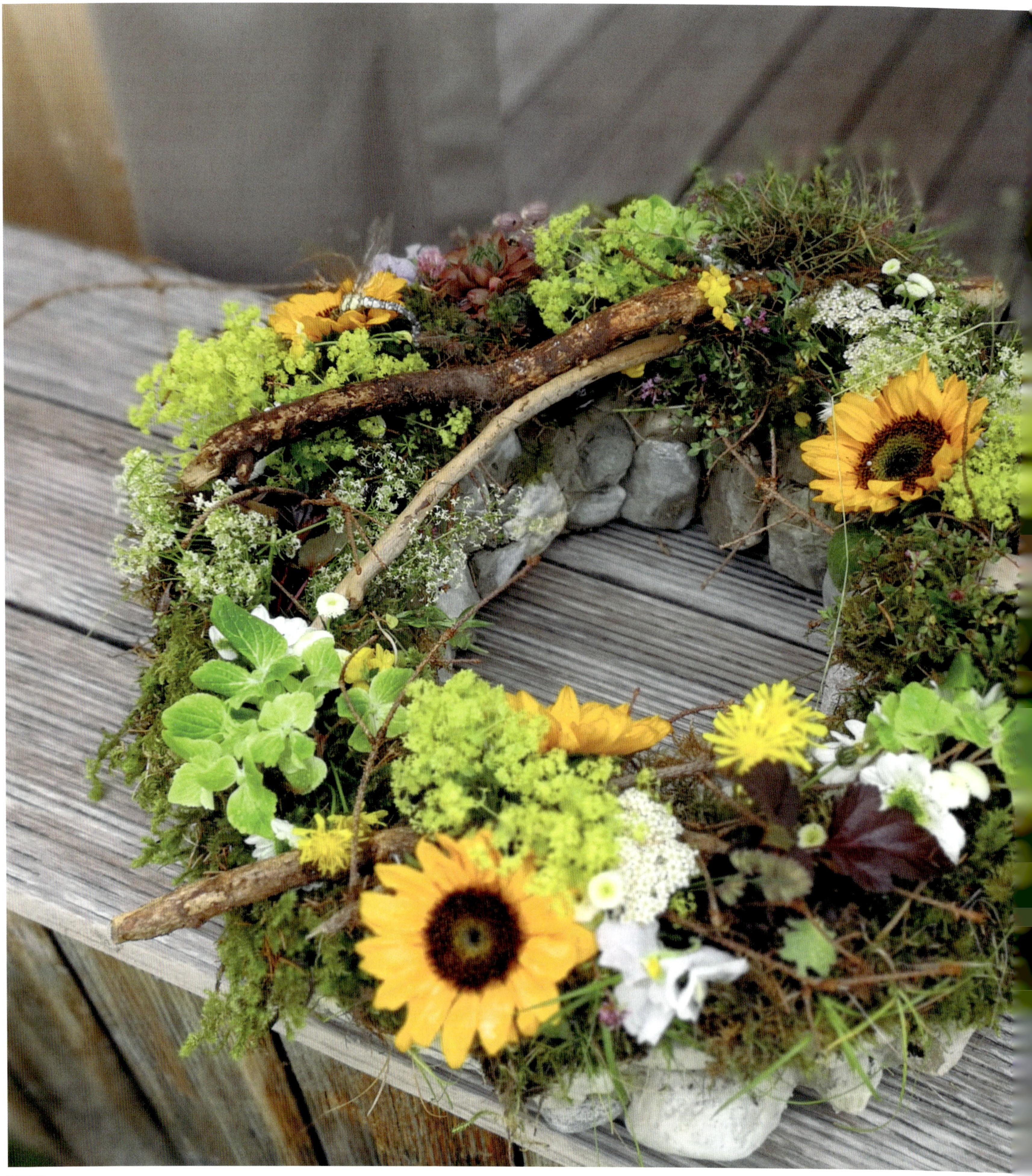

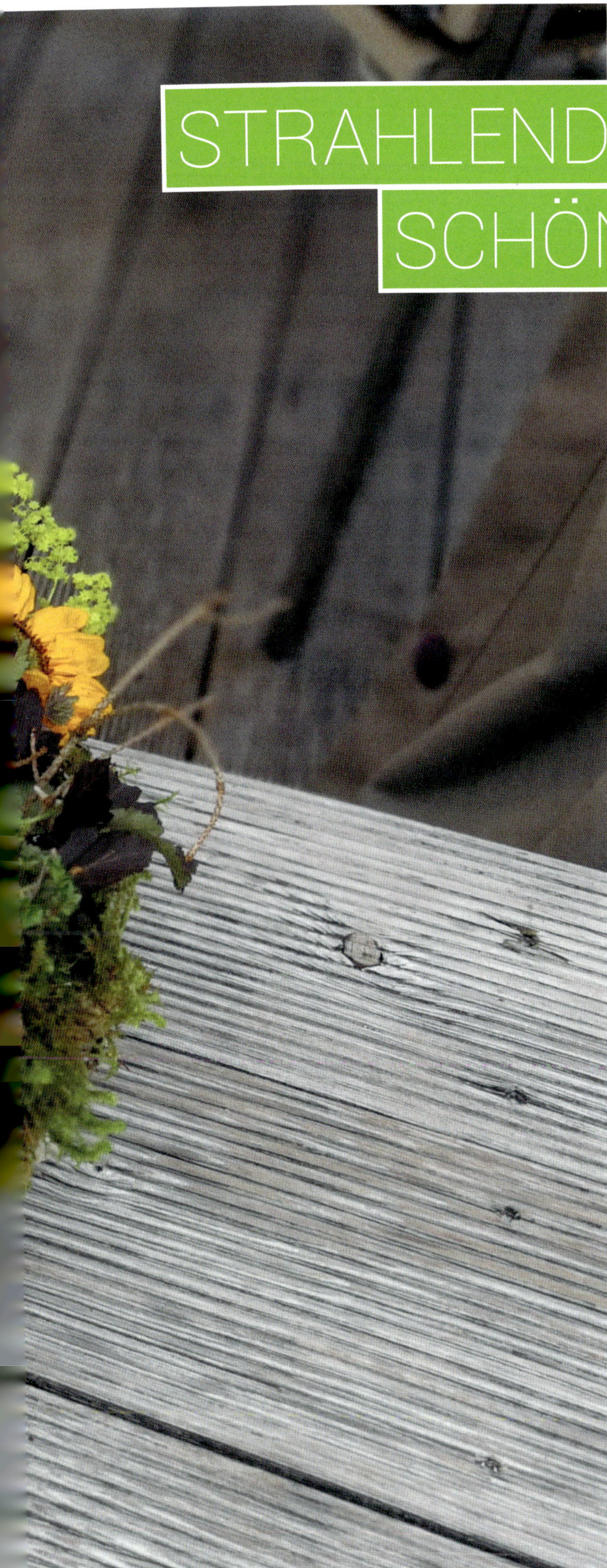

STRAHLENDE SCHÖNHEITEN

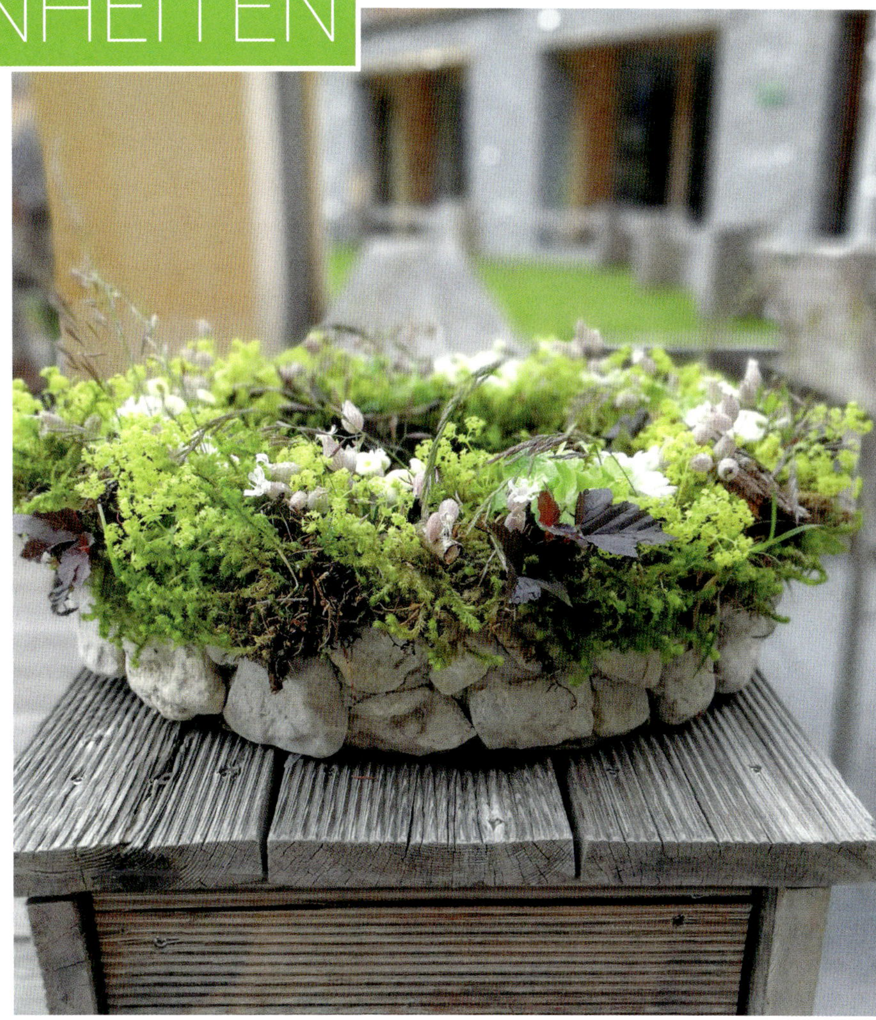

Im Wesentlichen bildet Moos die erste Lage auf dem gewässerten Steckschaum-Kranz, bevor dann die Blüten, Blätter und Triebe hinzugesteckt werden. Vor allem kleine dazwischengelegte Zweige vermitteln die Anmutung, ein kleiner Naturausschnitt zu sein.

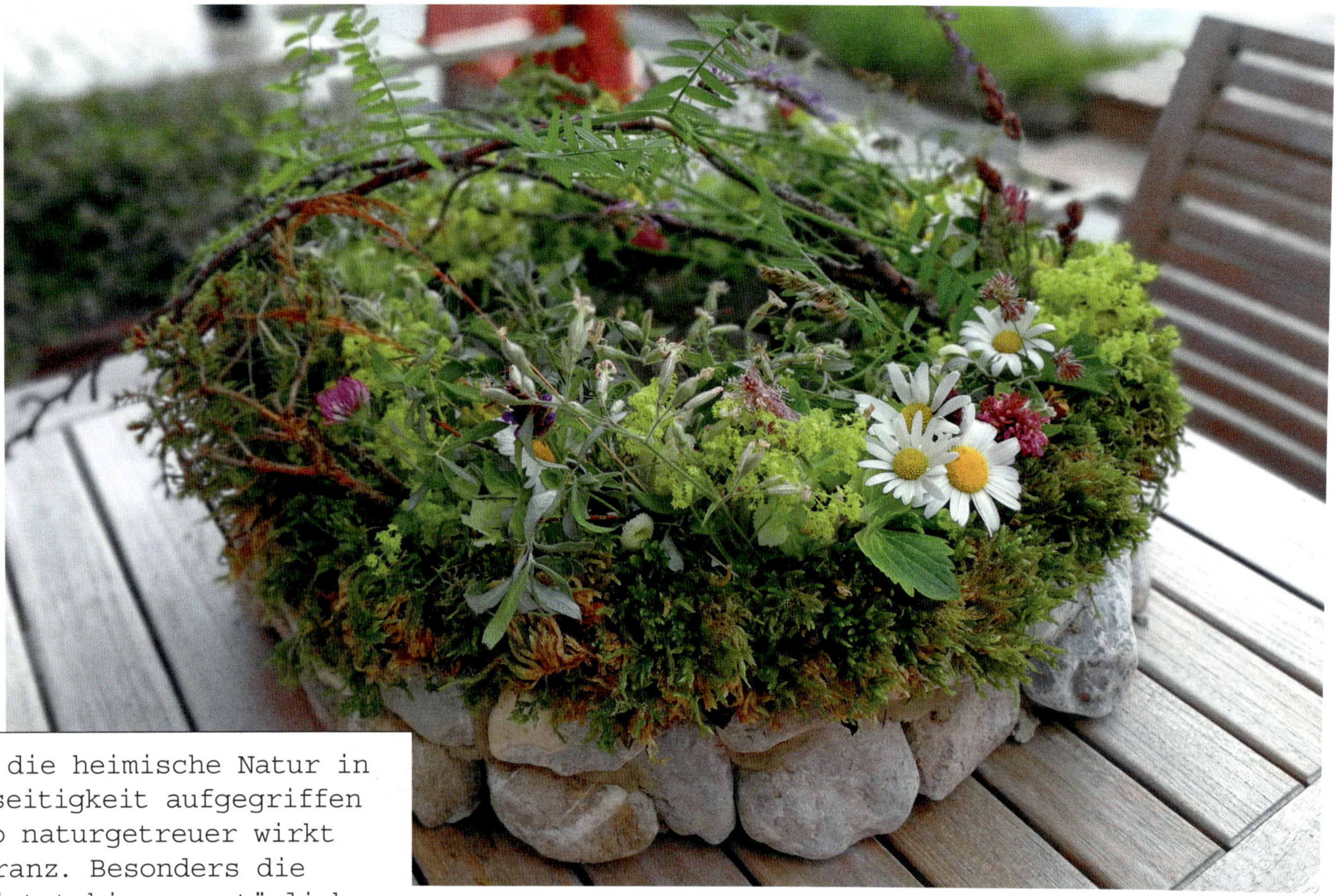

Je genauer die heimische Natur in ihrer Vielseitigkeit aufgegriffen wird, desto naturgetreuer wirkt der Steinkranz. Besonders die Bergwelt bietet hierzu natürlich jede Menge Gegebenheiten, wie es auch diese Beispiele aus meinem Workshop zeigen.

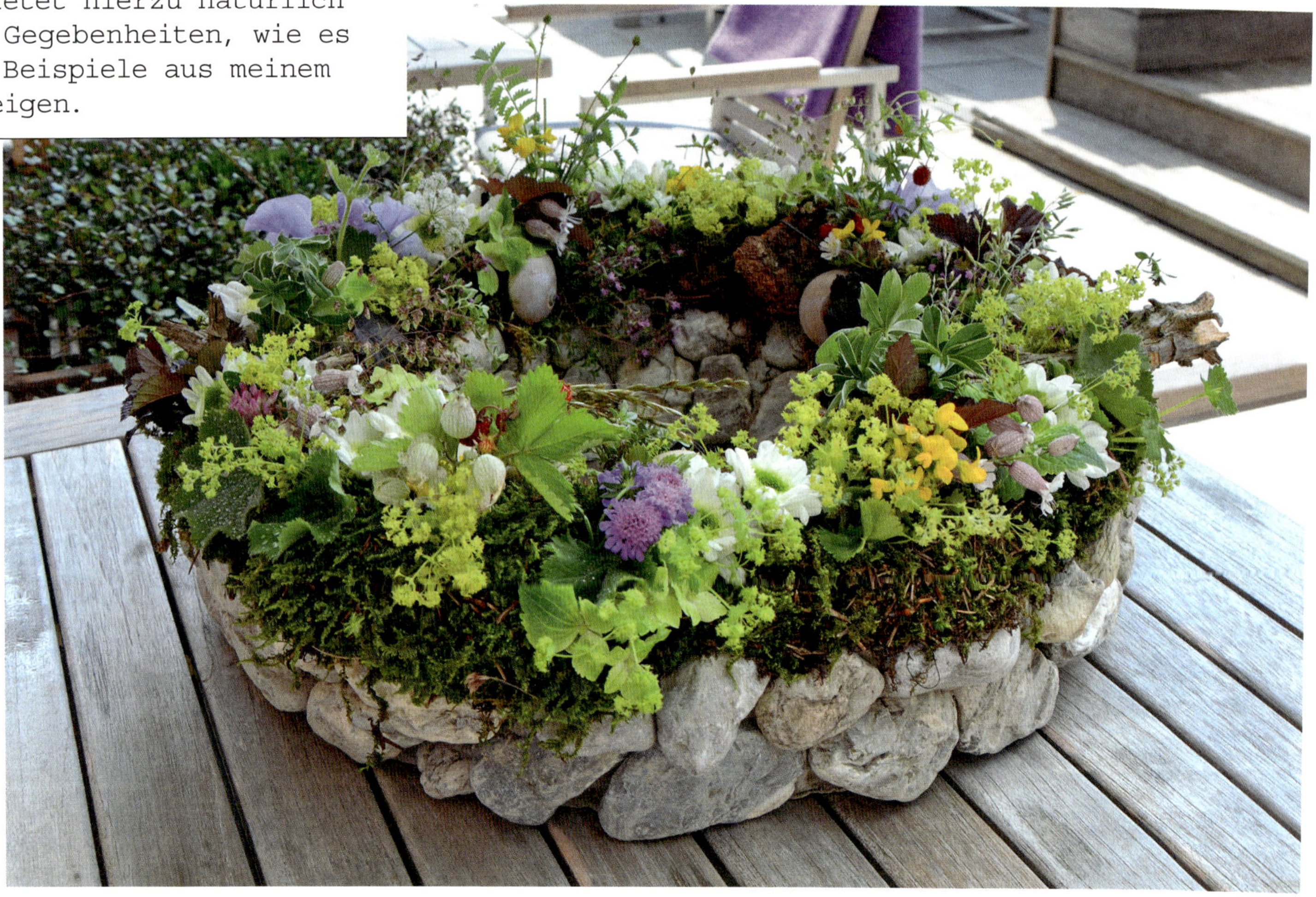

ALPINE BLUMENWIESEN

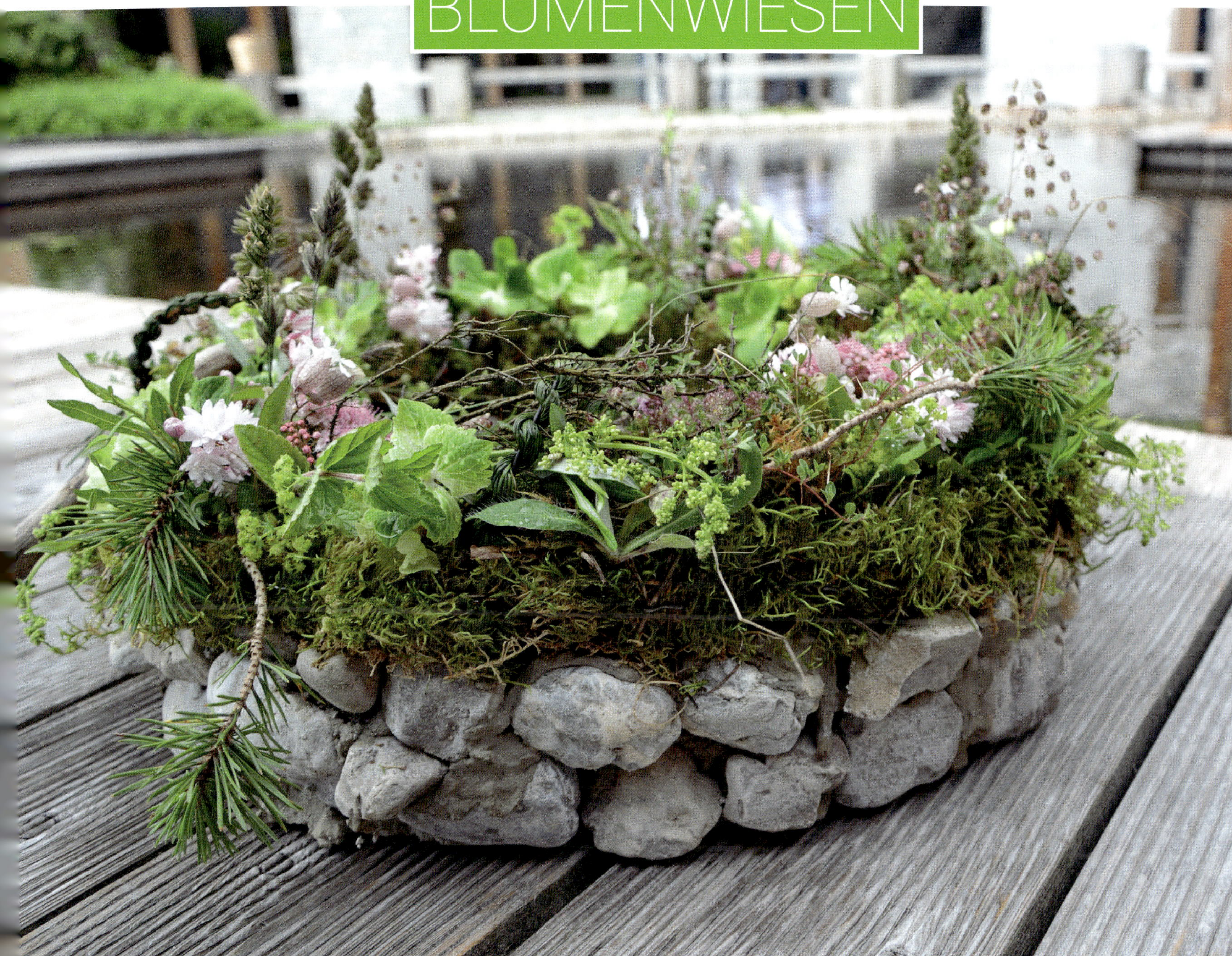

TON IN TON MIT AKZENT

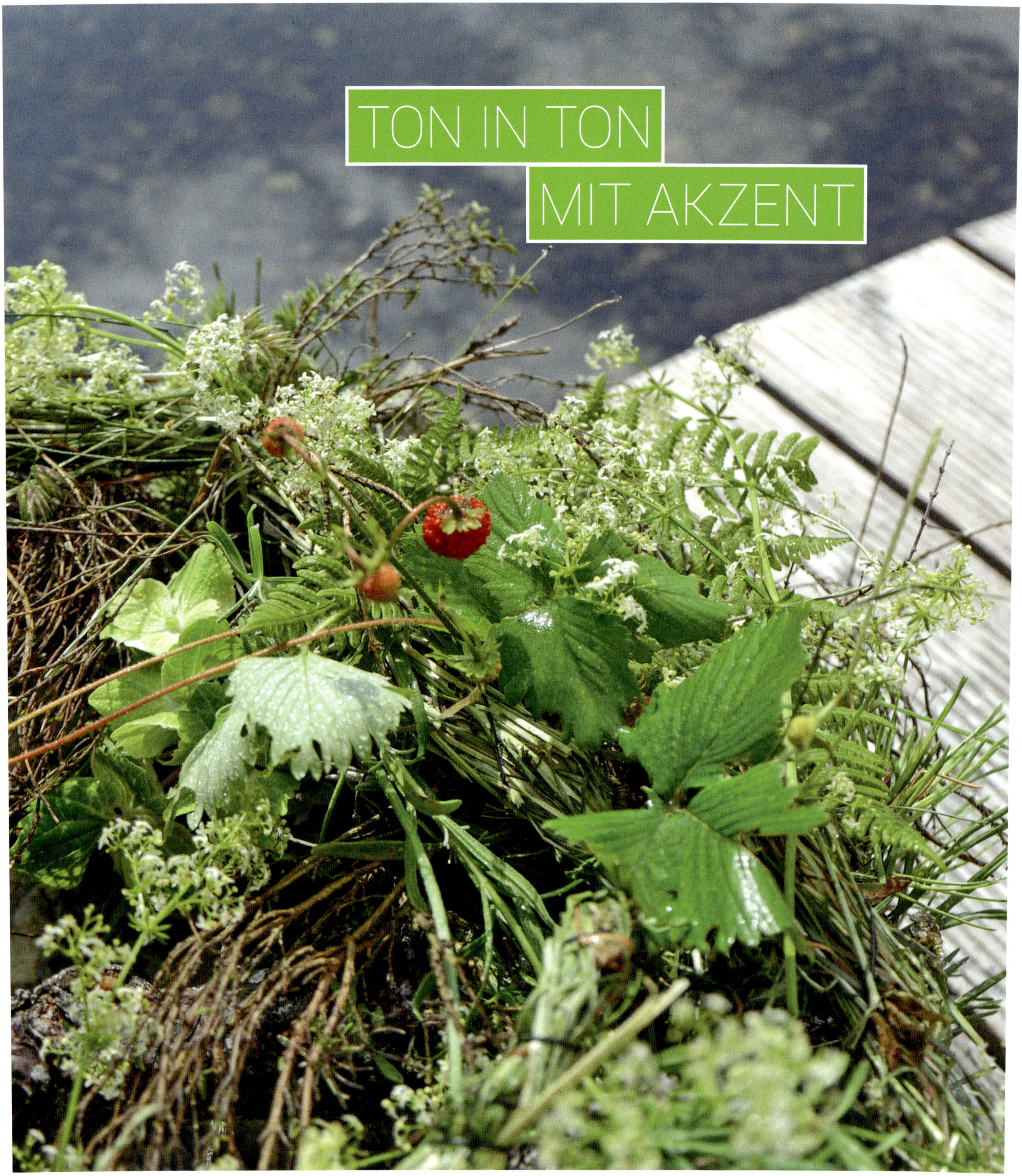

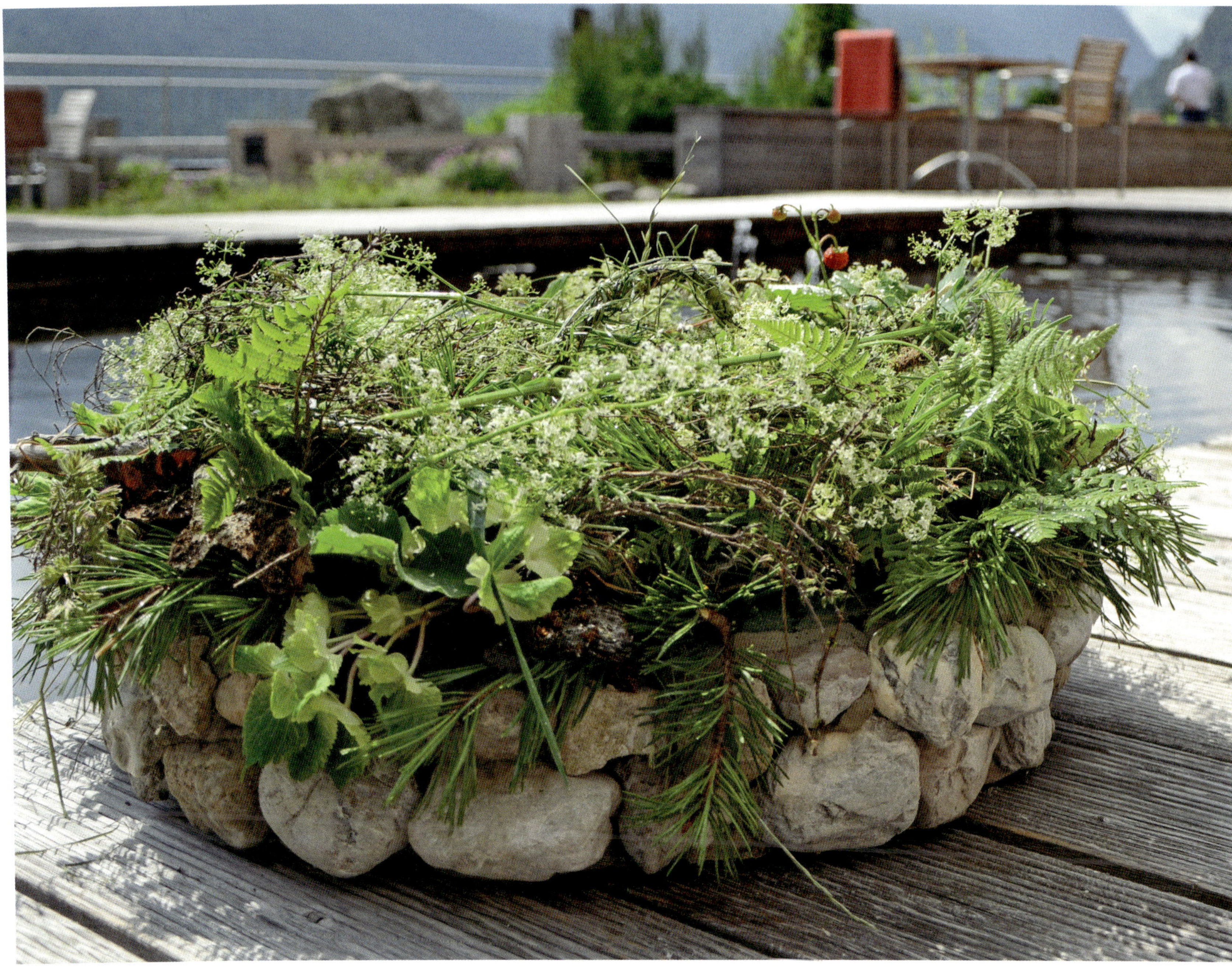

Der fast ausschließlich mit grünen Pflanzenteilen dekorierte Steinkranz hat seine ganz besonderen Reize. So kommen die unterschiedlichen Blattformen, die Zartheit einzelner Triebe oder die geometrischen Formen der Farnwedel besonders zur Geltung. Und wer genau hinschaut, entdeckt die kleine, rote Walderdbeere.

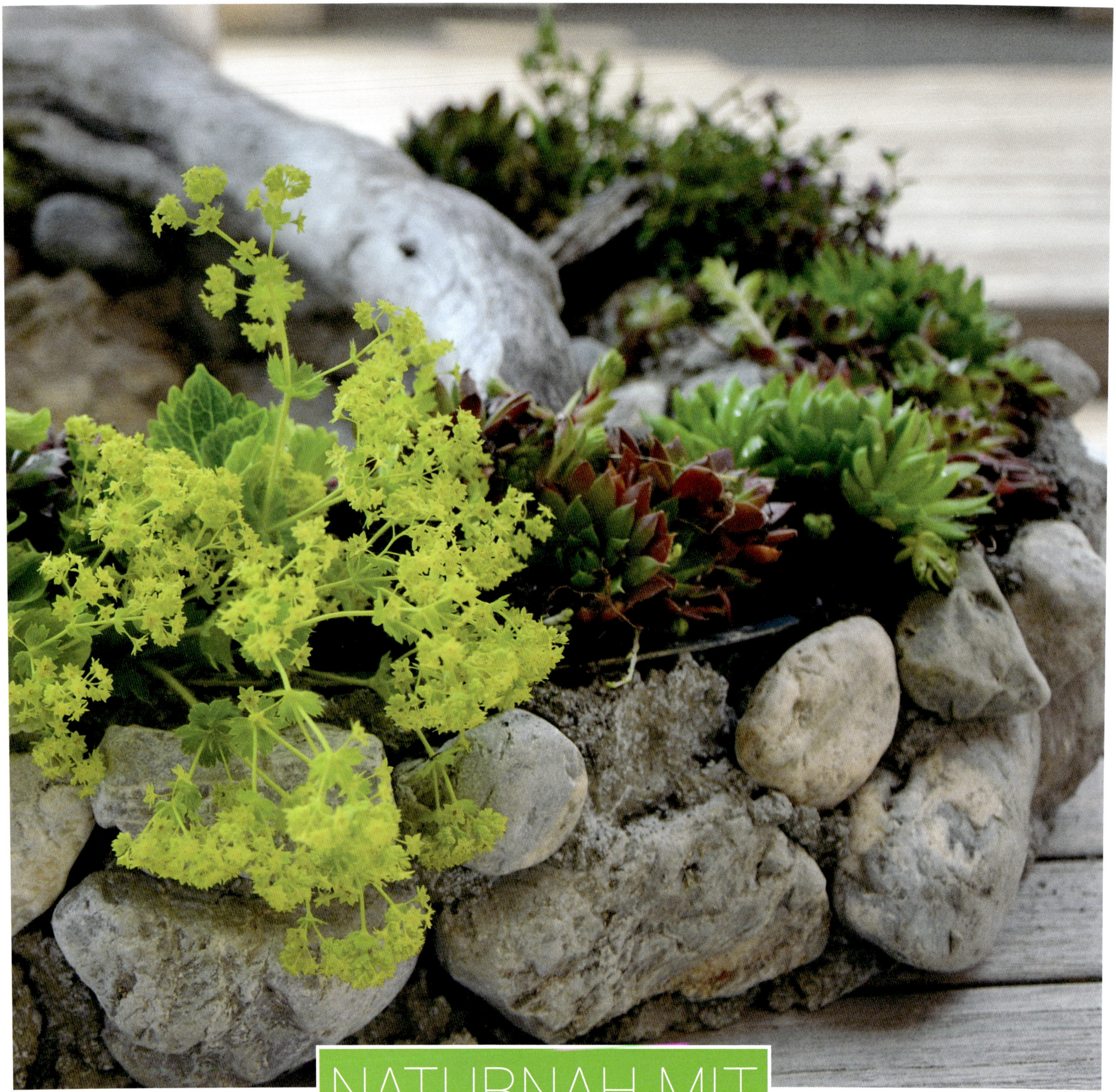

NATURNAH MIT SUKKULENTEN

Ideal zum Kranzunterbau aus den Kieselsteinen passen sukkulente Rosettenpflanzen. Mit diesen genügsamen, langsam wachsenden und mit wenig Feuchtigkeit zurecht kommenden Sukkulenten wird man lange Freude an seinem Kranz haben. Und wie in der freien Natur auch vorkommend, gesellt sich hier ein durch die Witterung bereits aufgehellter, rindenloser Ast hinzu.

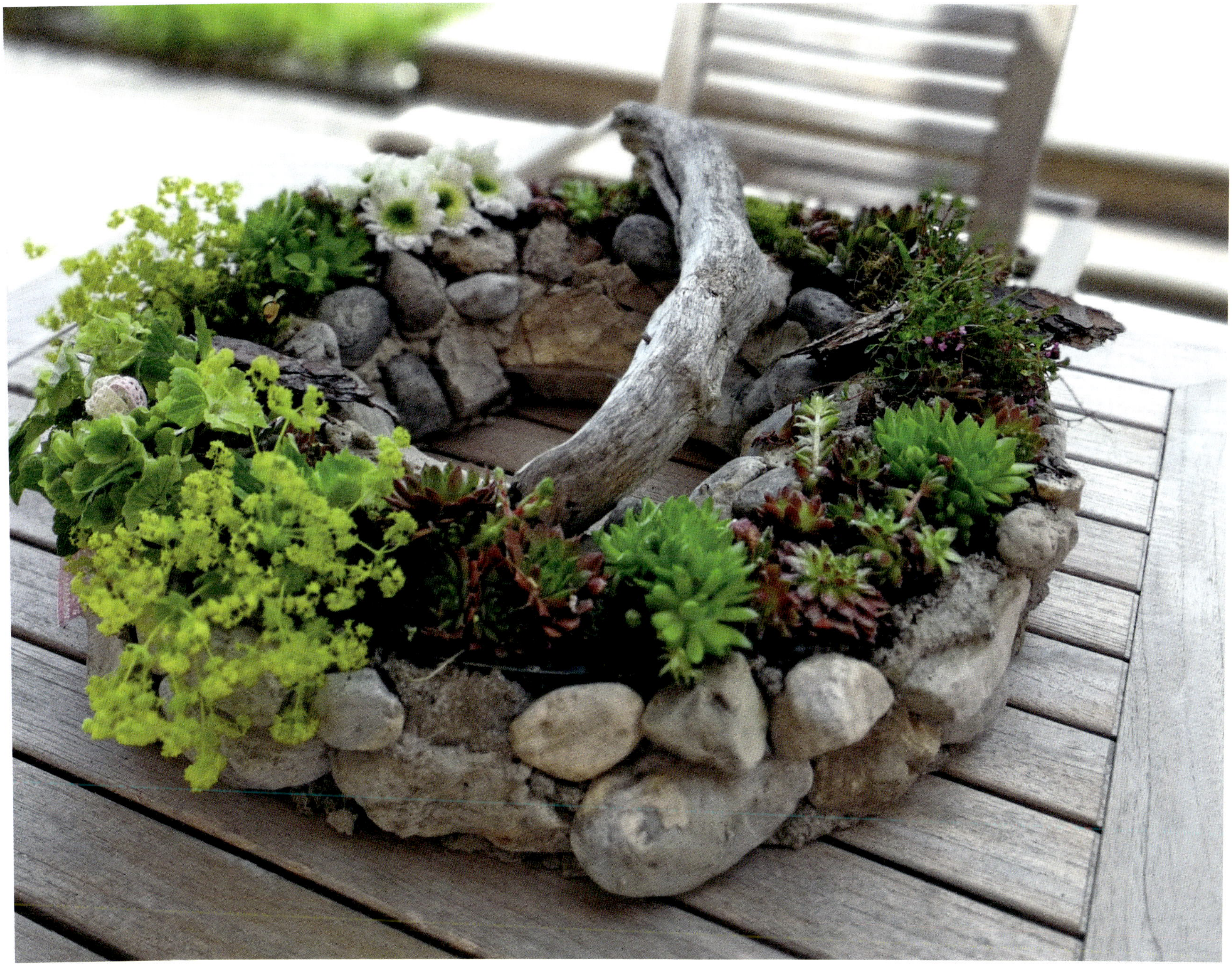

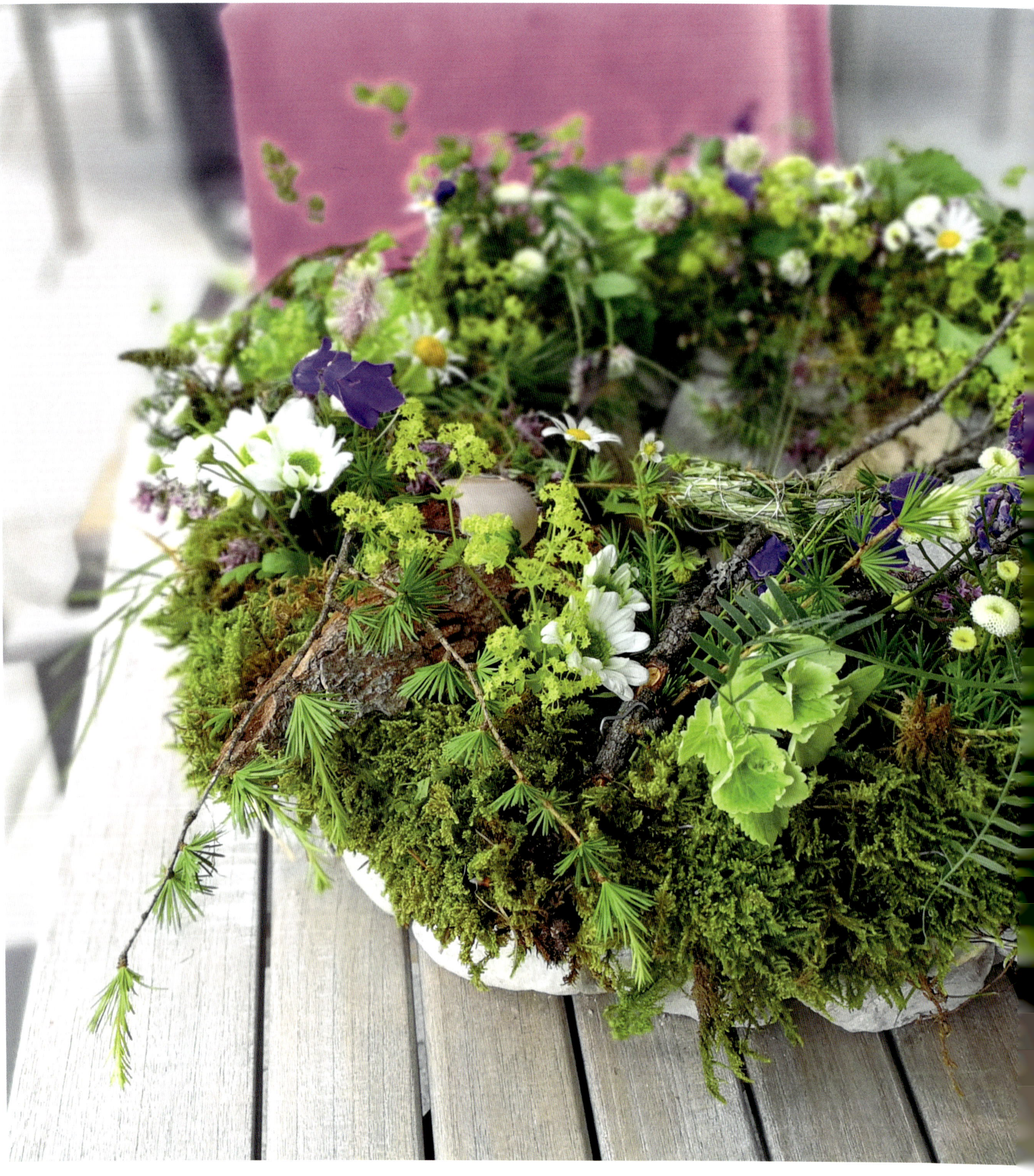

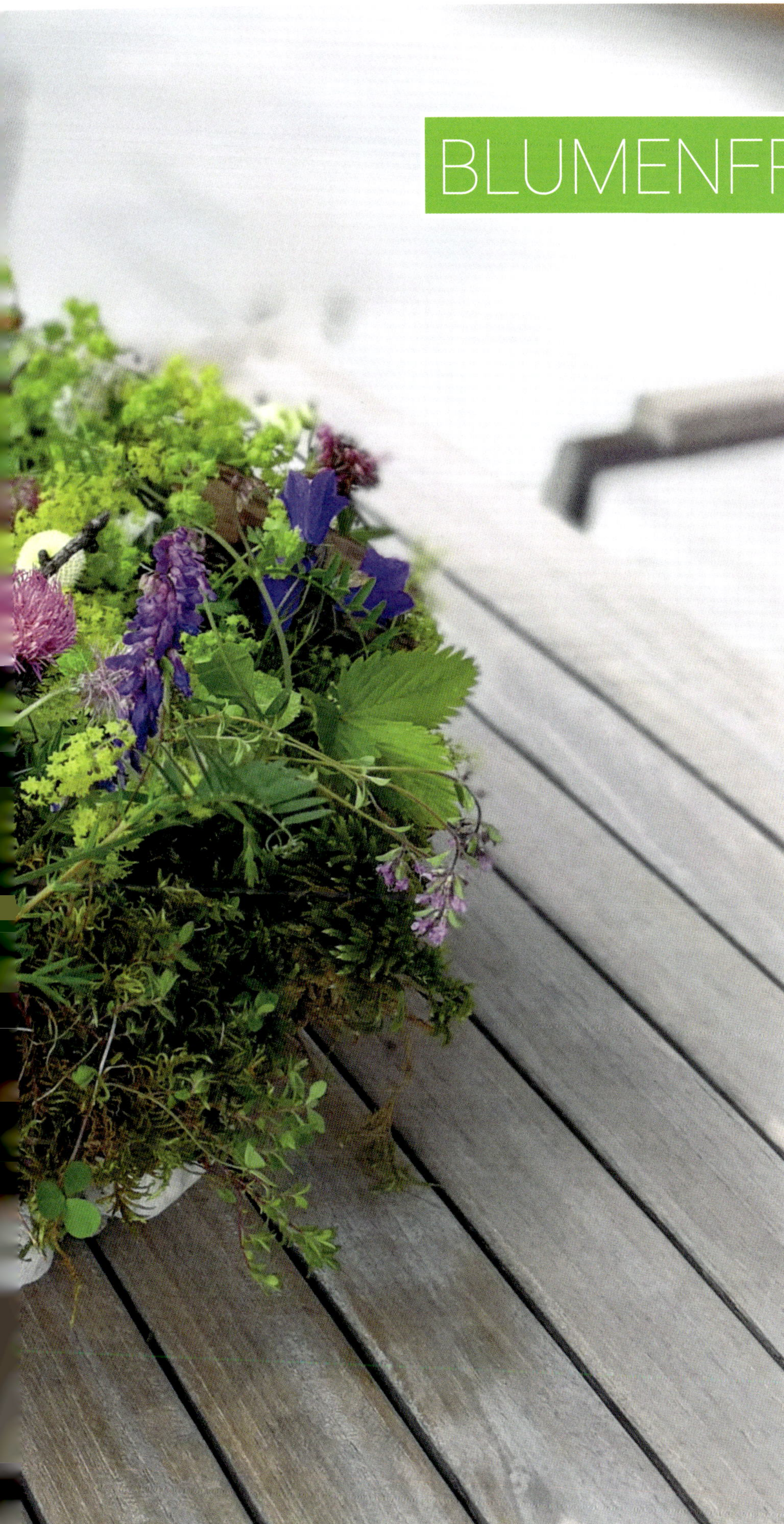

BLUMENFREUDE

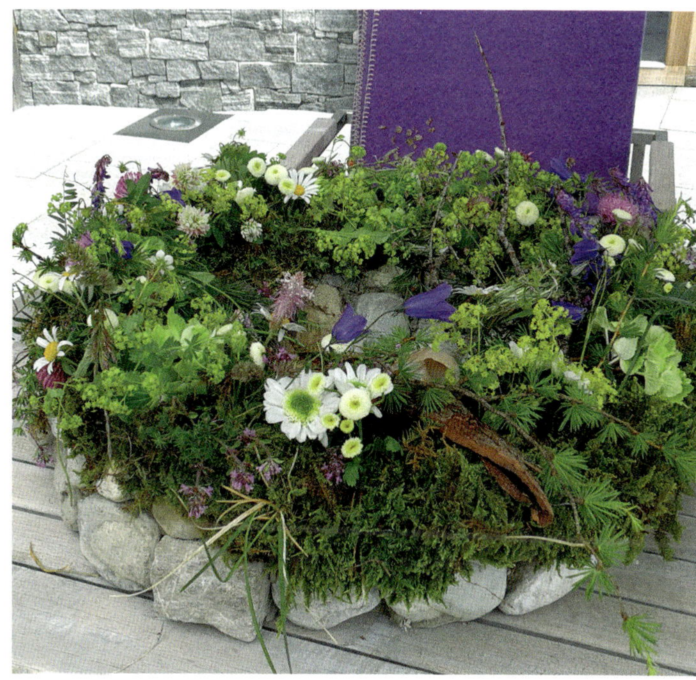

Durch den darunterliegenden Frischblumensteckschaum-Kranz bleiben die eingesteckten Blumen länger frisch, können aber mehrmals nach dem Verblühen gegen neue ausgetauscht werden. Allerdings sollte dann auch immer etwas Wasser nachgegossen werden, sodass der Steckschaum stets gut durchfeuchtet bleibt.

VARIANTENREICH

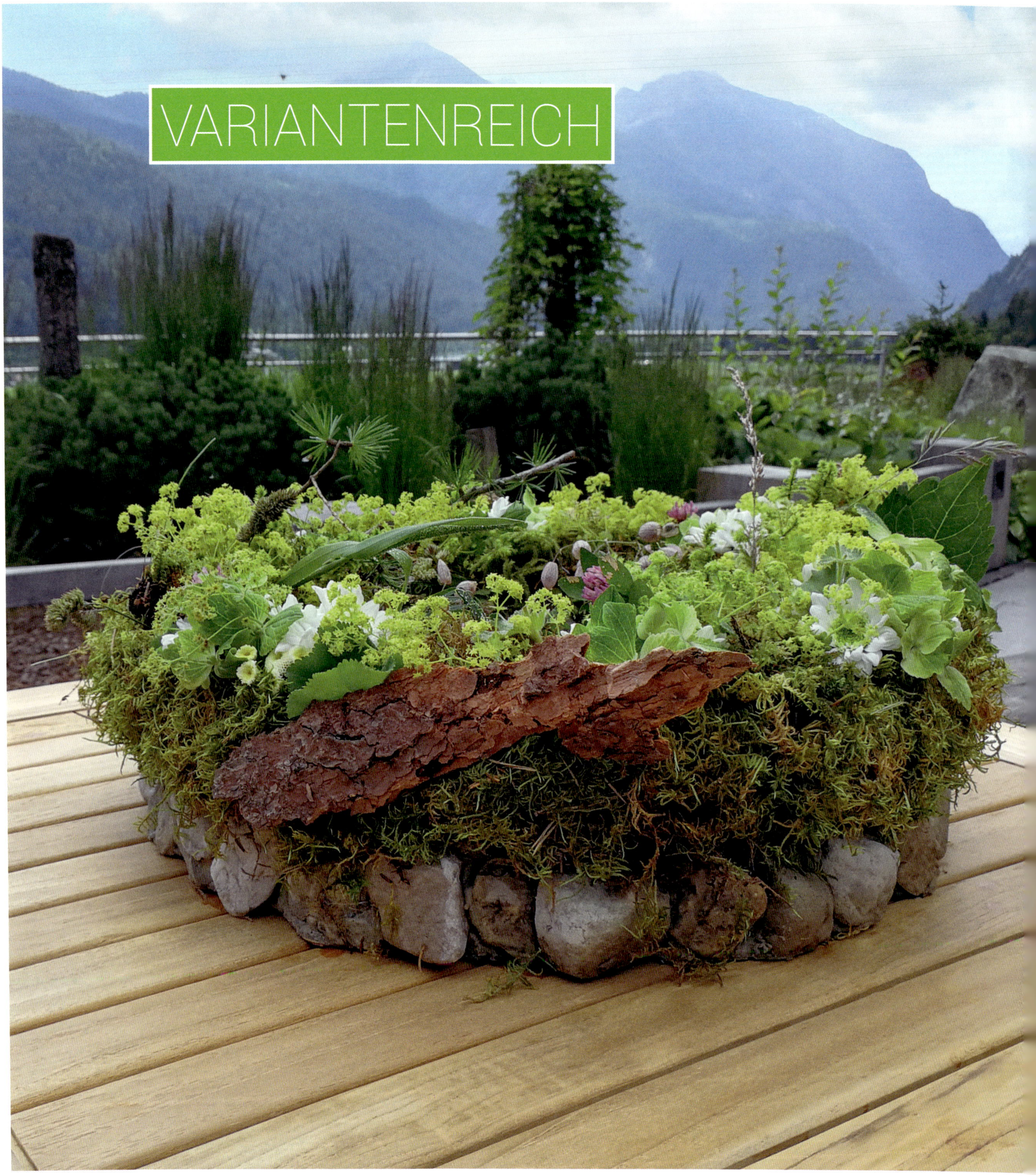

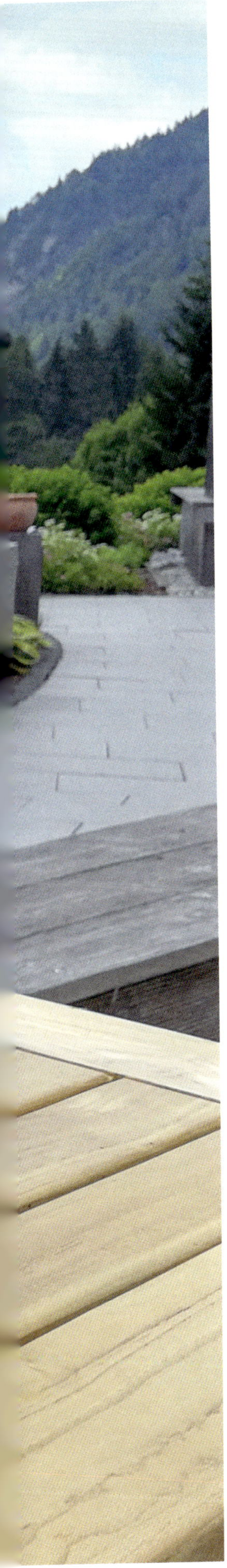

Unendlich vielseitig sind die Variationen des Kranzschmucks, keiner gleicht dem anderen. Mal ist es die hinzugefügte Borke, ein Rindenstück oder der Lärchentrieb. Und wer will, kann demnächst diesen Kranz anstelle der einzelnen Blüten auch mit kleinen polsterartig wachsenden Stauden (beispielsweise den sogenannten Steingartengewächsen) versehen. Ihr werdet erstaunt sein, wie wunderbar auch diese dauerhaftere Bepflanzung sich mit dem steinigen Unterbau verbindet.

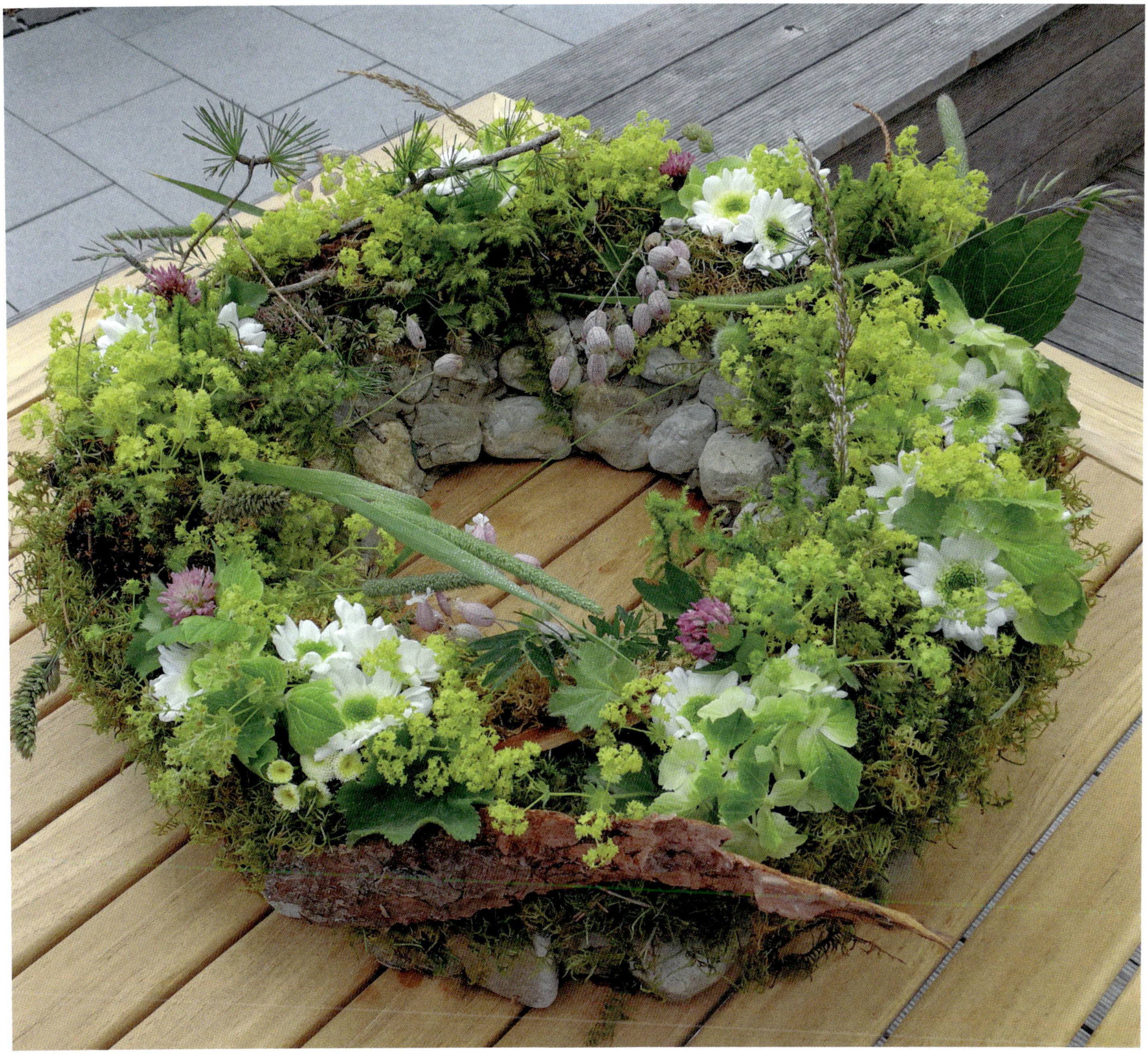

HERBSTKRÄNZE

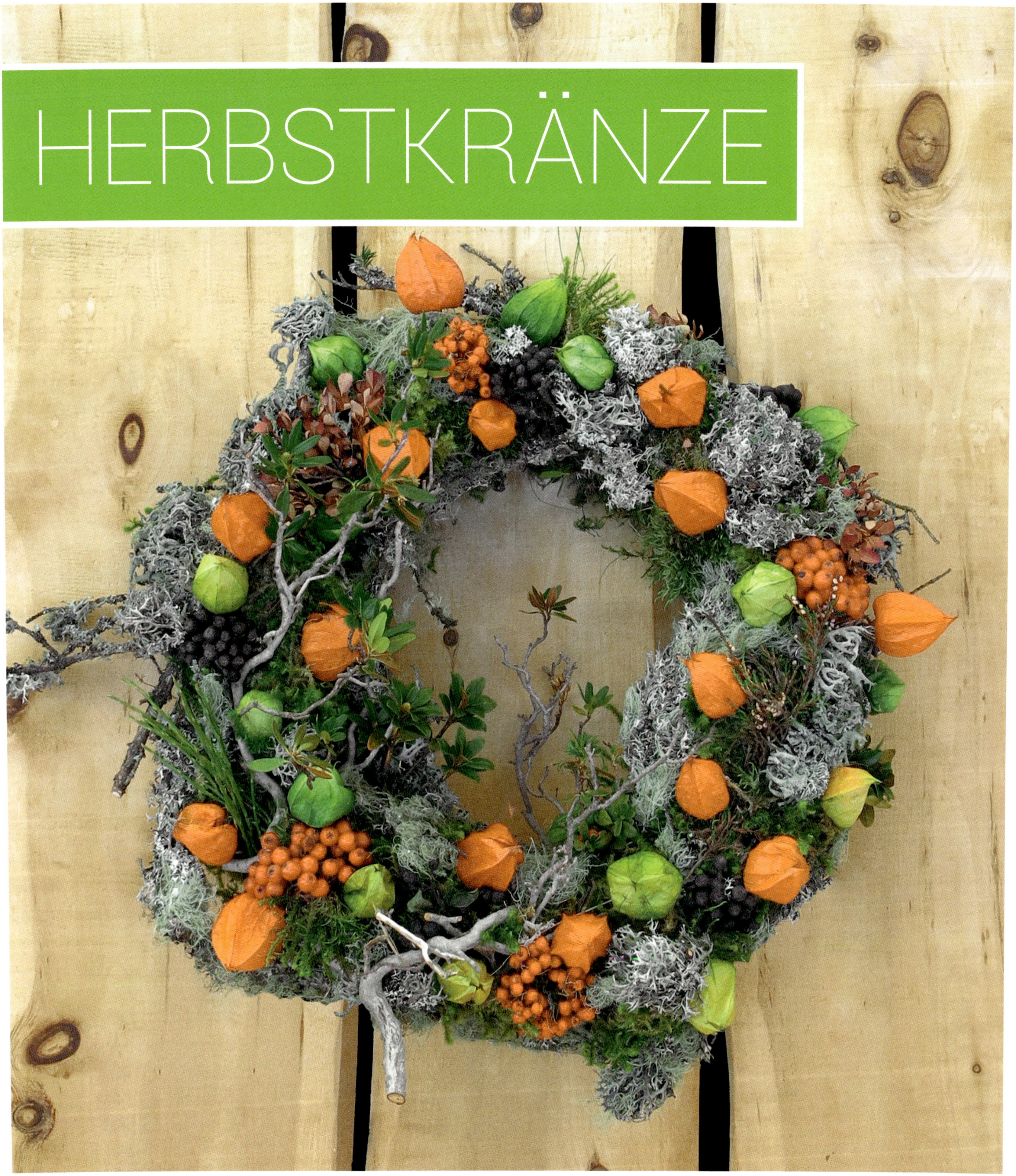

MIT BELEUCHTUNG FÜR DRINNEN UND DRAUSSEN

Inbesondere die herbstlichen Floralien sind geradezu ideal, um damit Kränze nicht nur für drinnen, sondern auch für den Außenbereich zu erstellen. Zweige, Blätter und Früchte sind so weit abgetrocknet und damit dauerhaft geworden, sodass sie die herbstliche Witterung auch in ihrer floristischen Verarbeitung überstehen. Damit stellen sie ganz wunderbare Schmuckelemente für eine Hauswand oder auf dem verwaisten Gartentisch dar. Und das Besondere an unseren Kränzen ist, dass sie sogar beleuchtbar sind! Dazu haben wir die Lämpchen für Outdooreinsatz geeignete Lichterketten mit den zartblättrigen Physalis-Früchten besteckt. Tagsüber zieren diese in Orange oder Grün, am Abend bilden sie die leuchtenden Akzente auf dem floralen Rund. Meine Workshoplerinnen waren begeistert und ich war fasziniert, wie unterschiedlich die Variationen ausgefallen sind.

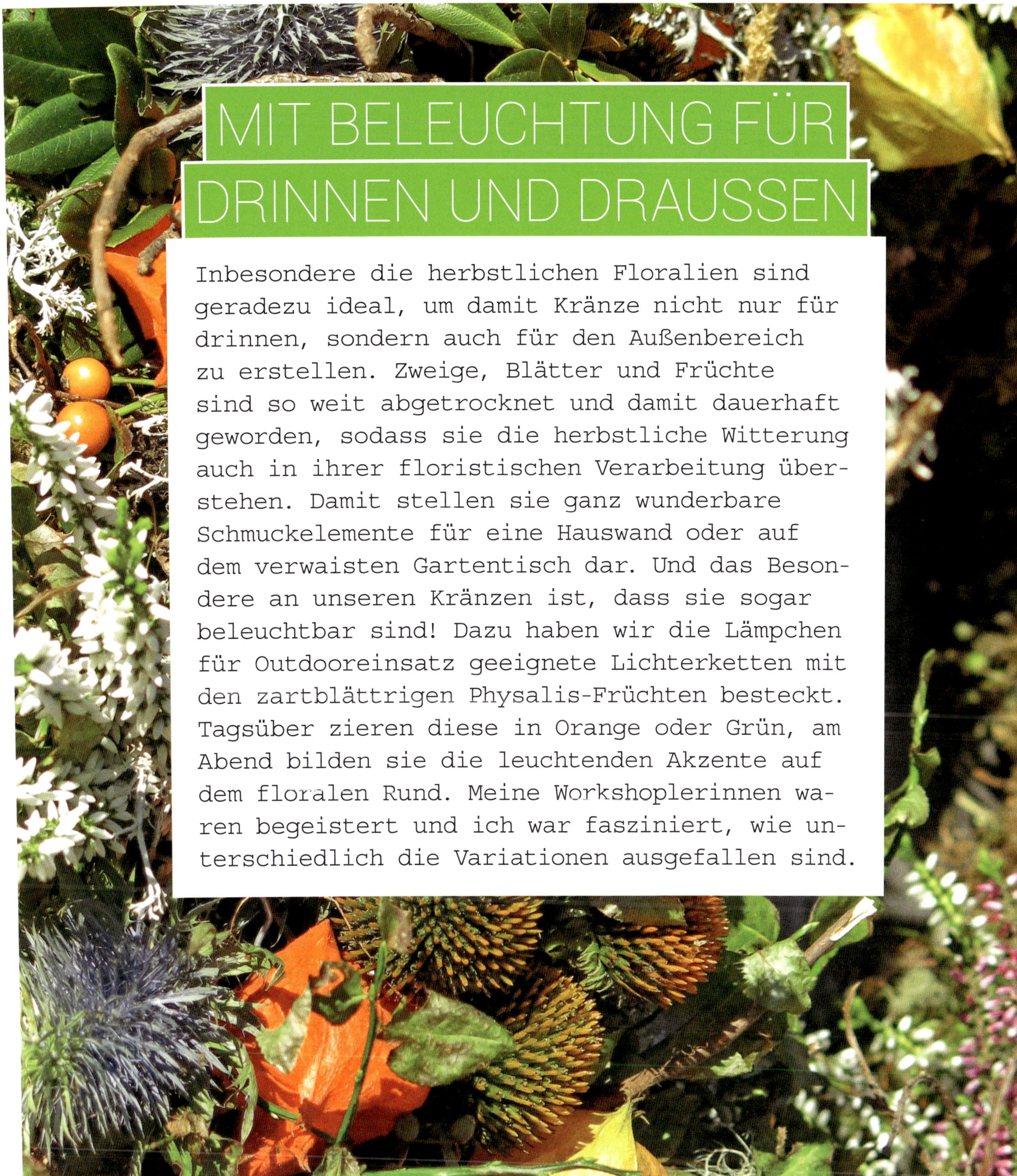

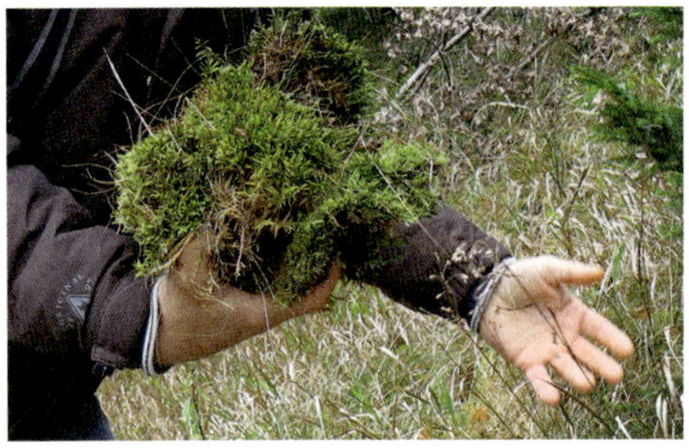

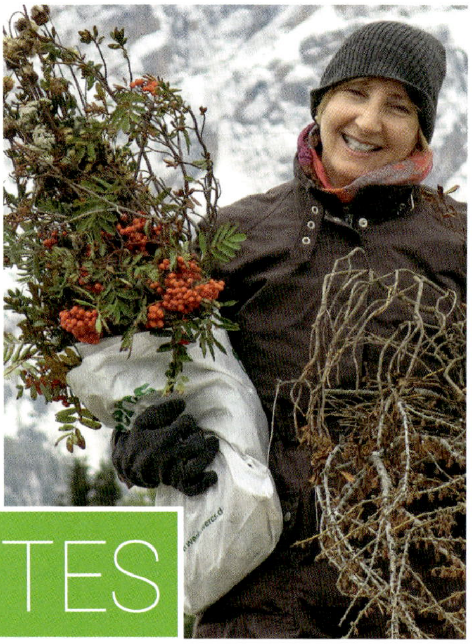

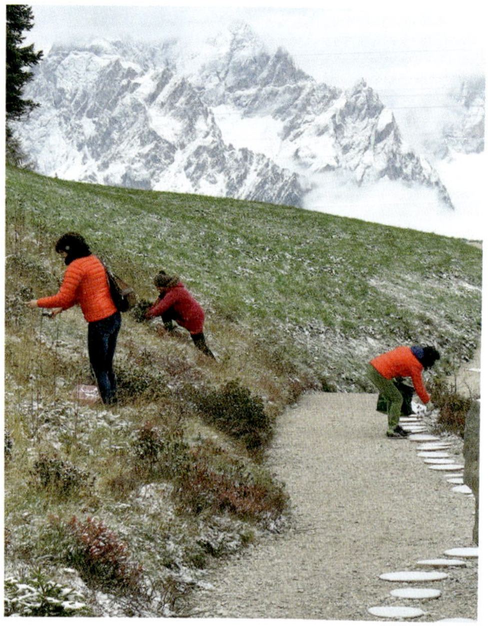

FUNDSTÜCKE DES HERBSTES

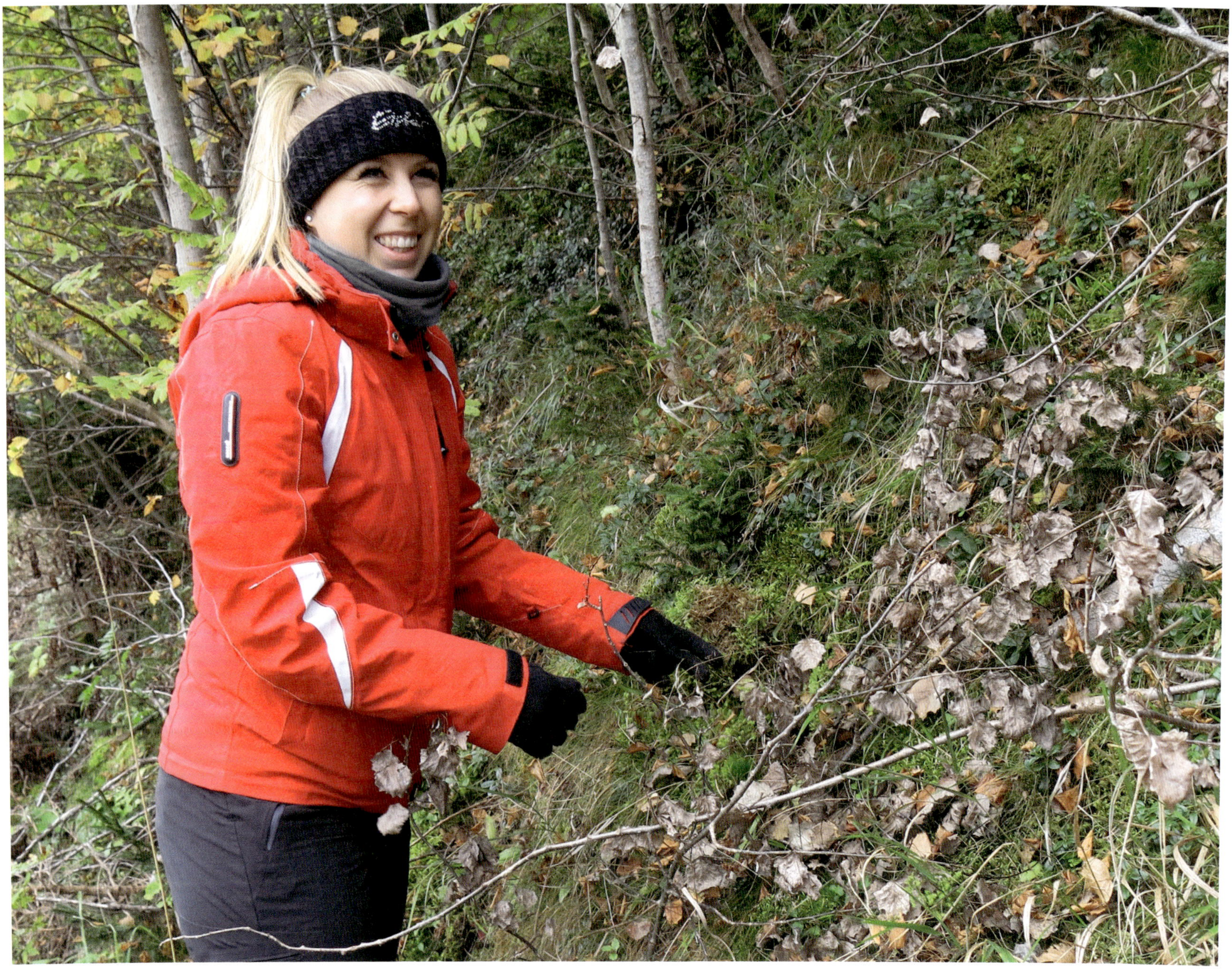

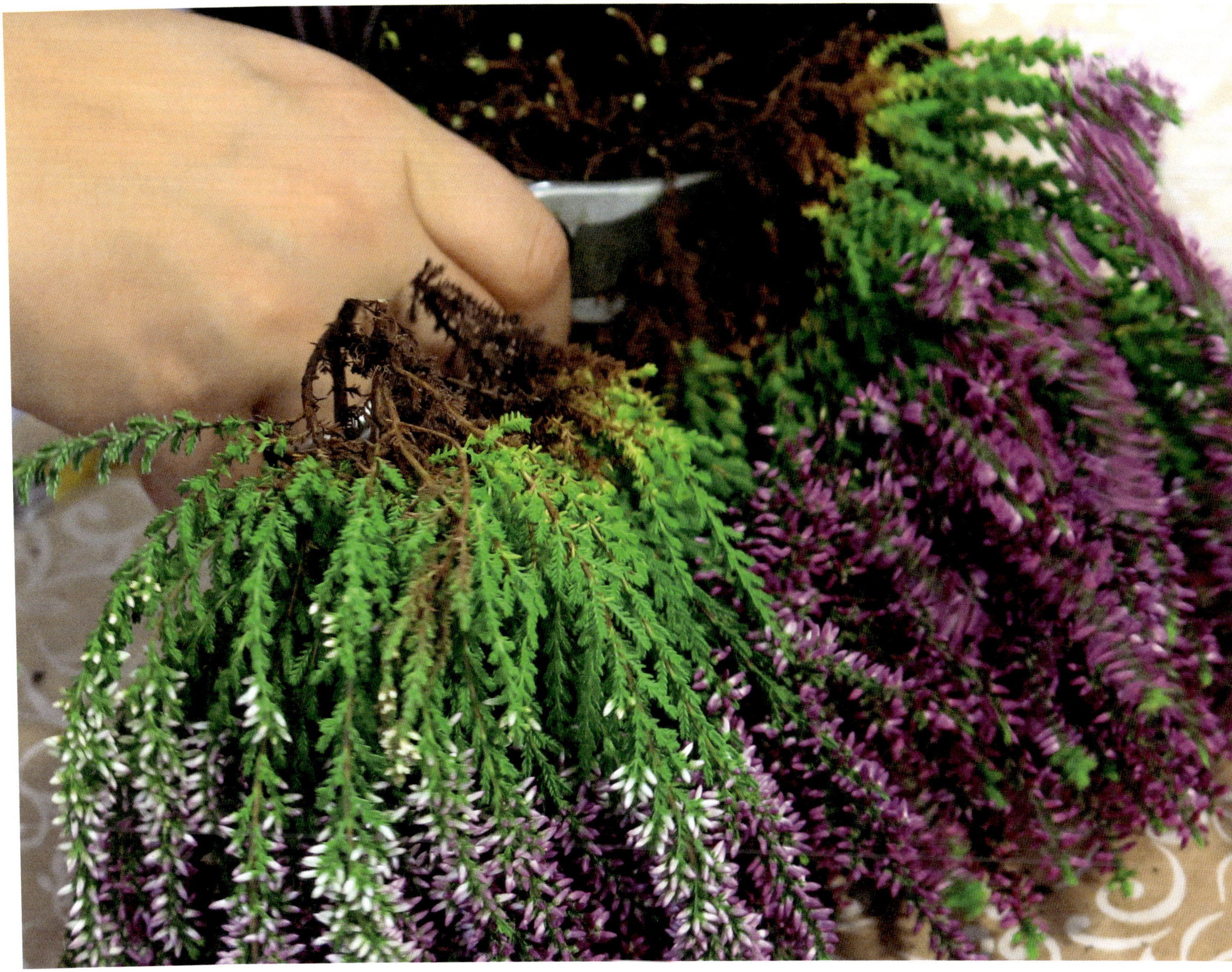

Wer hätte das gedacht, was sich im Herbst noch an schönen Dingen entdecken lässt! Reich bepackt kamen wir von unserem Sammelrundgang zurück, obwohl schon ein tüchtig kalter Wind das Ende der Vegetationszeit spürbar werden ließ. Moose, Zweige, die letzten Beerentriebe - alles lässt sich für unsere Herbstkränze verwenden!

HERBSTKRÄNZE: DIE GRUNDTECHNIK

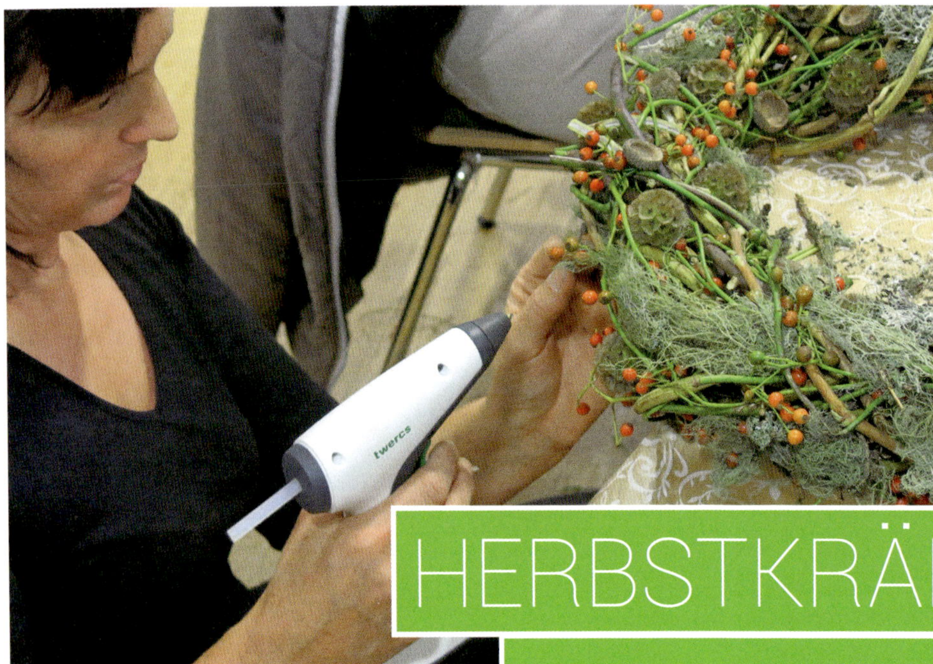

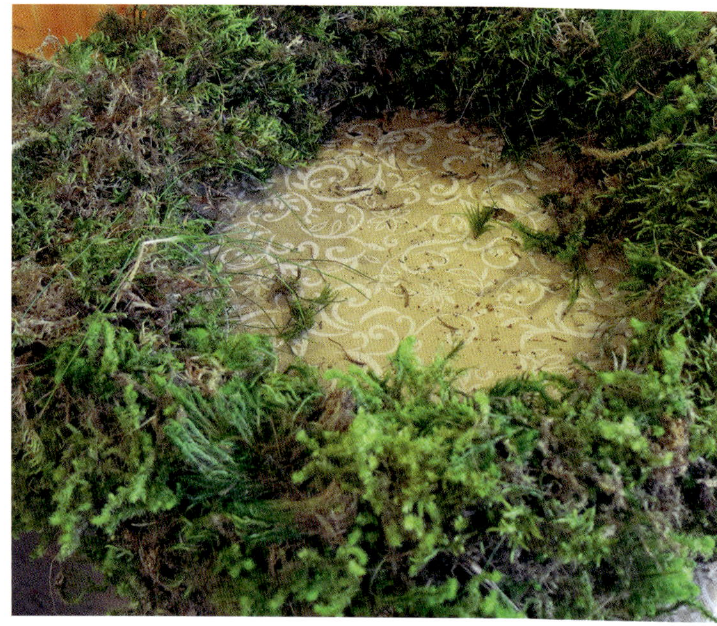

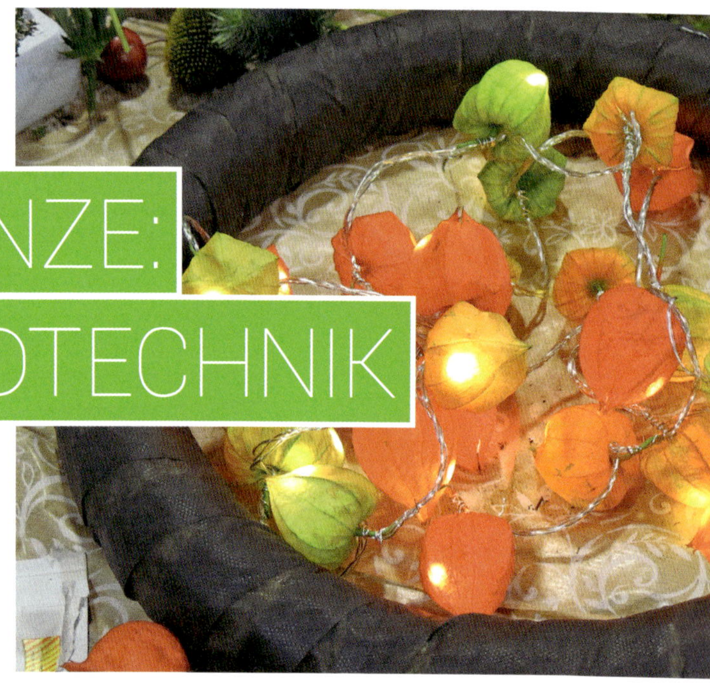

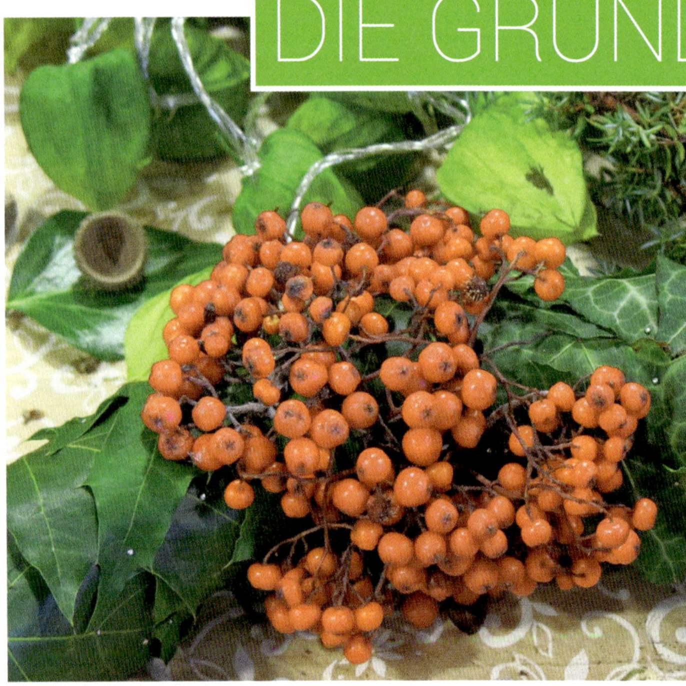

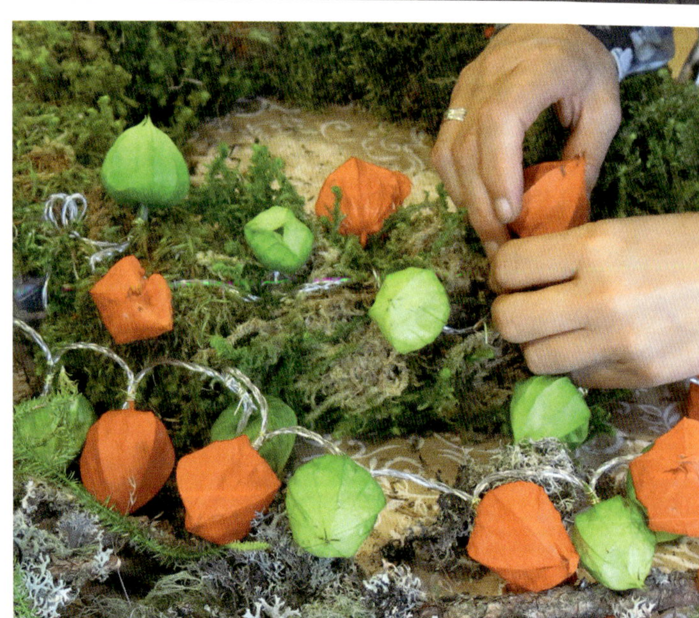

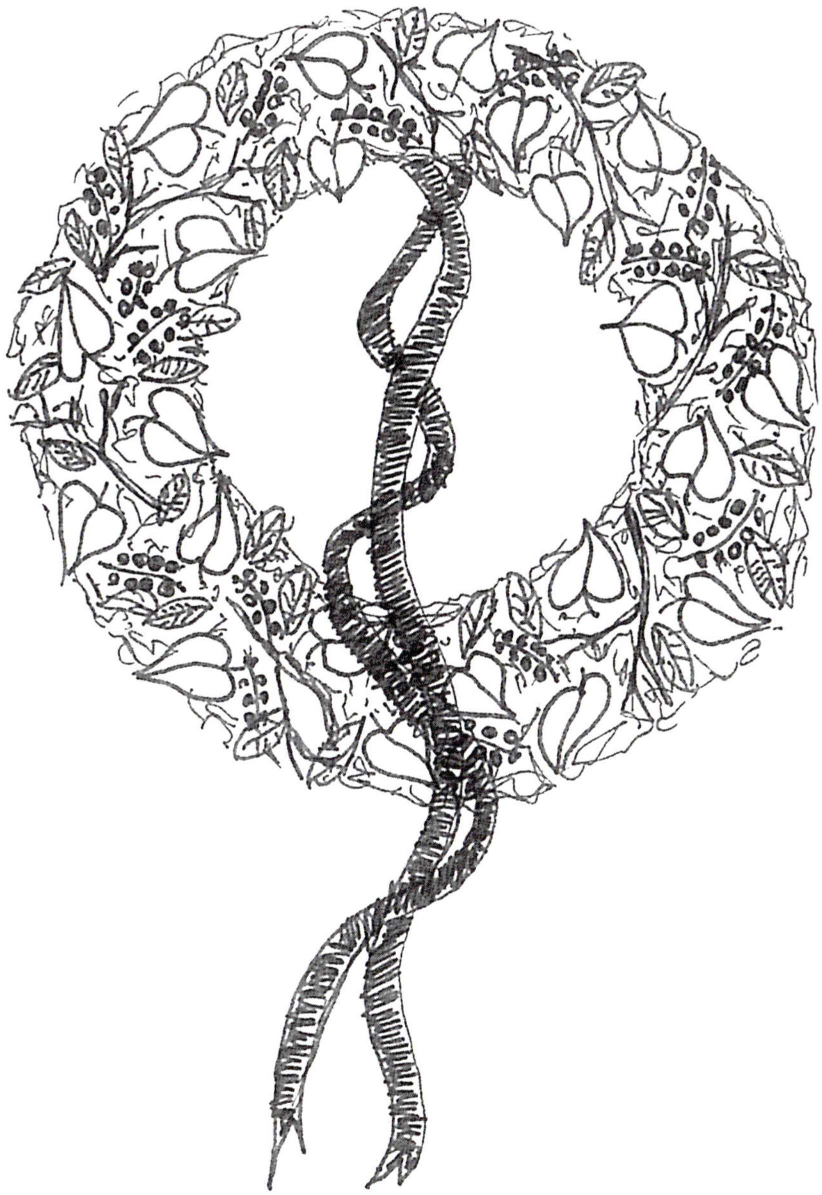

DAS BRAUCHT IHR

- Waldmoos, Ranken, Zweige
- Lampionblumen-Früchte
- Blätter
- gut haltbare Blumen wie Hortensien-Blütenbälle, Sternskabiosen
- Strohkranz mit 45 cm Durchmesser
- Patenthaften
- Myrtendraht
- Zierdraht in verschiedenen Farben
- Lichterketten mit Batteriebox (achtet darauf, für draußen eine Outdoor-Lichterkette zu nutzen)
- Bänder

SO IST DIE GRUNDTECHNIK

Der untere Bereich des Strohkranzes wird zunächst dünn mit Moos und Zweigen behaftet. Dann die Lampion-Früchte von unten vorsichtig aufschneiden, diese auf die einzelnen Lichter der Lichterkette setzen und mit feinem Zierdraht fixieren. Die Lampionblumen-Lichterkette dann auf dem oberen Teil des Kranzkörpers mit Haften fixieren und die Zwischenräume mit Blättern, Blüten oder anderen Floralien behaften. Dabei die Batteriebox der Lichterkette einarbeiten, sodass sie nicht sichtbar aber leicht erreichbar ist zum Ein- und Ausschalten. Soll das Werkstück als Wandkranz dienen, wird es mit Bändern als Aufhängung versehen.

AUF'S DRUMHERUM ABGESTIMMT

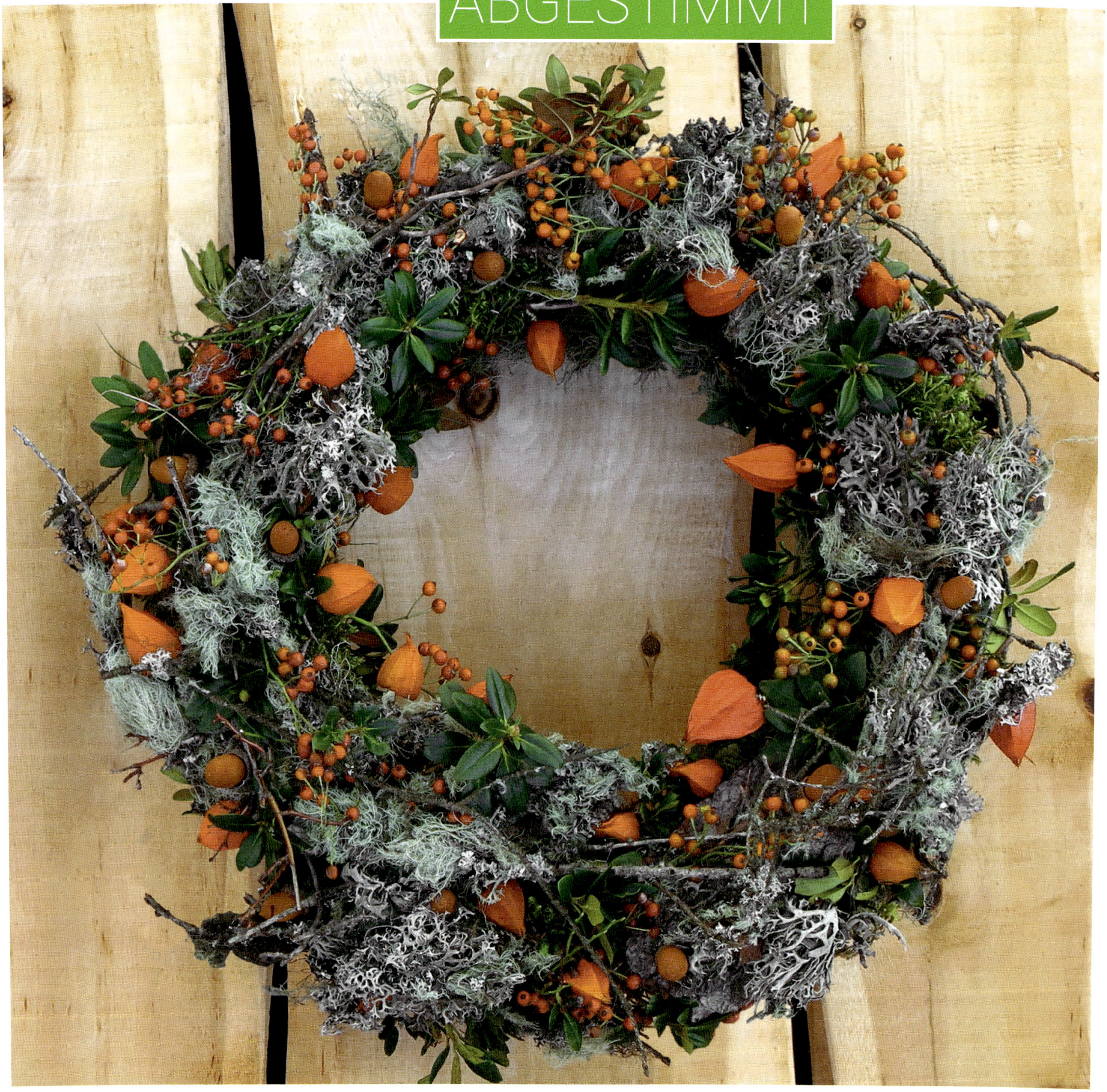

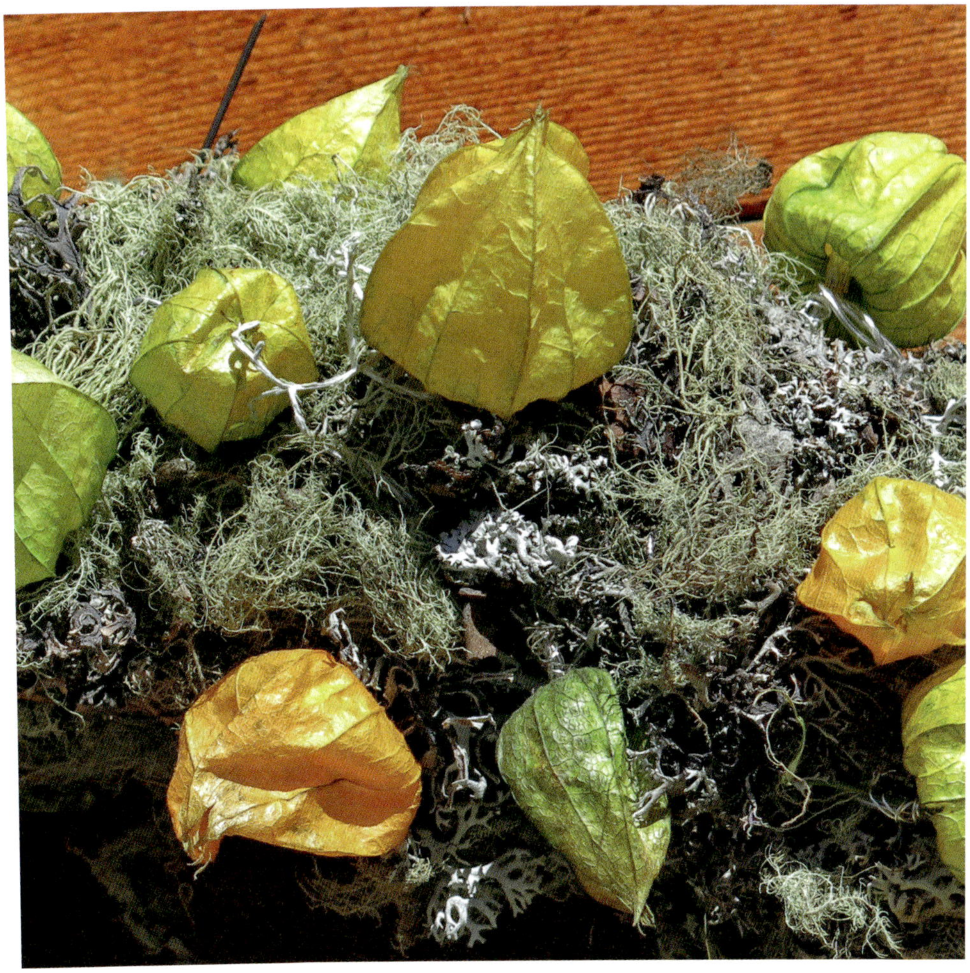

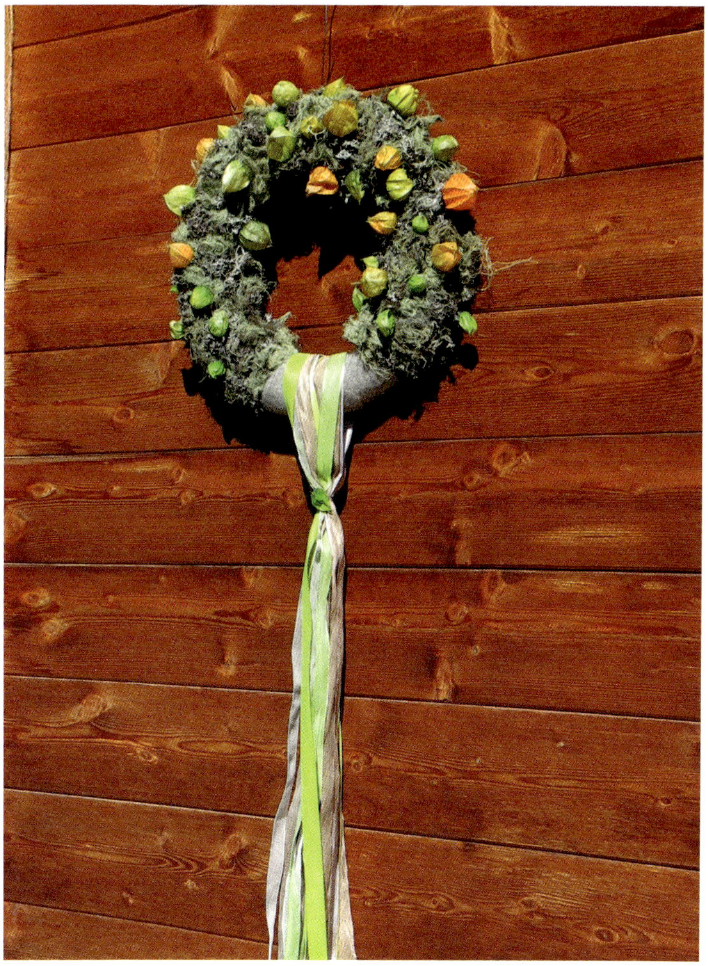

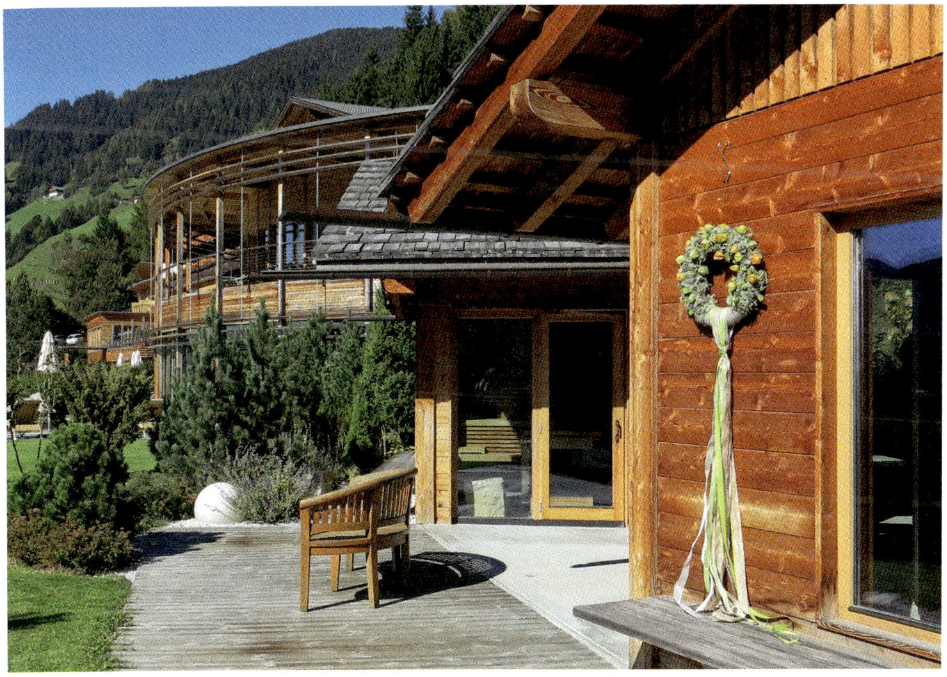

Ideal ist es zu wissen, wo der Wandkranz einmal hängen soll, damit er in seiner farblichen Ausgestaltung bestmöglich auf das Umfeld abgestimmt ist.

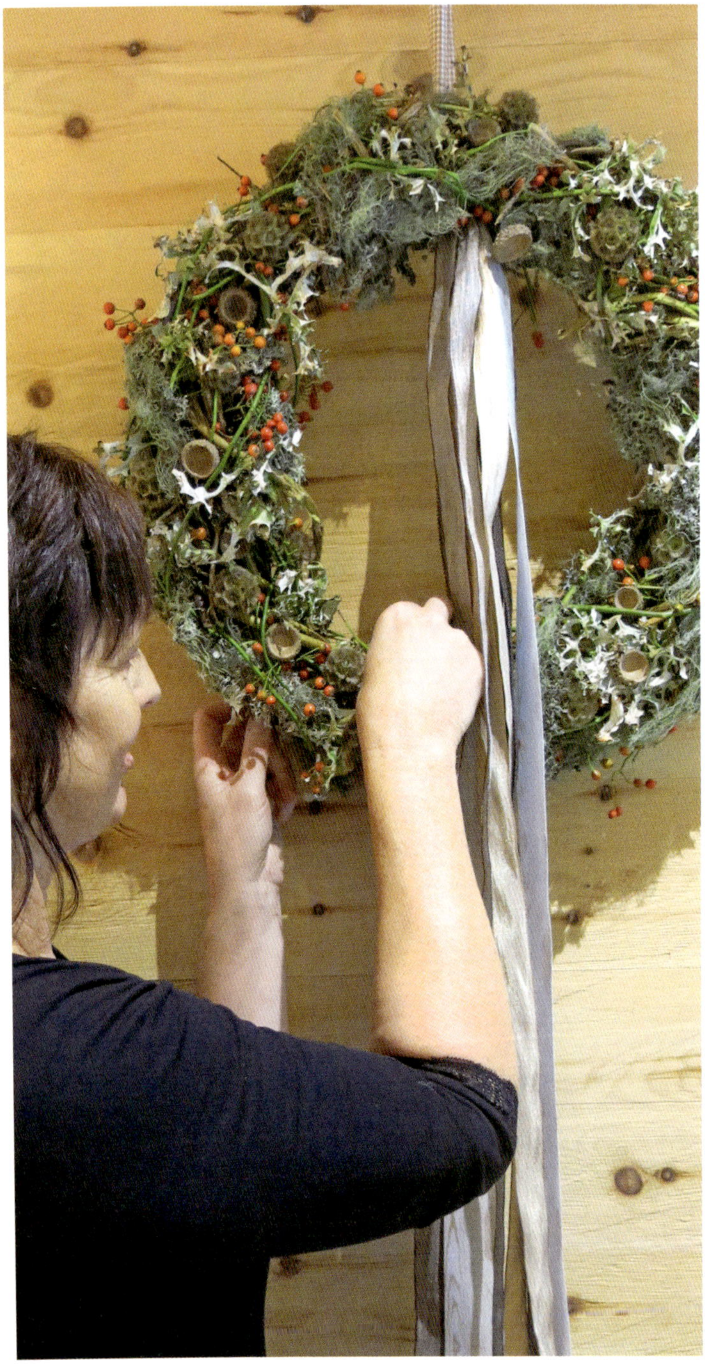

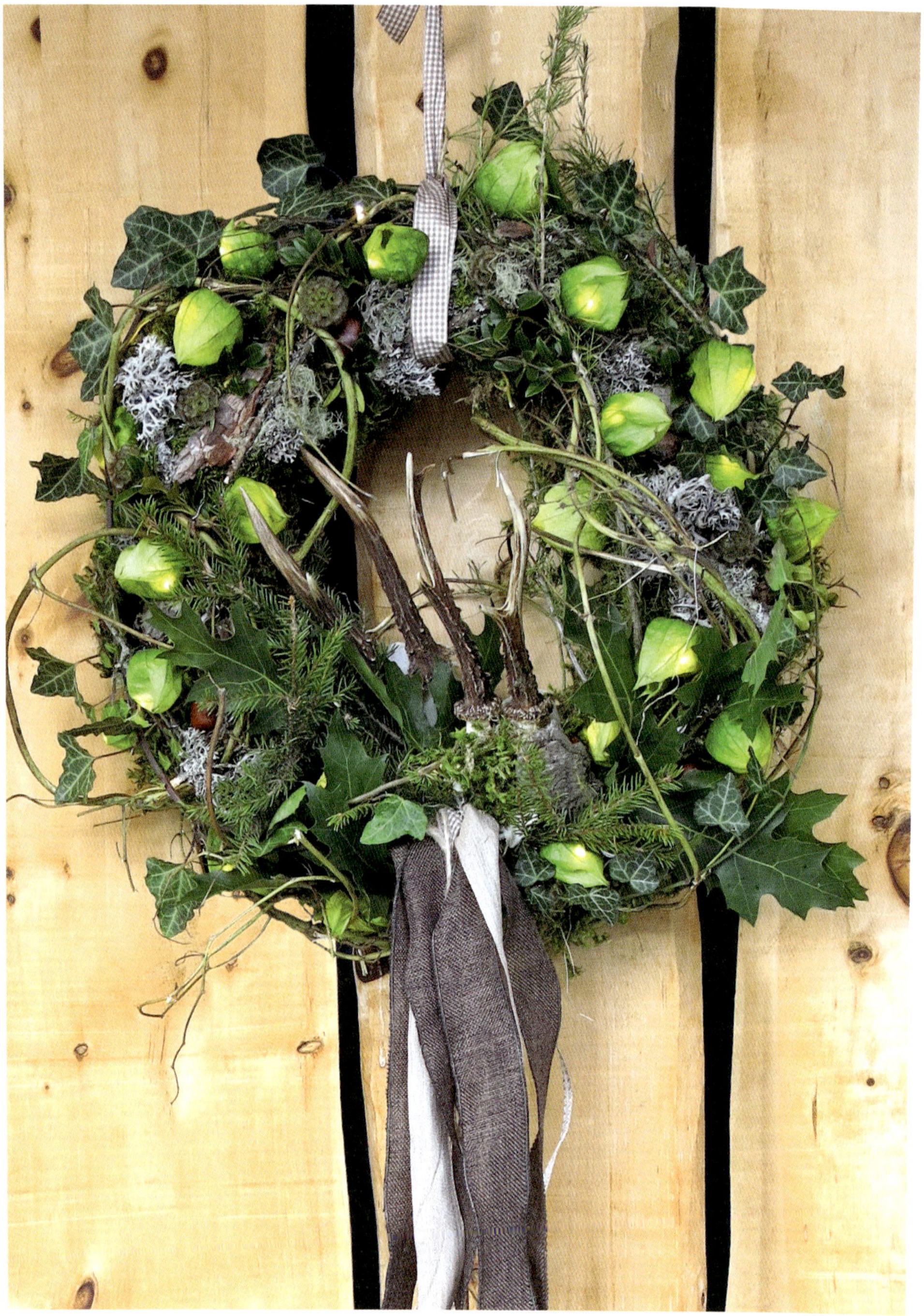

Ich empfehle immer, so viele selbst gesammelte Bestandteile wie möglich einzuarbeiten. Dann wirkt der Kranz umso natürlicher!

NATÜRLICHE WIRKUNG

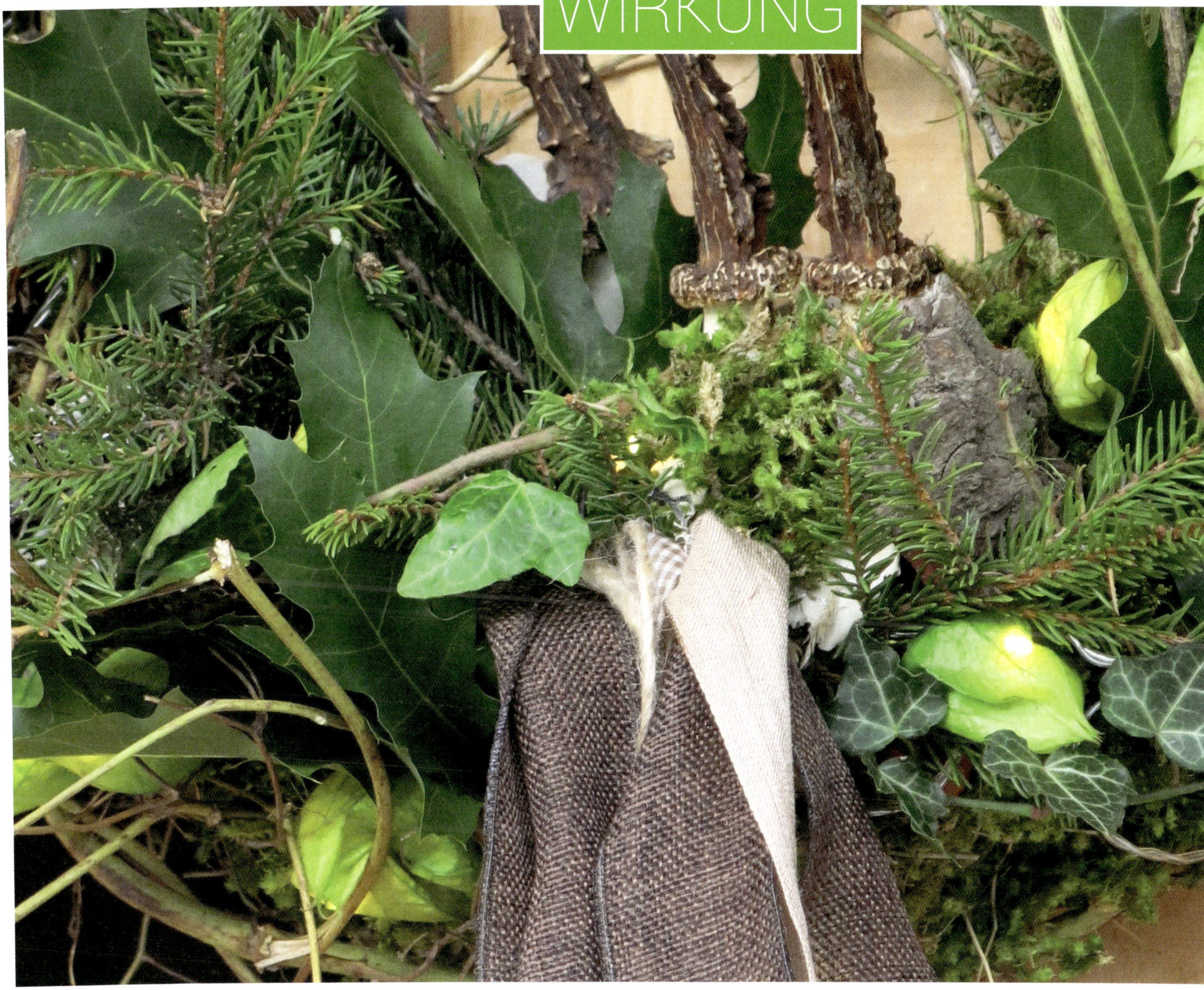

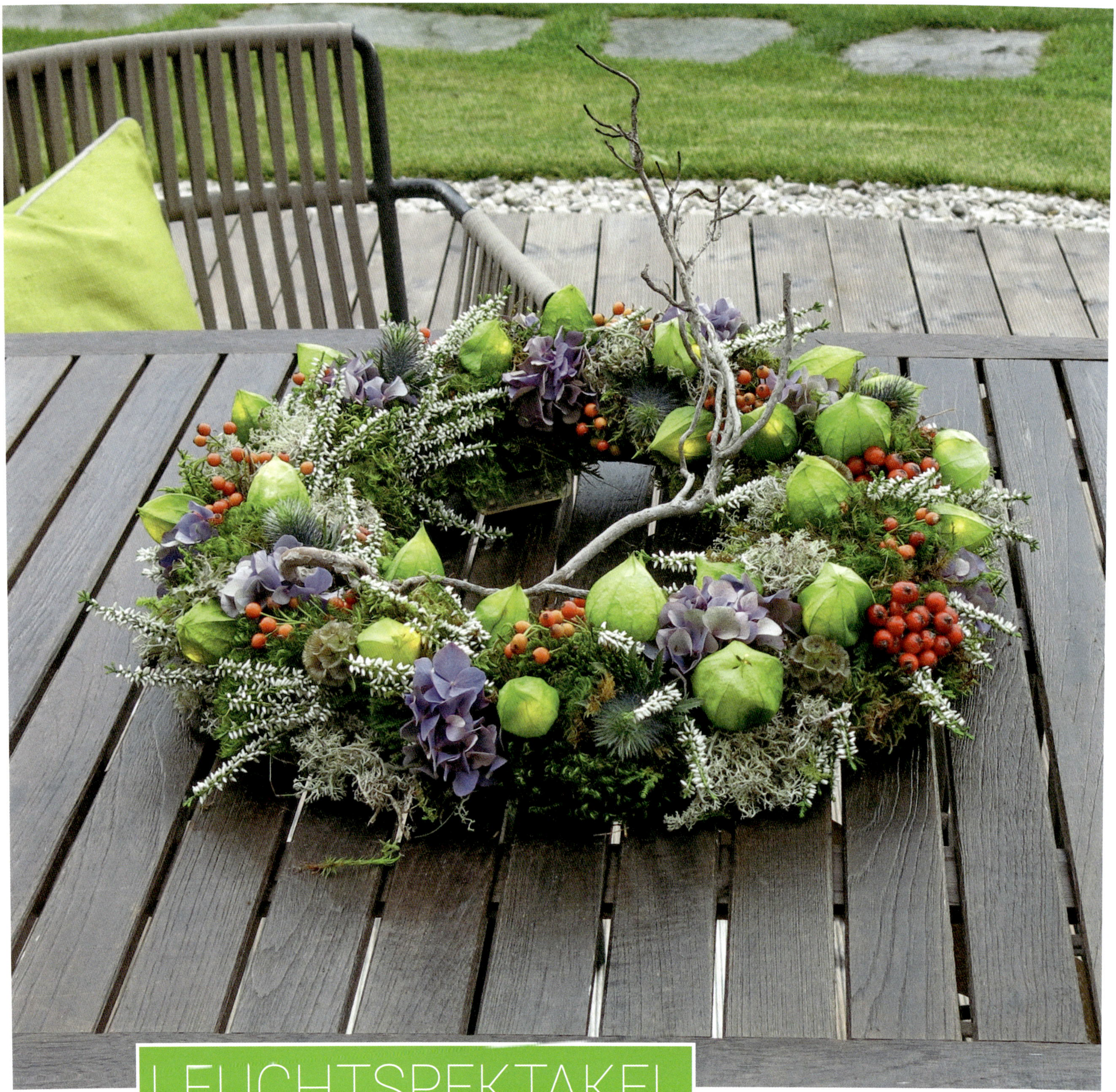

LEUCHTSPEKTAKEL MIT PHYSALIS

Bei Tag muss man genau hinschauen, um zu erkennen, dass jede Lampionblumen-Frucht, botanisch heißt sie Physalis, auf einem Licht der Lichterkette sitzt. In der Dämmerung wird dies zum gemütlichen Schmuck für die Tischrunde.

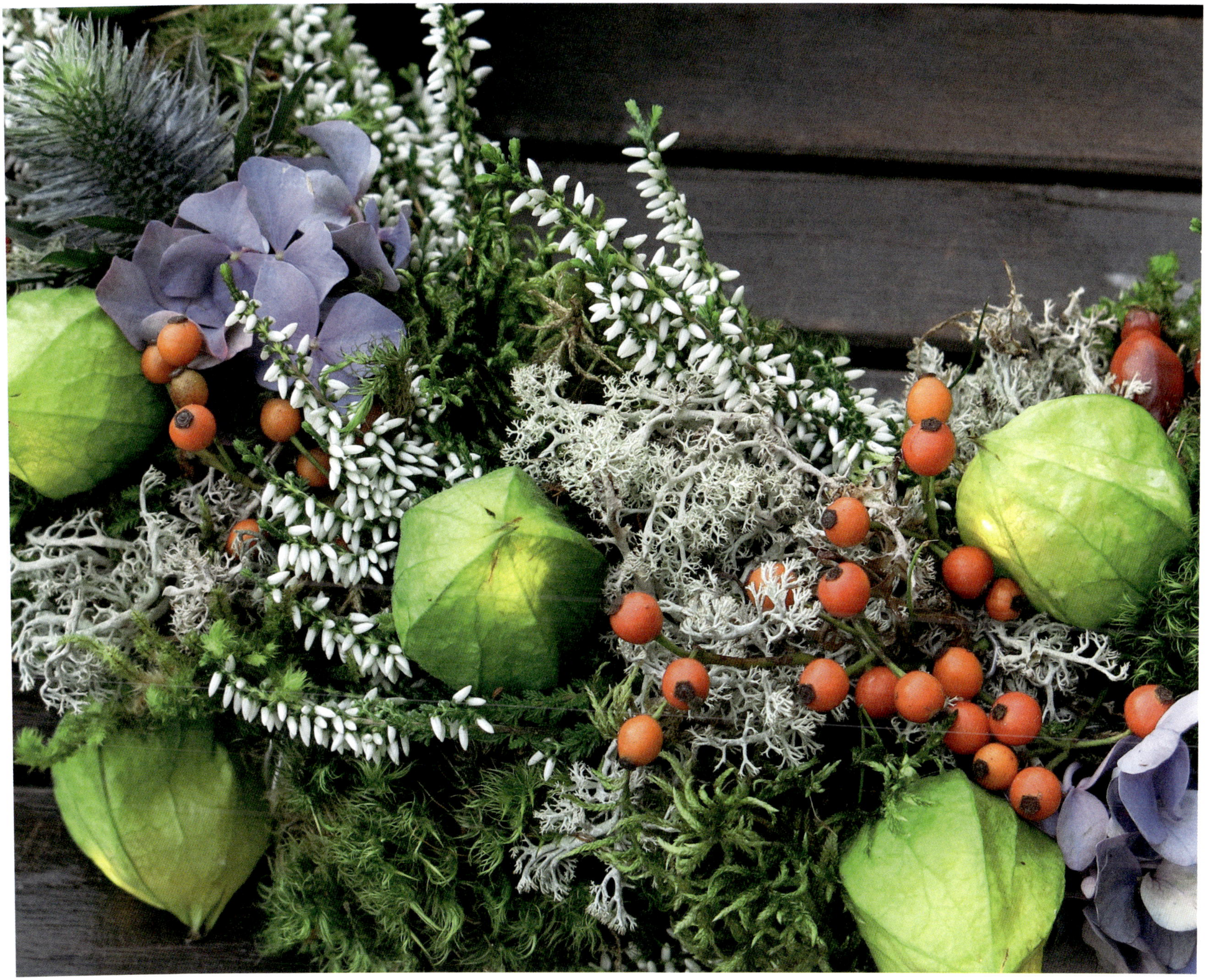

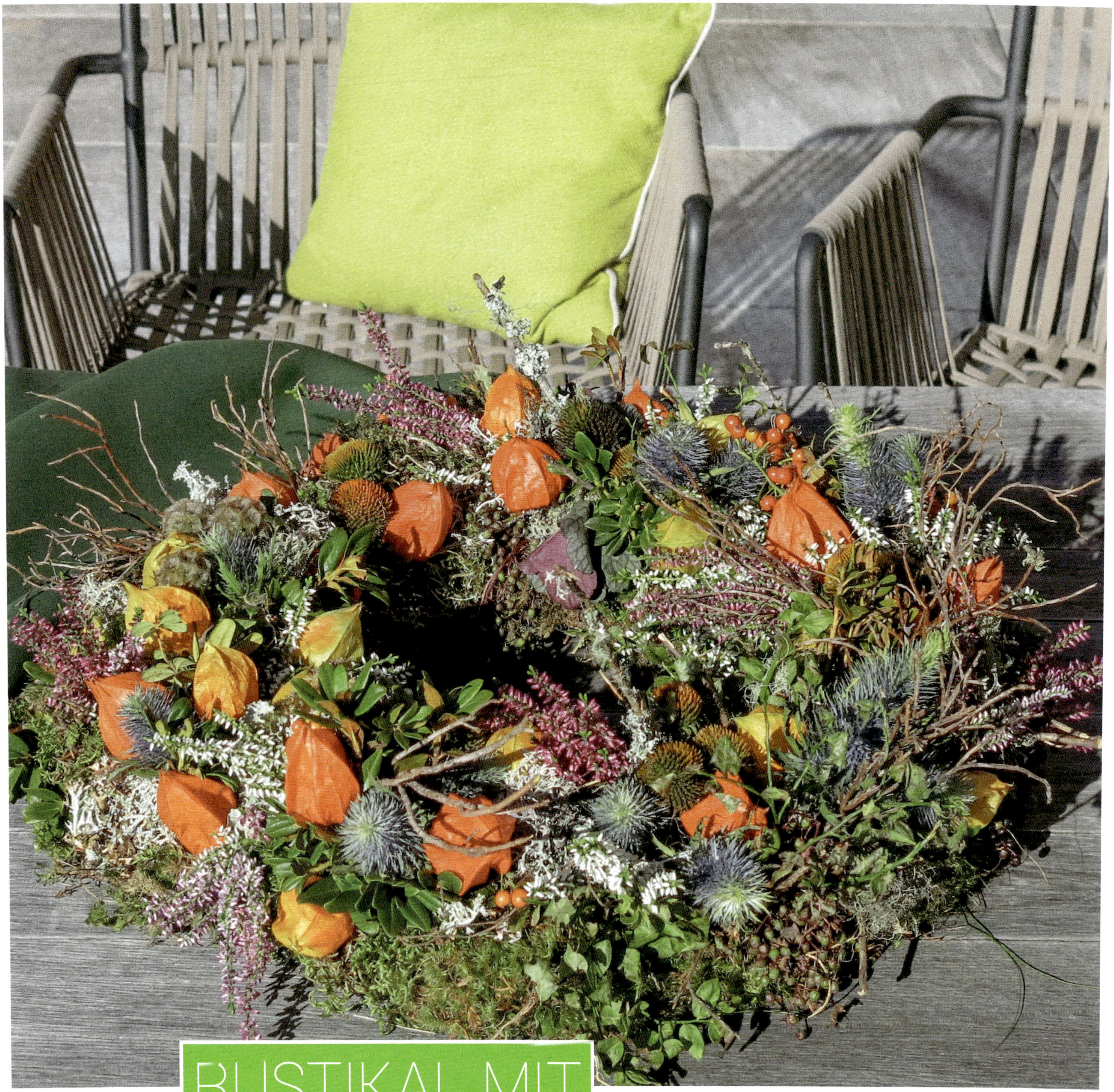

RUSTIKAL MIT ZWEIGEN

Besonders mit den knorrigen, von Flechten besetzten Zweigen lässt sich wunderbar gestalten. Der Strohrömer ist in beiden Fällen zuvor mit Moos behaftet worden.

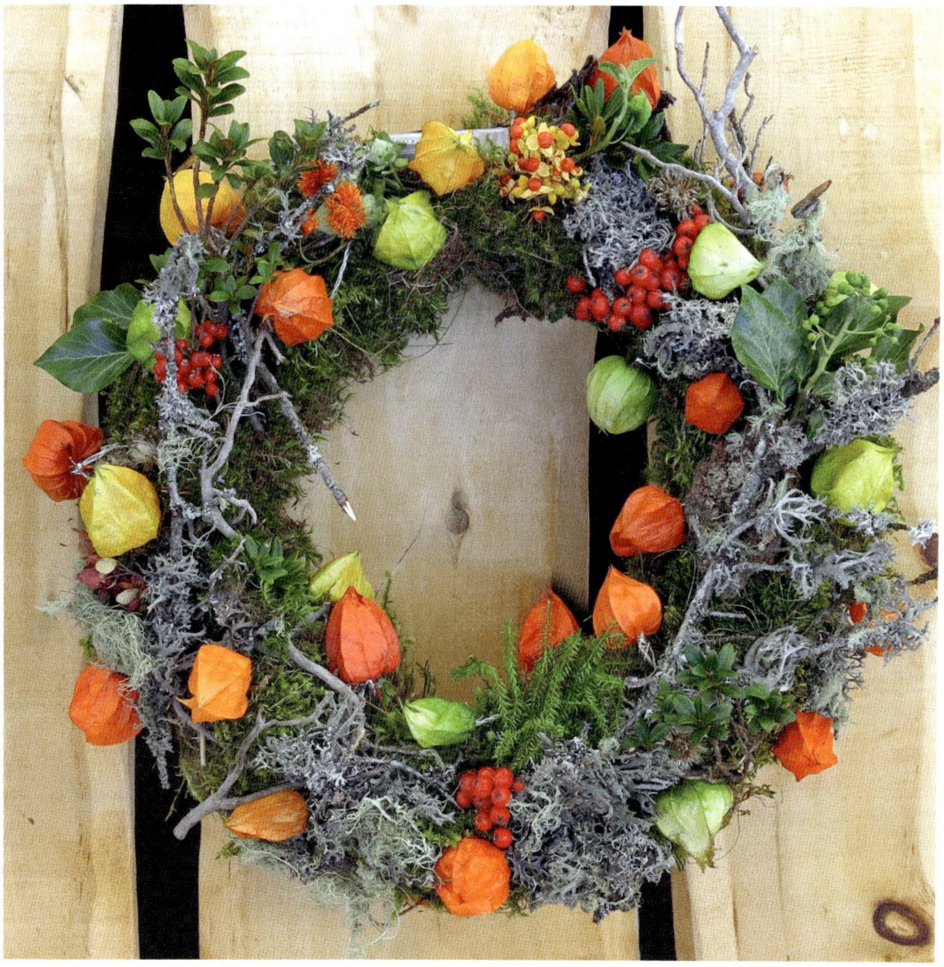

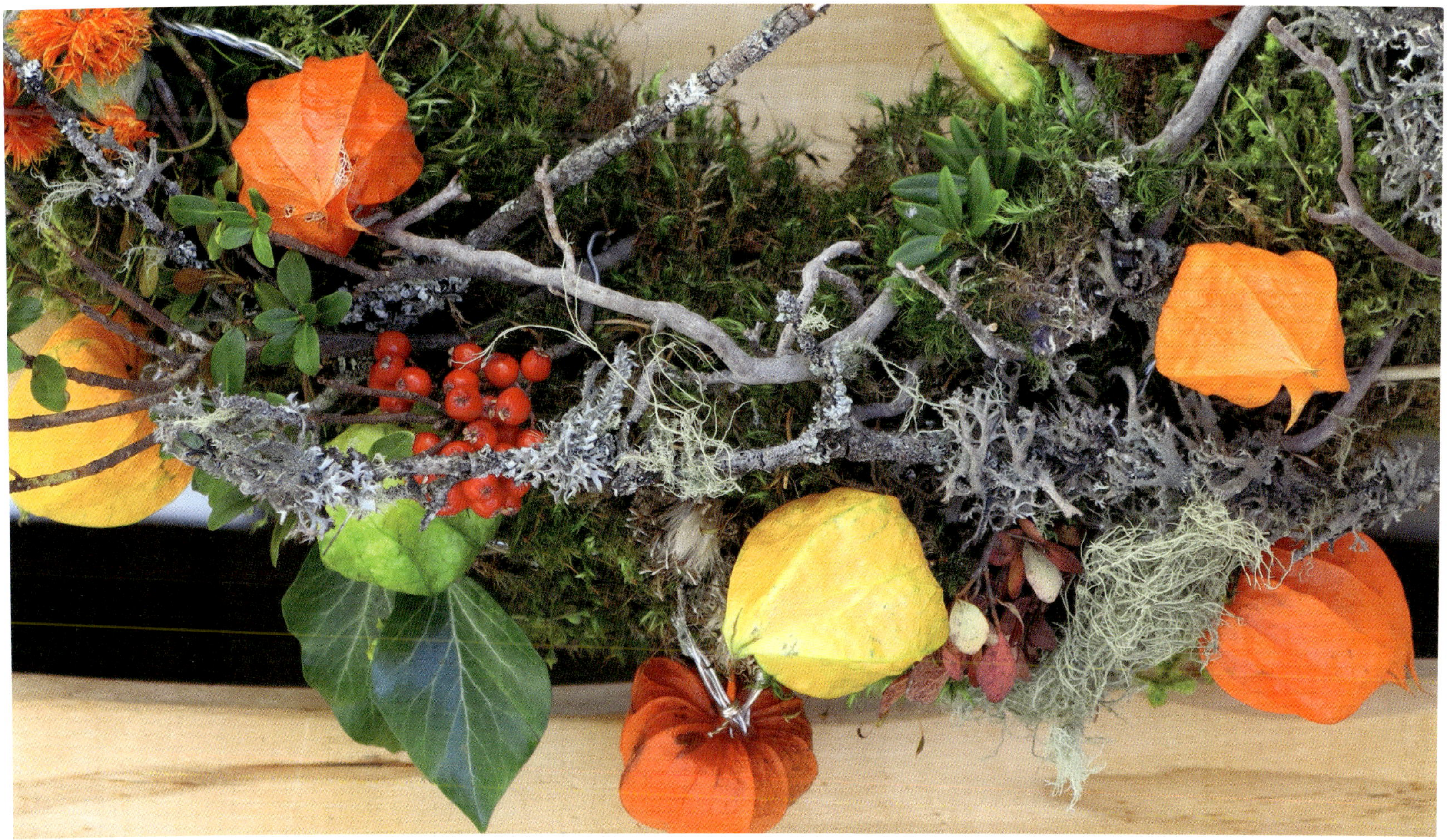

ZARTBESAITETE BLICKFÄNGE

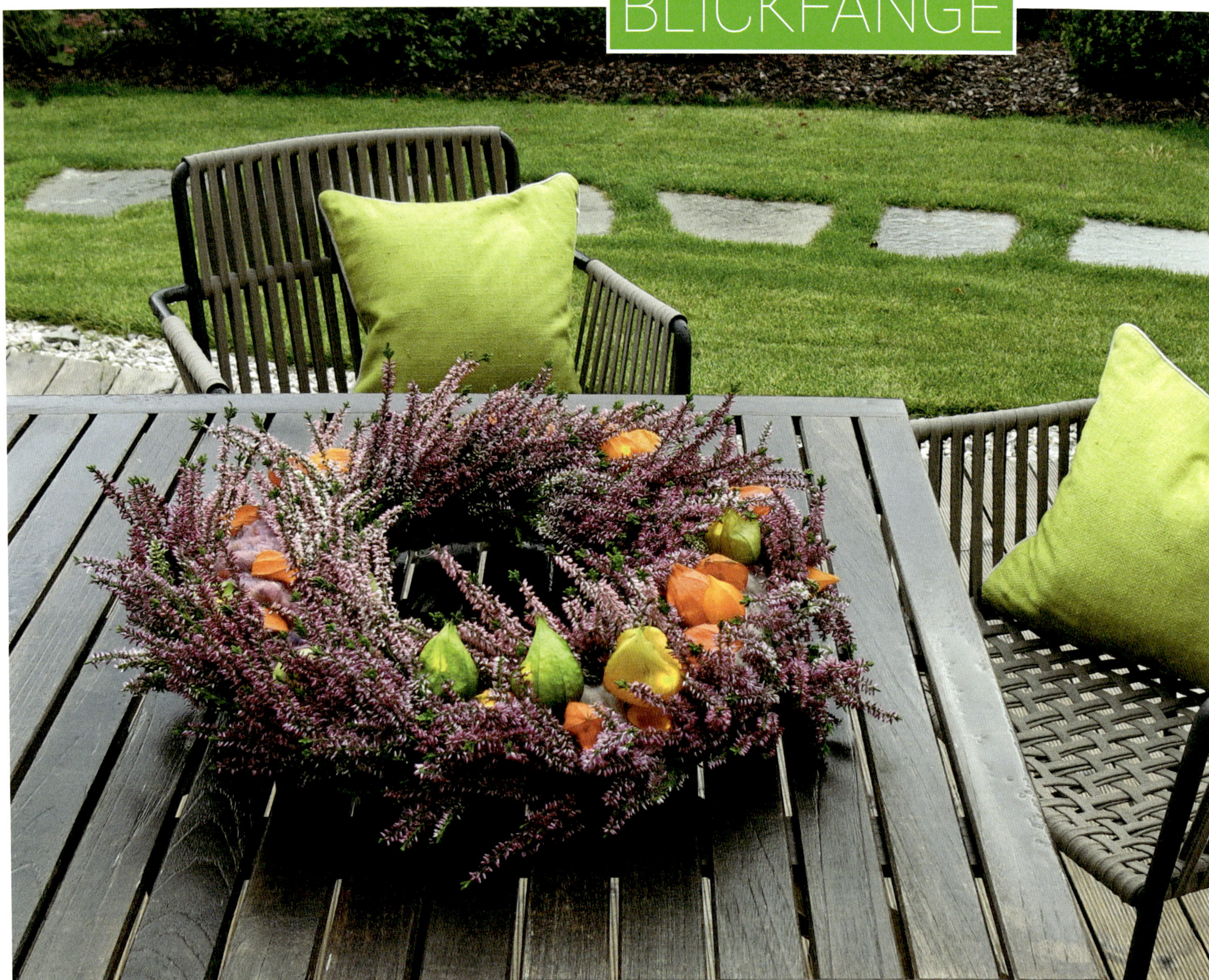

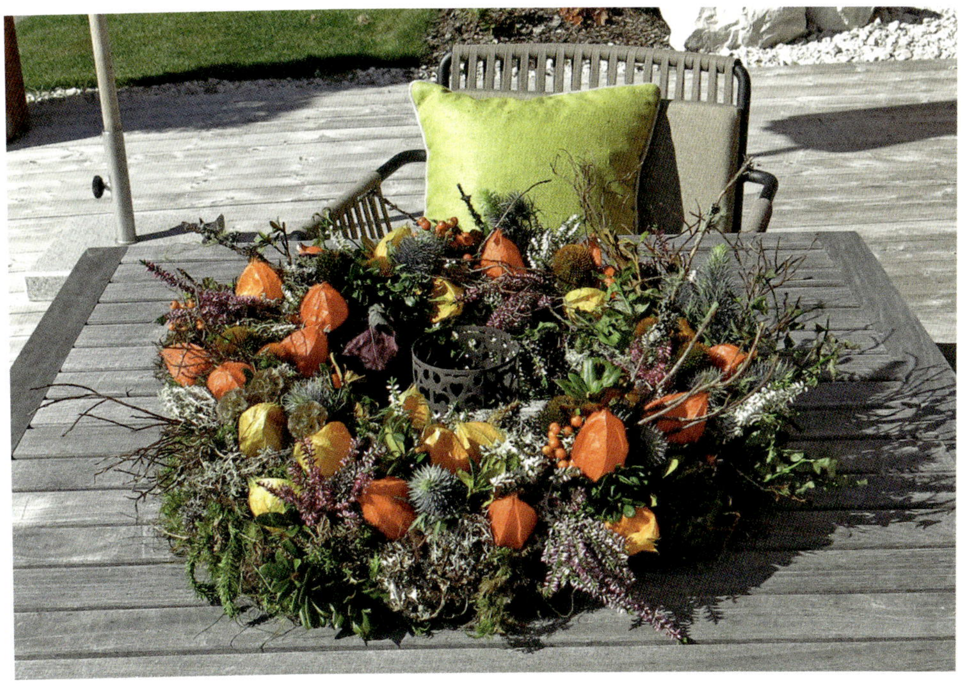

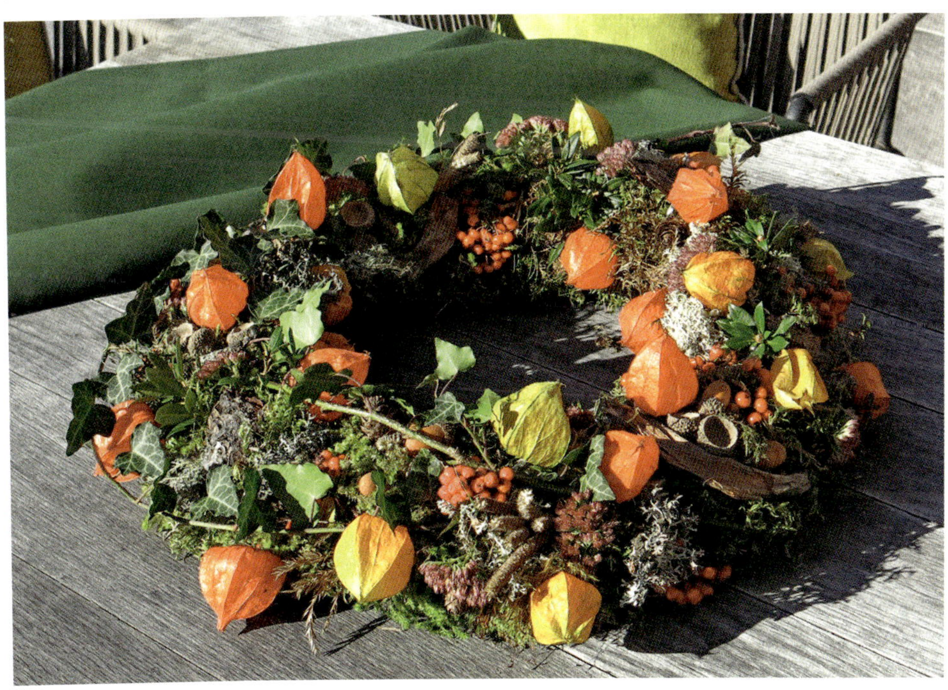

Auch wenn die verwendeten Pflanzenbestandteile grundsätzlich für einen Einsatz draußen geeignet sind, könnten sie eventuell bei starkem und länger anhaltendem Regen Schaden nehmen. Insofern empfehle ich, die Outdoorschmuckstücke unter diesem Gesichtspunkt im Blick zu behalten.

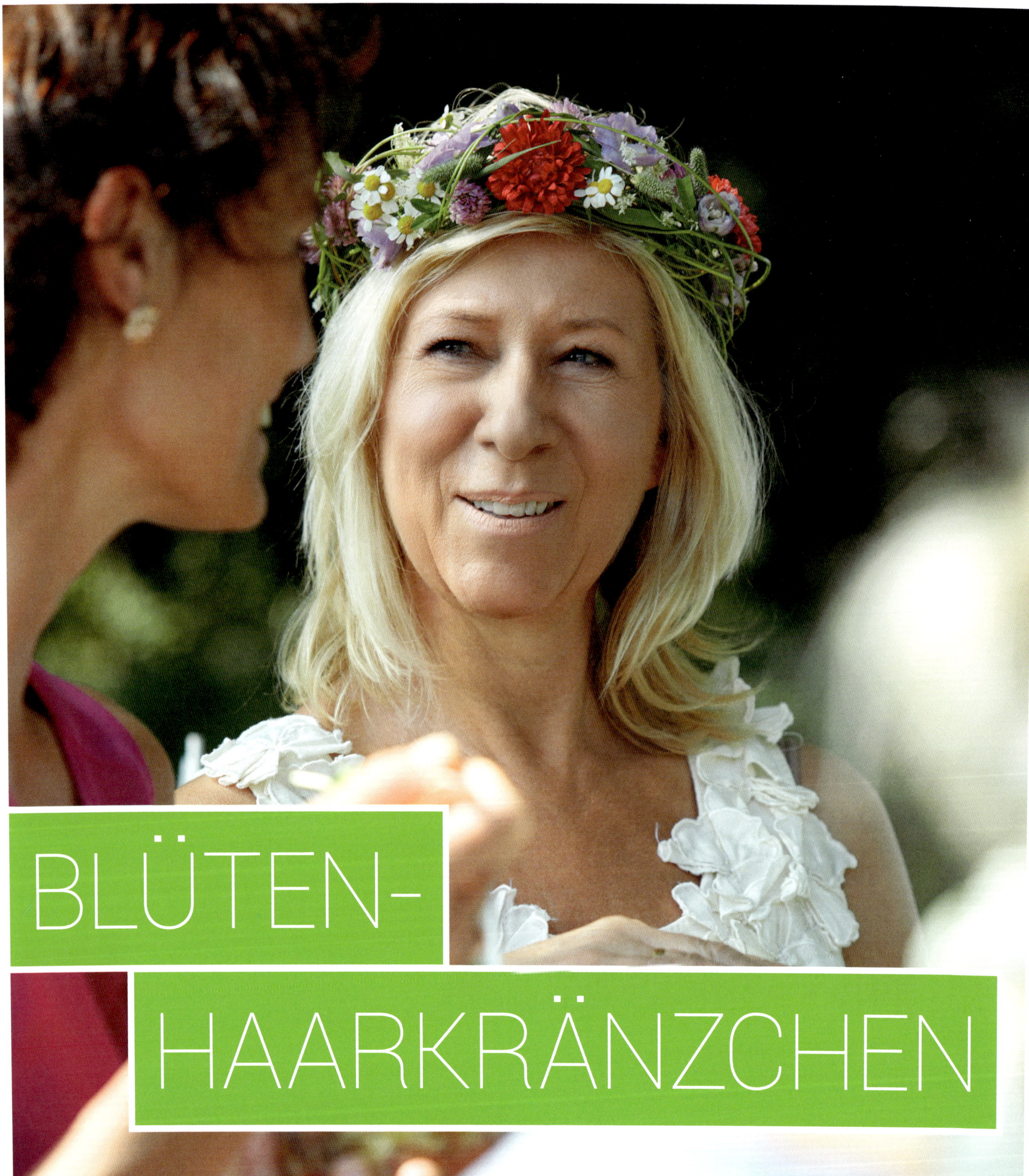

BLÜTEN-HAARKRÄNZCHEN

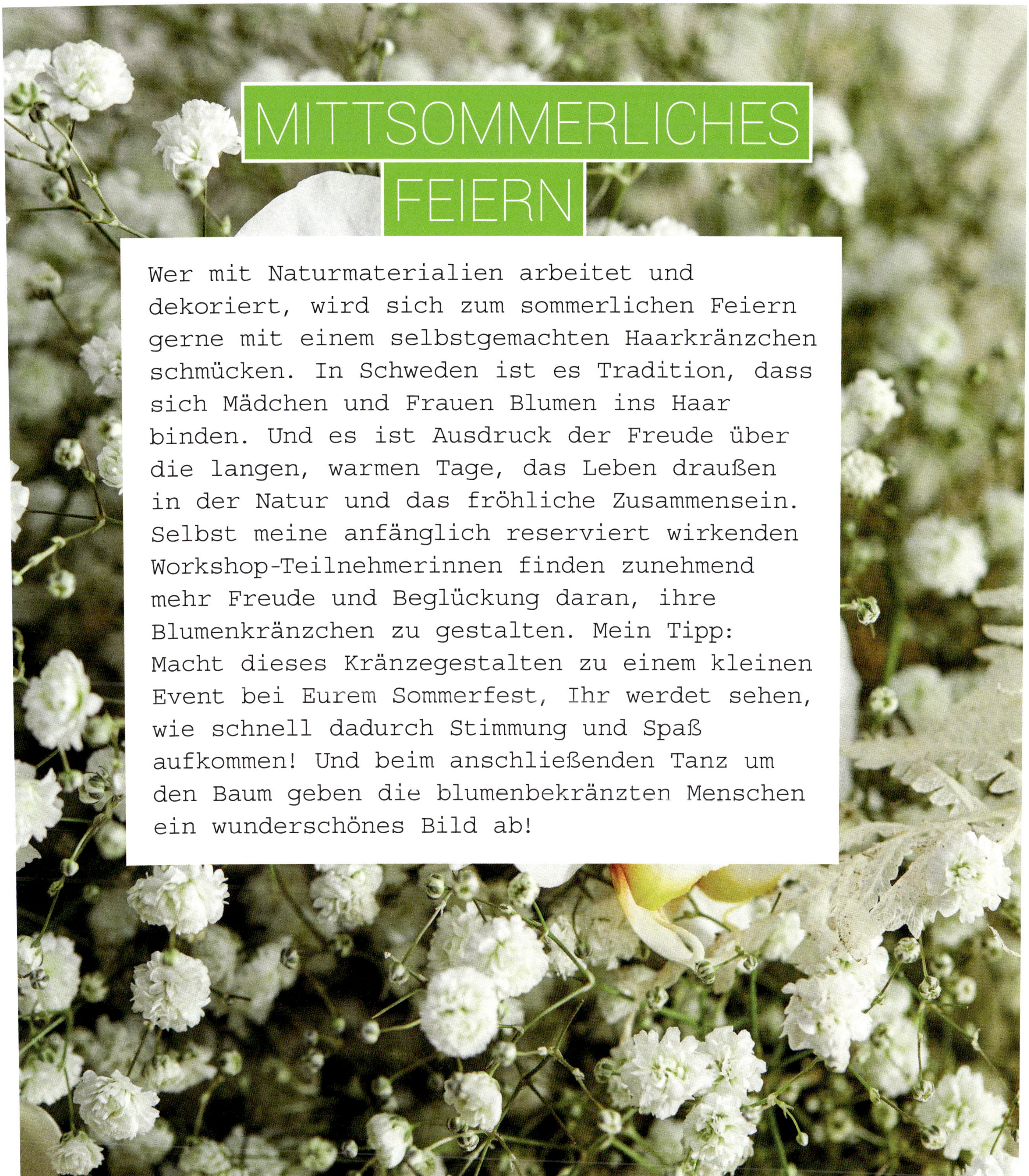

MITTSOMMERLICHES FEIERN

Wer mit Naturmaterialien arbeitet und dekoriert, wird sich zum sommerlichen Feiern gerne mit einem selbstgemachten Haarkränzchen schmücken. In Schweden ist es Tradition, dass sich Mädchen und Frauen Blumen ins Haar binden. Und es ist Ausdruck der Freude über die langen, warmen Tage, das Leben draußen in der Natur und das fröhliche Zusammensein. Selbst meine anfänglich reserviert wirkenden Workshop-Teilnehmerinnen finden zunehmend mehr Freude und Beglückung daran, ihre Blumenkränzchen zu gestalten. Mein Tipp: Macht dieses Kränzegestalten zu einem kleinen Event bei Eurem Sommerfest, Ihr werdet sehen, wie schnell dadurch Stimmung und Spaß aufkommen! Und beim anschließenden Tanz um den Baum geben die blumenbekränzten Menschen ein wunderschönes Bild ab!

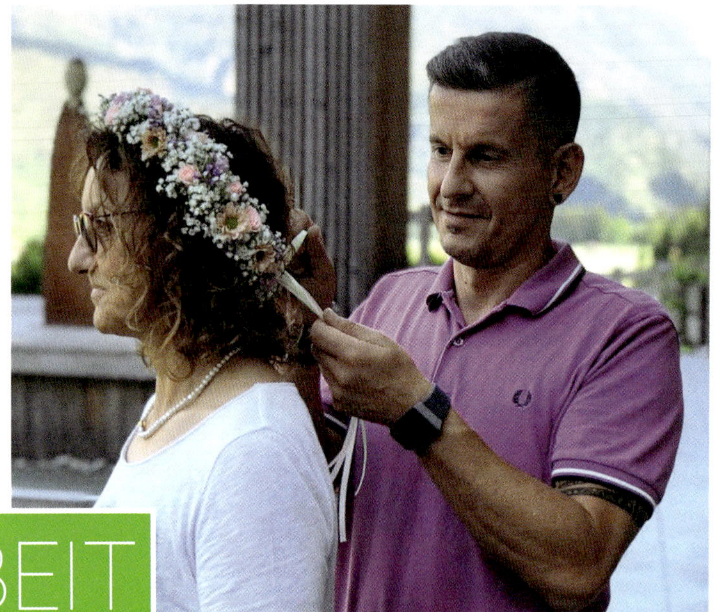

DETAILARBEIT IST VORPROGRAMMIERT

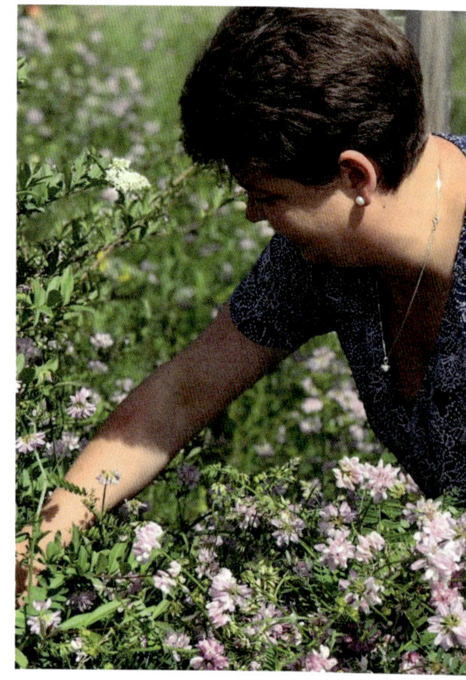

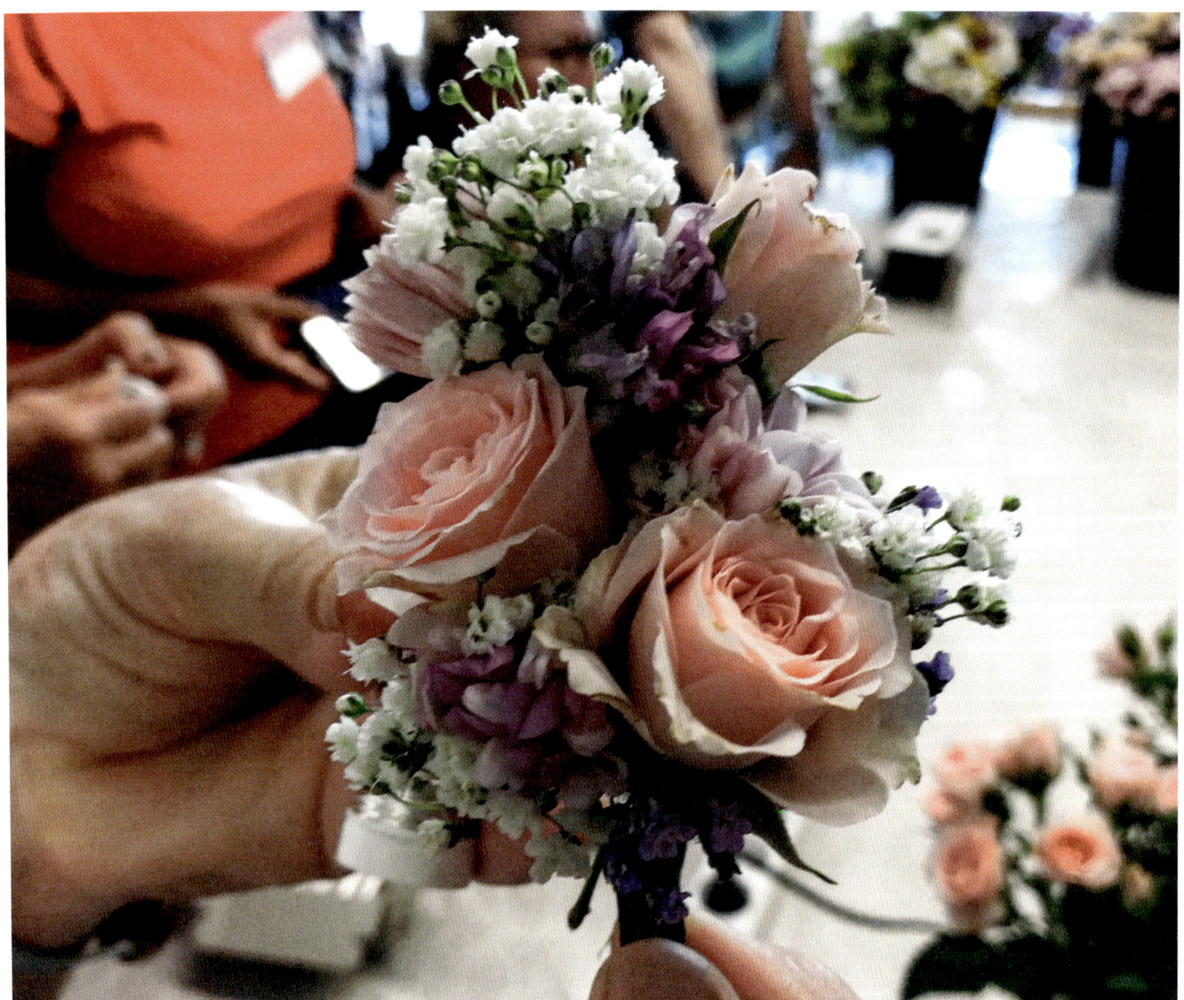

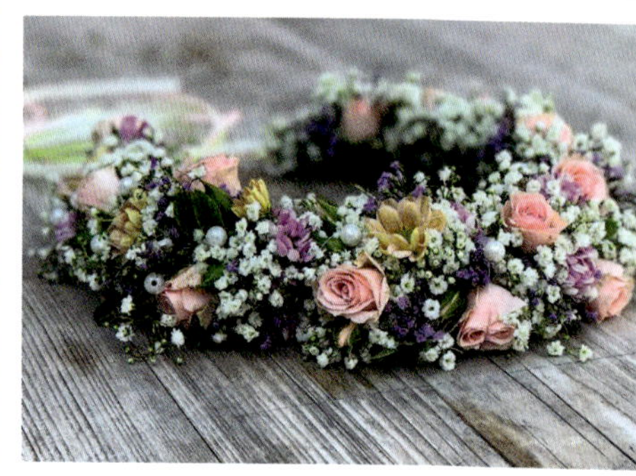

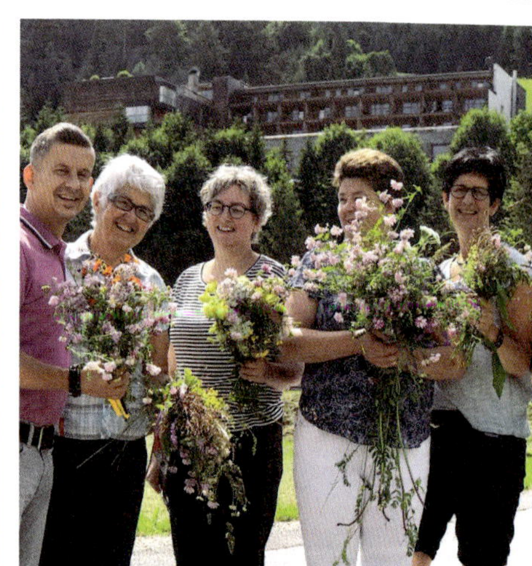

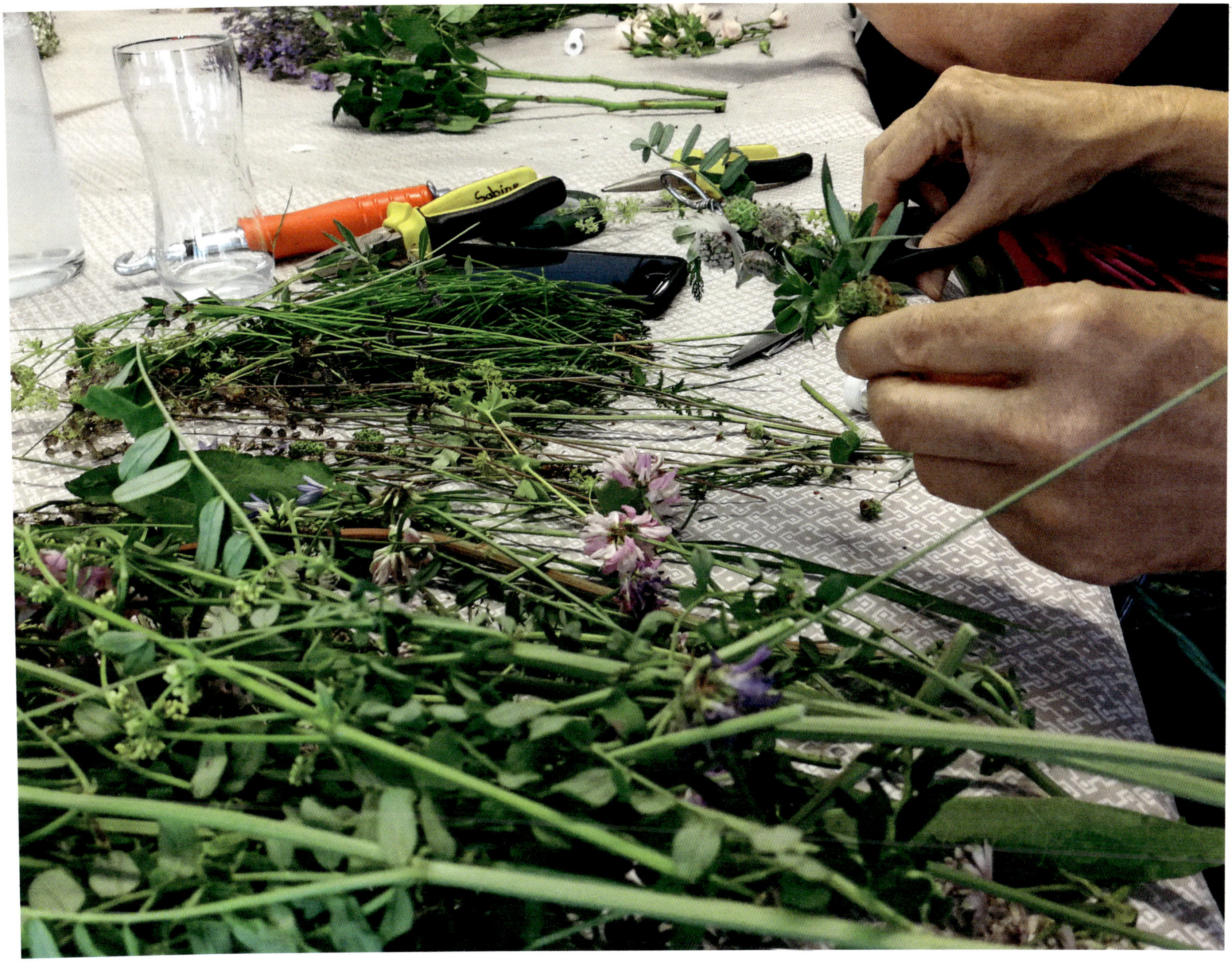

Ganz schön diffizil! Aus den armdicken auf der Wiese oder im Garten gesammelten Blumensträußen entstehen aus den blühenden Köpfen zarte Gebilde fürs Haar. Zugegeben, ein paar Blüten haben wir im Blumenladen dazugekauft!

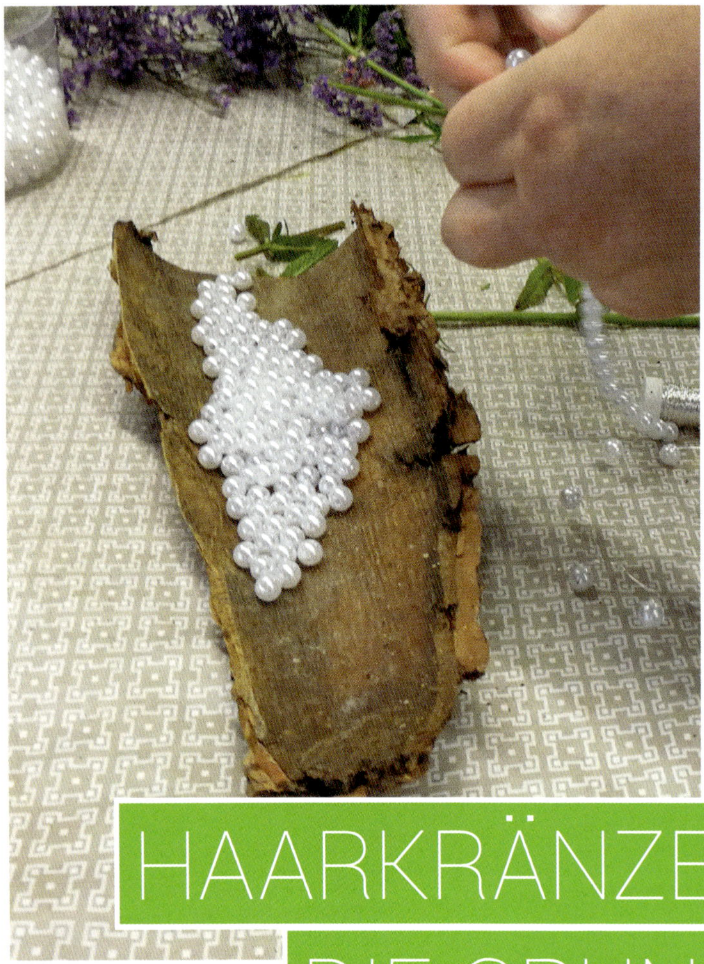

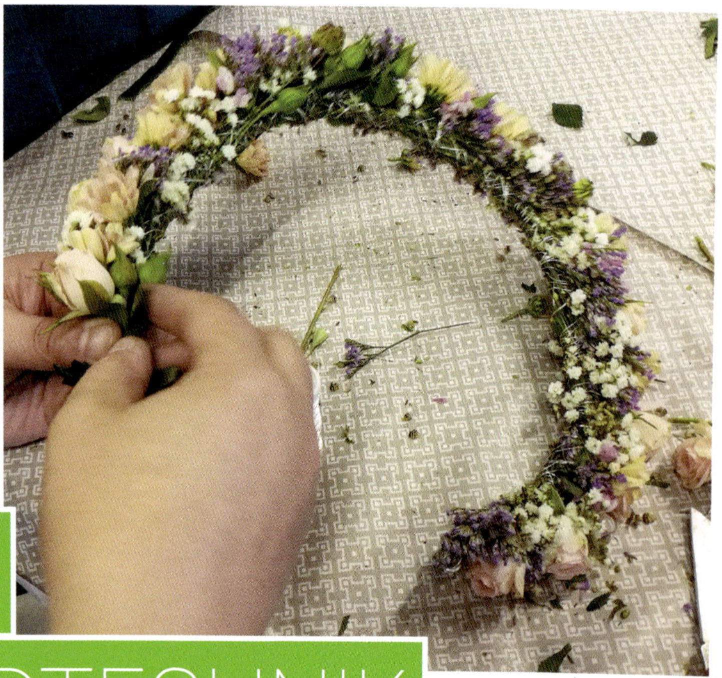

HAARKRÄNZE DIE GRUNDTECHNIK

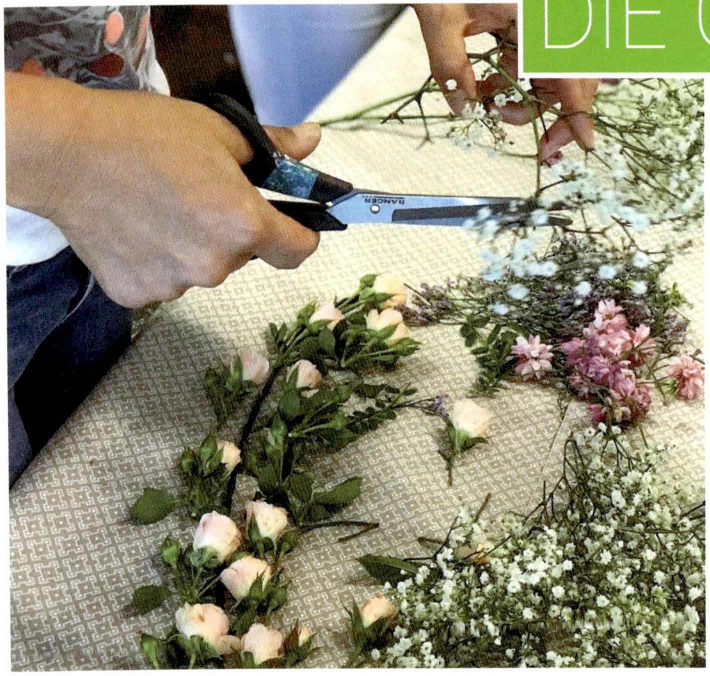

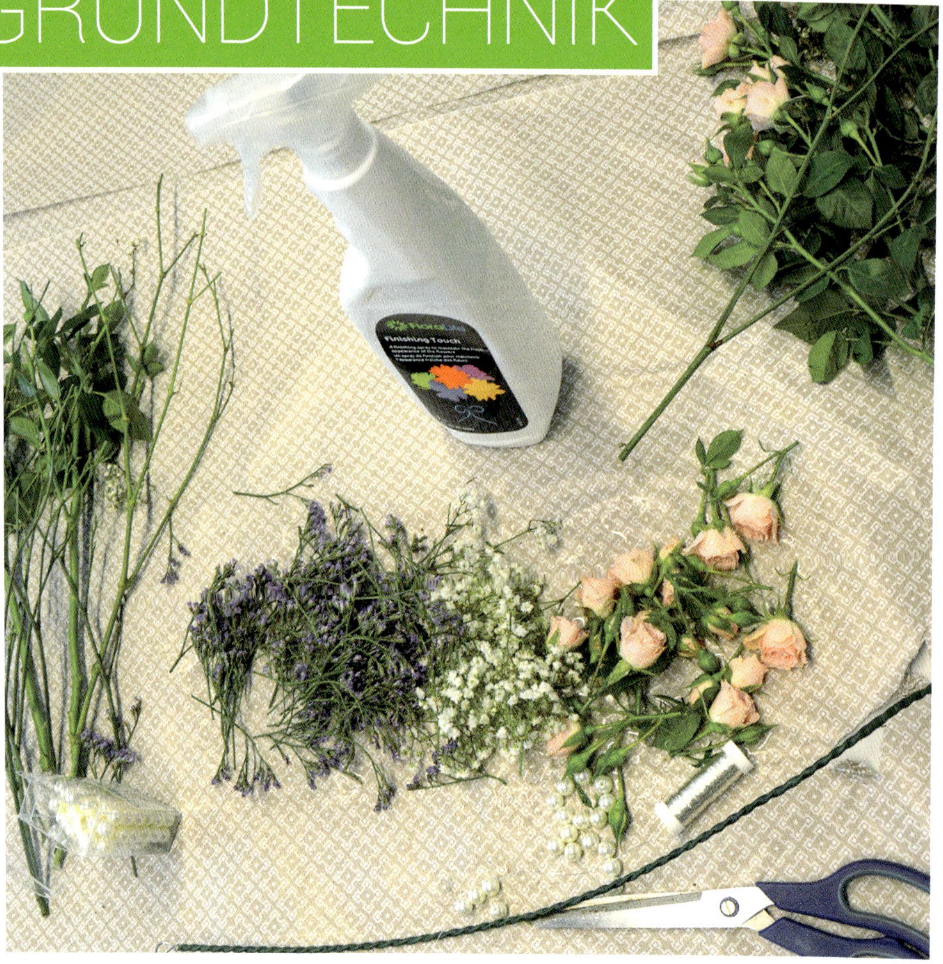

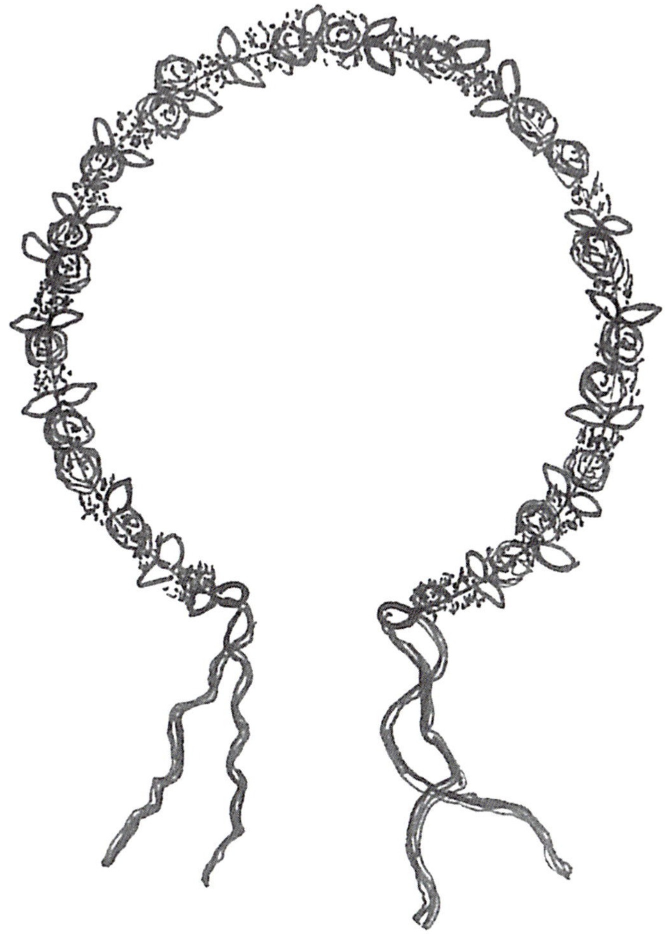

DAS BRAUCHT IHR

- Aluminiumdraht
- Silberdraht
- Blumen-Tape
- Wiesen-, Gartenblüten oder solche aus dem Blumengeschäft
- Satin-Schmuckbänder

SO IST DIE GRUNDTECHNIK

Den Aluminiumdraht schneidet Ihr Euch in Länge des Kopfumfanges plus beidseitig ca. 3 cm Zugabe zurecht. Umwickelt den Draht nun mit dem Blumen-Tape. Dies ermöglicht Euch das leichtere Andrahten der Blüten, die ansonsten auf dem glatten Draht wegrutschen würden. Biegt nun die beiden Zugabe-Enden jeweils zu einer Schlaufe. Schneidet dann die ausgewählten Blumen bis auf einen kurzen, ca. 1 cm (maximal 2 cm) langen Stiel von ihren Stängeln ab. Ganz dünne Blumen, wie Schleierkraut, Schafgarbe oder ähnliches, können auch zu mehreren mit Silberdraht gebündelt werden. Legt nun die Blüten oder kleinen Büschelchen einzeln auf den getapten Drahtring und umwickelt die kurzen Stiele zwei-, dreimal mit dem Silberdraht, sodass diese fest sitzen, aber wiederum nicht durch die Drahtumwicklung gequetscht oder abgeknickt werden. Legt dann leicht versetzt unterhalb der vorherigen Blüte die nächste an und umwickelt diese wieder mit zwei, drei Umschlingungen. Fahrt so weiter fort, bis der Reif rundum und komplett mit Blüten bewickelt ist. Fixiert nun den Silberdraht mittels Knoten, biegt den Reif zum Rund und fixiert ihn durch die beiden Drahtschlaufen. Wer will, knotet rückwärtig noch passende Bänder an.

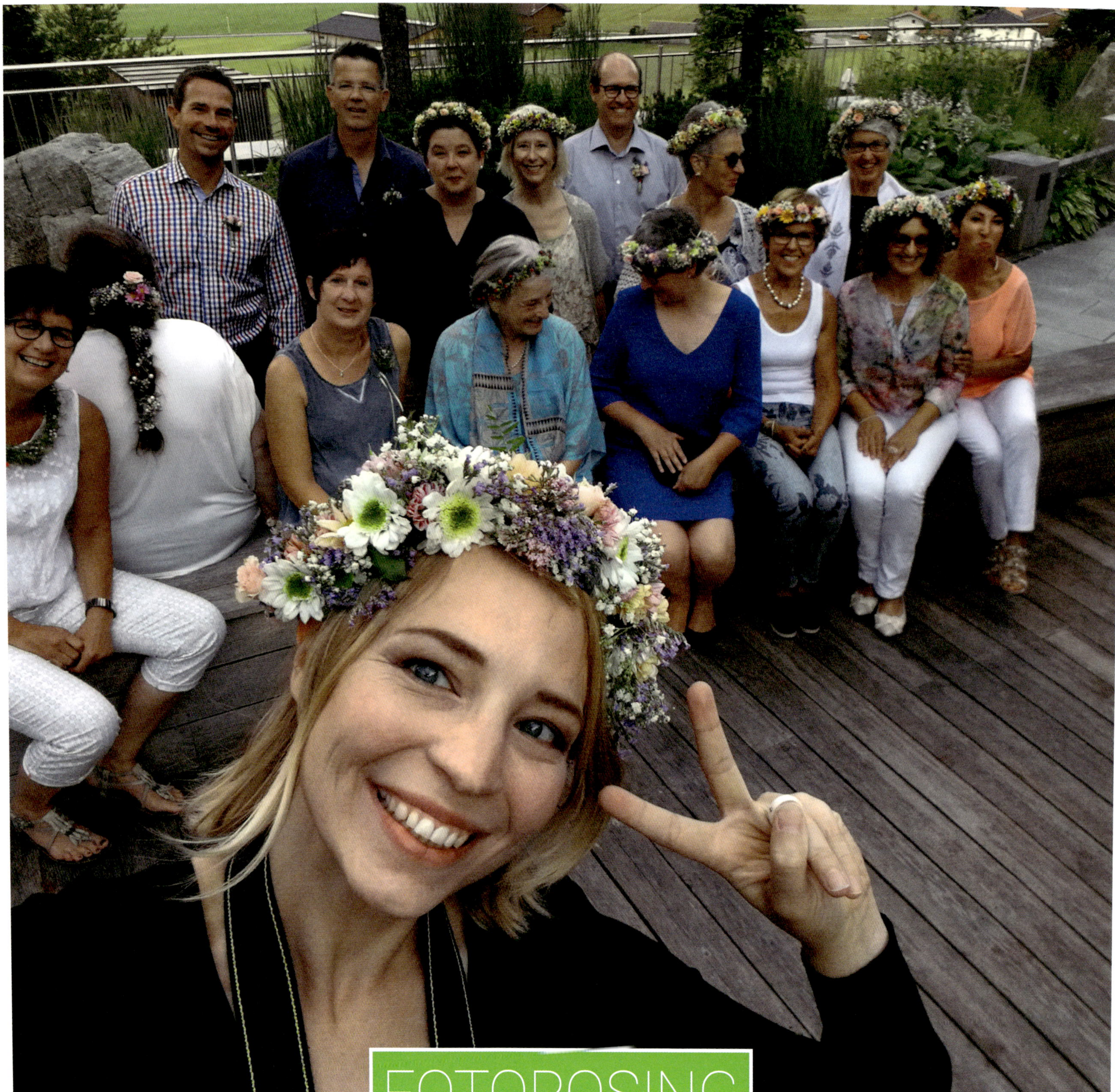

FOTOPOSING

Selbst die Männer sind begeistert und lassen sich ganz kooperativ mit den passenden Blüten als Ansteckstäußchen schmücken. Und für die Frauen kommt so das wunderbar leichte Sommer-Feeling auf!

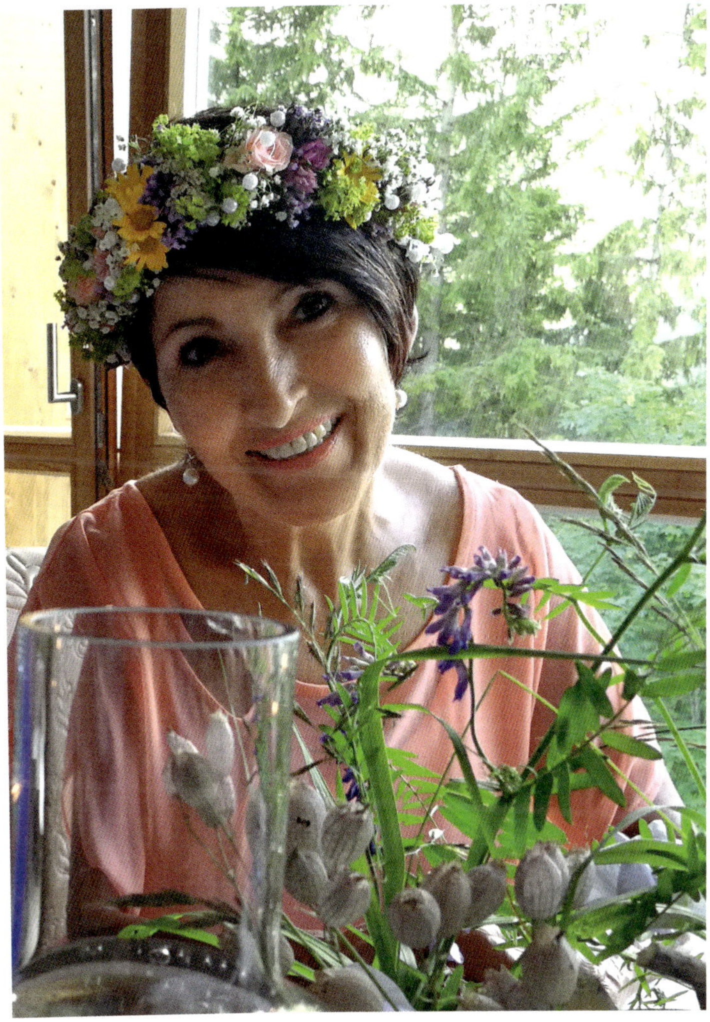

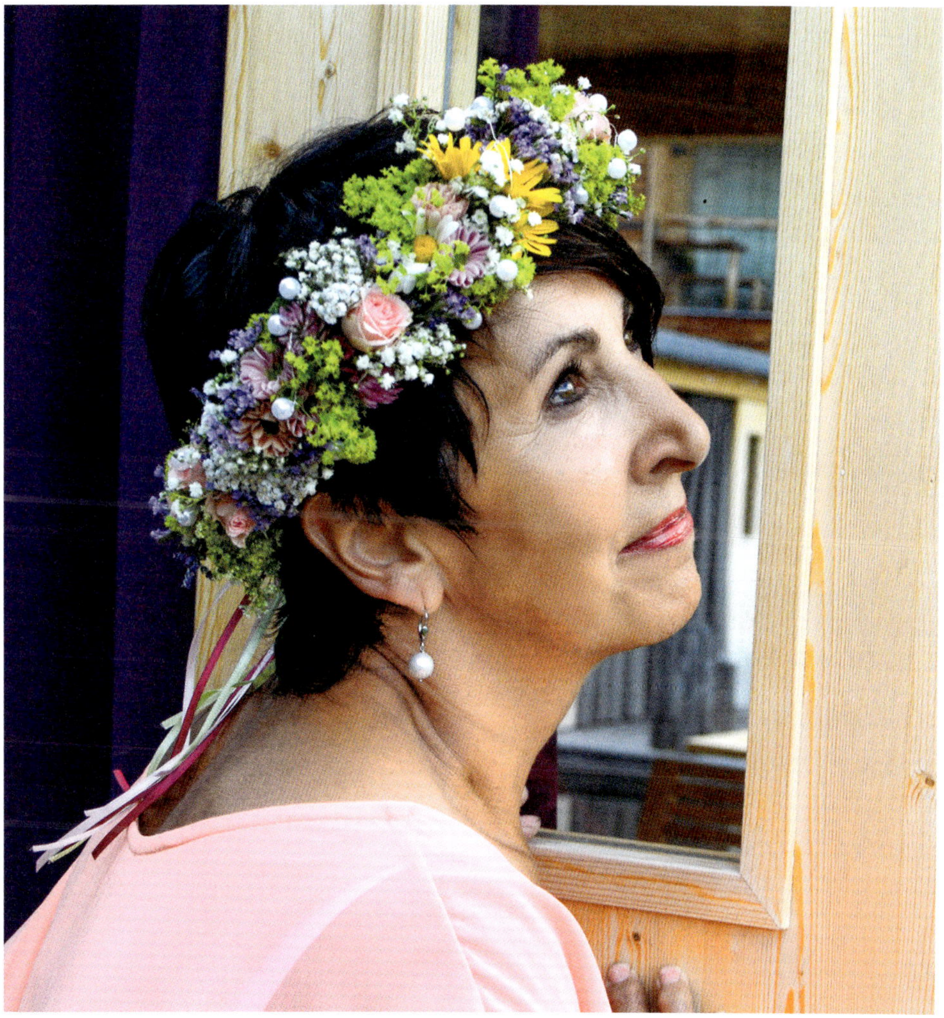

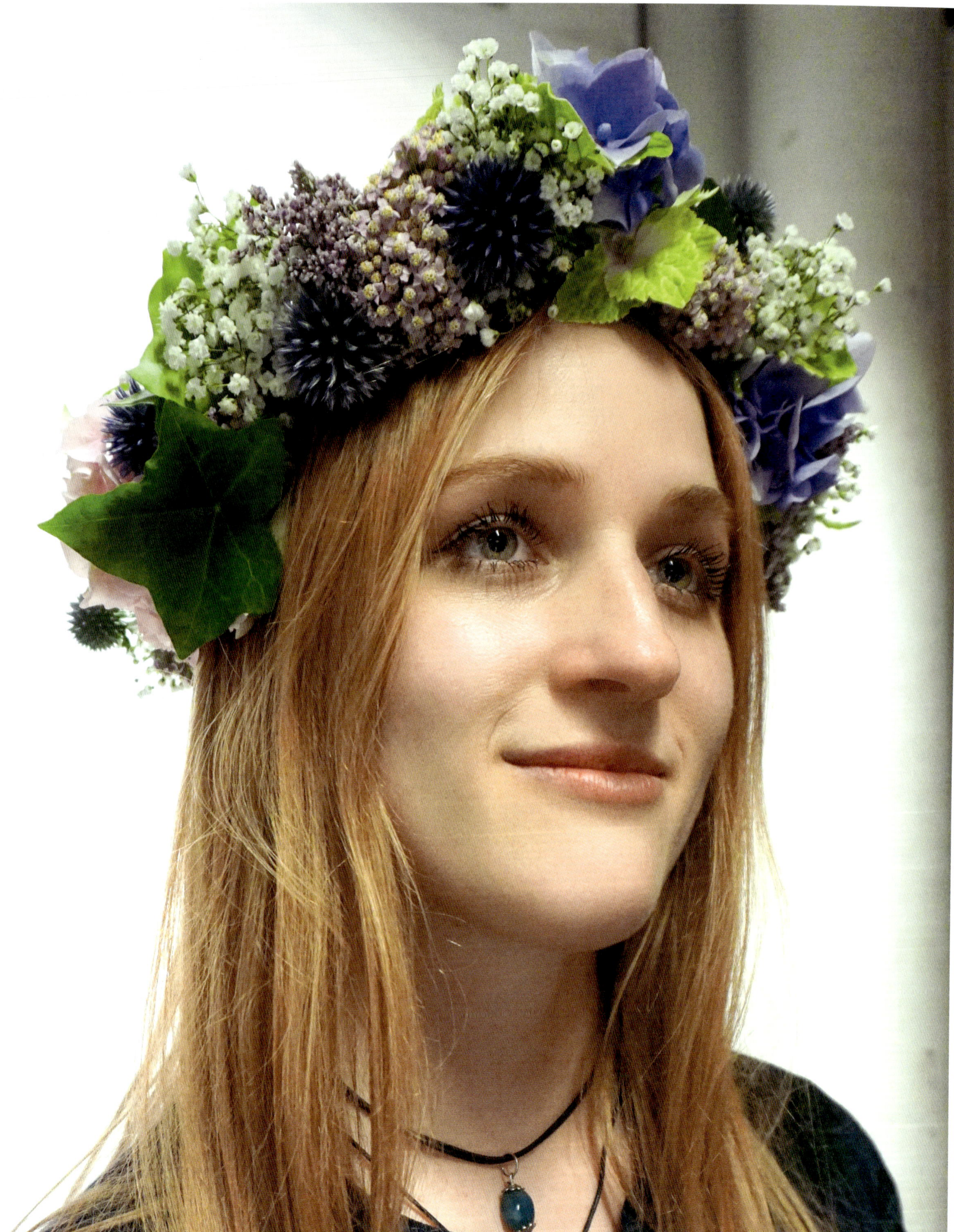

MITTSOMMER-FEIERNDE

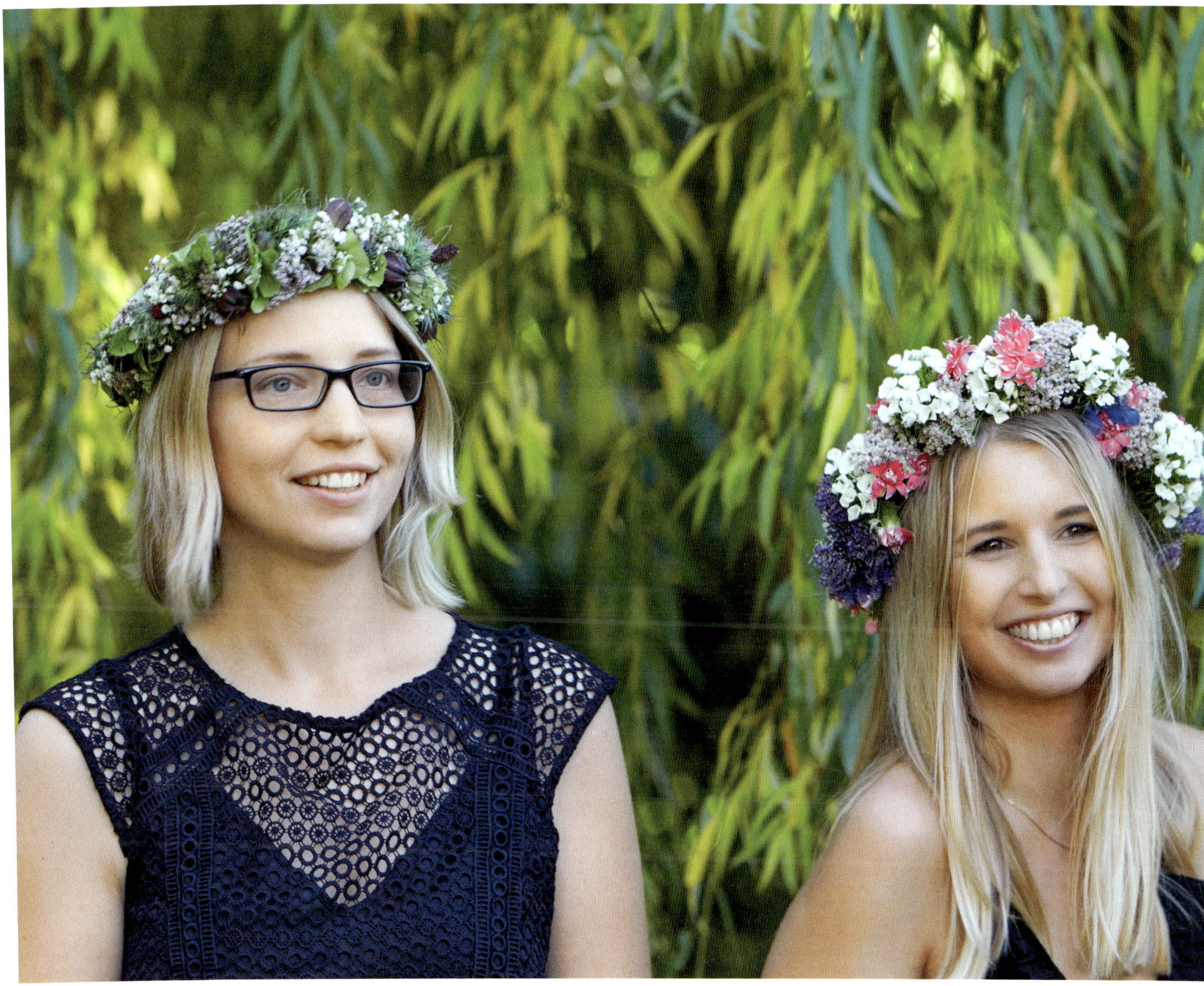

Für volumigere Blütenkränze lassen sich Schleierkraut oder Schafgarbe zunächst zu kleinen Büscheln mit Silberdraht bündeln, um dann mit größeren Blüten, wie Sonnenblumen, Disteln oder Teilen von Hortensien-Blütenbällen, auf den Haarreif gewickelt zu werden.

SOMMER-BLÜTEN-REIGEN

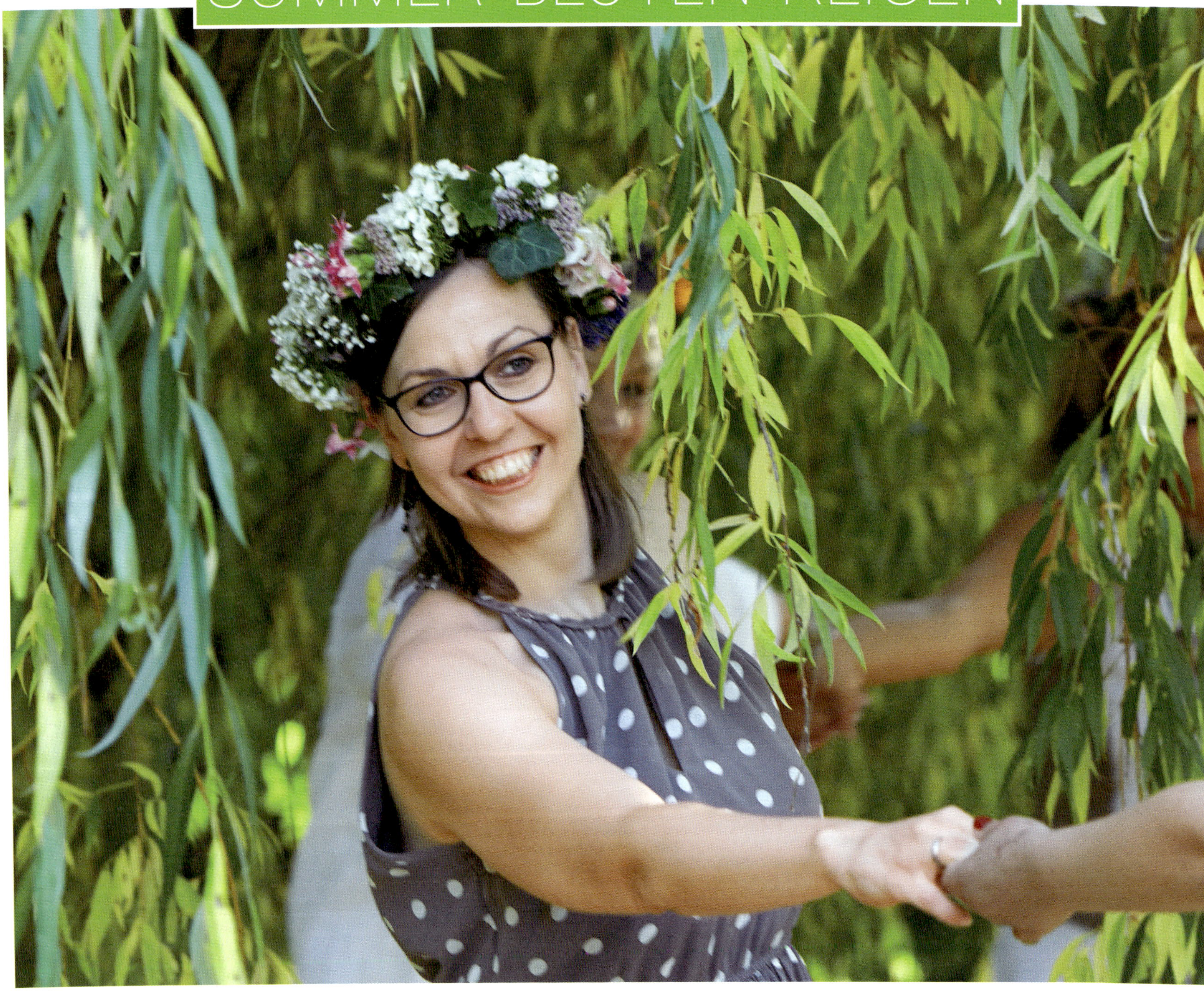

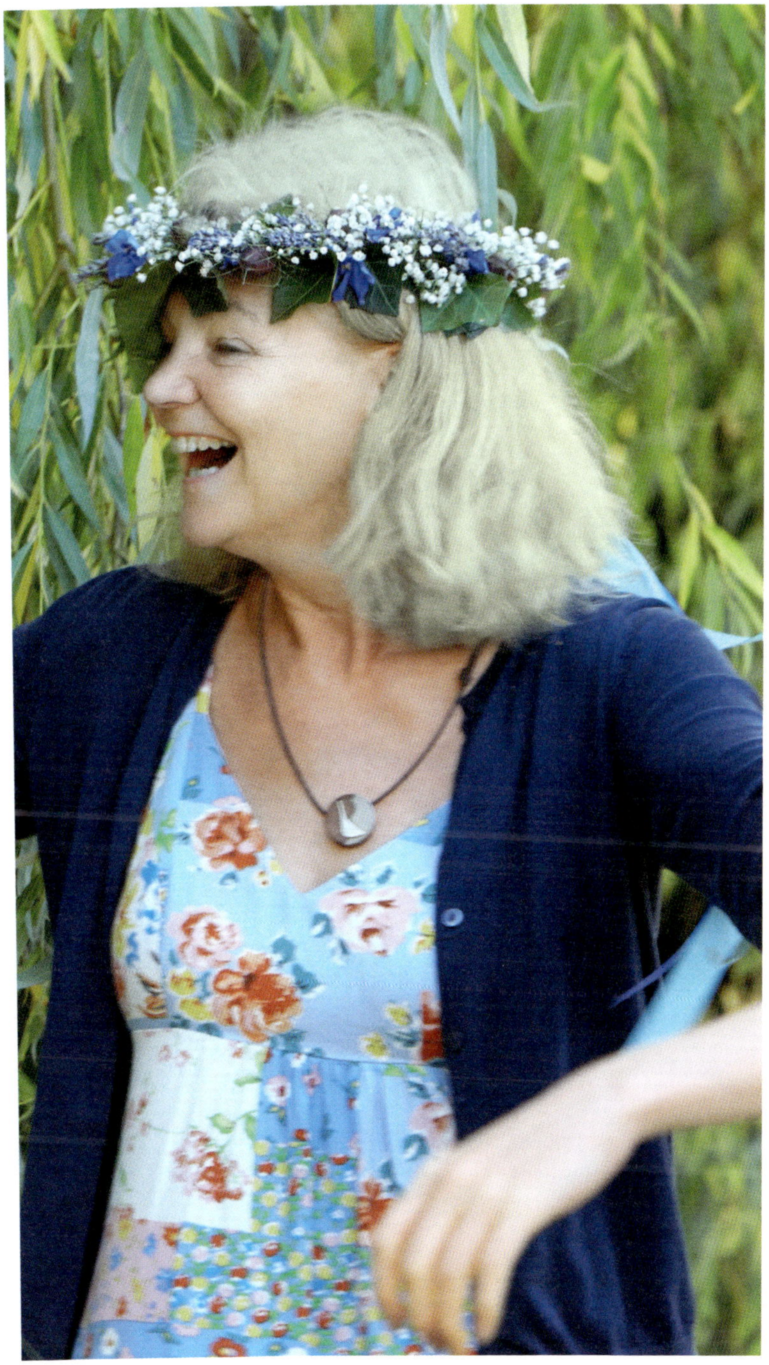

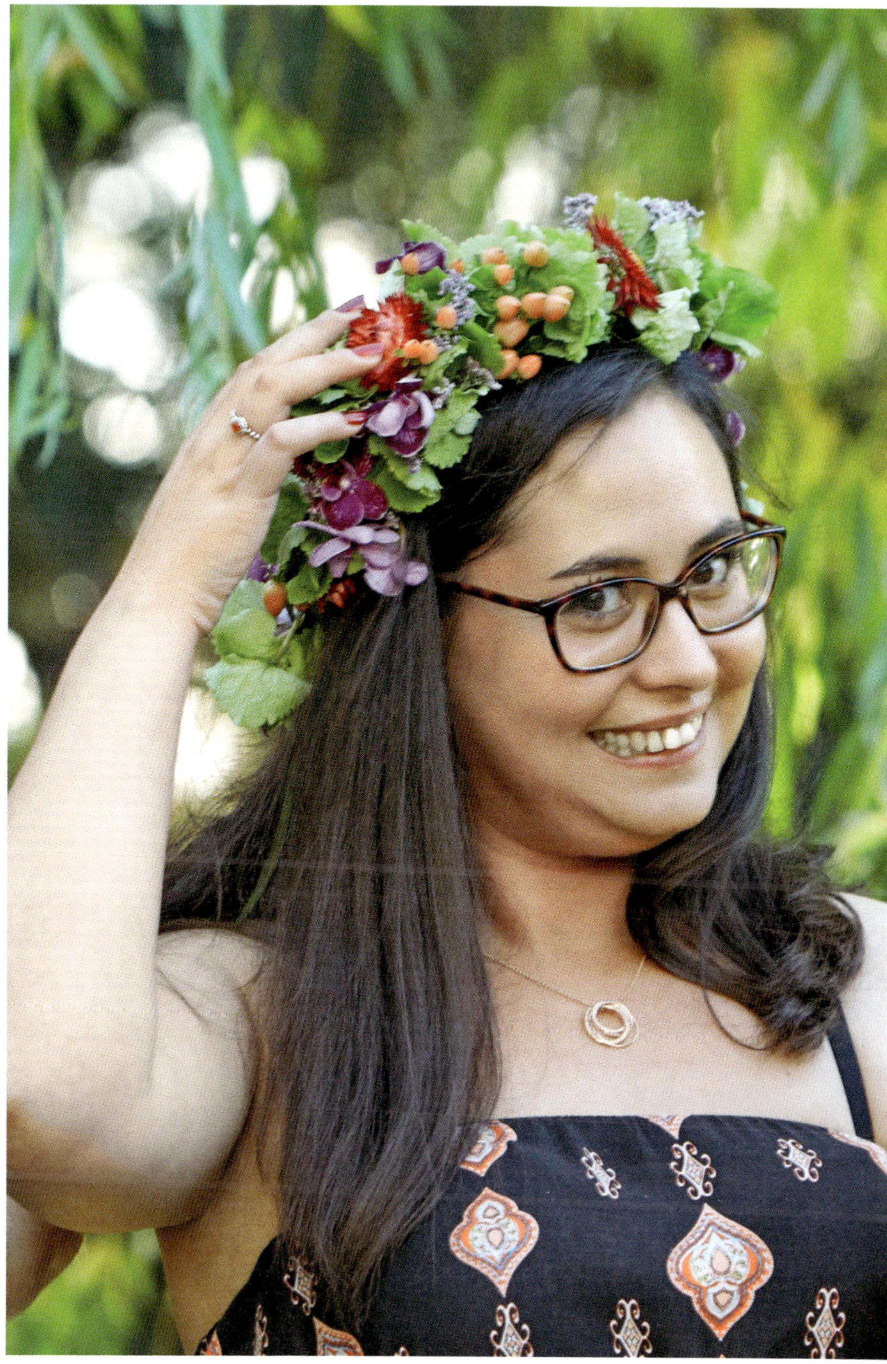

Phlox und Schleierkraut sind ideale Füller zwischen den anderen Blüten - und sie machen die Kränze angenehm tragbar! Auch ein paar einzelne Blätter dazwischen gebunden, geben Volumen!

GARTEN-KRANZSTECKEN

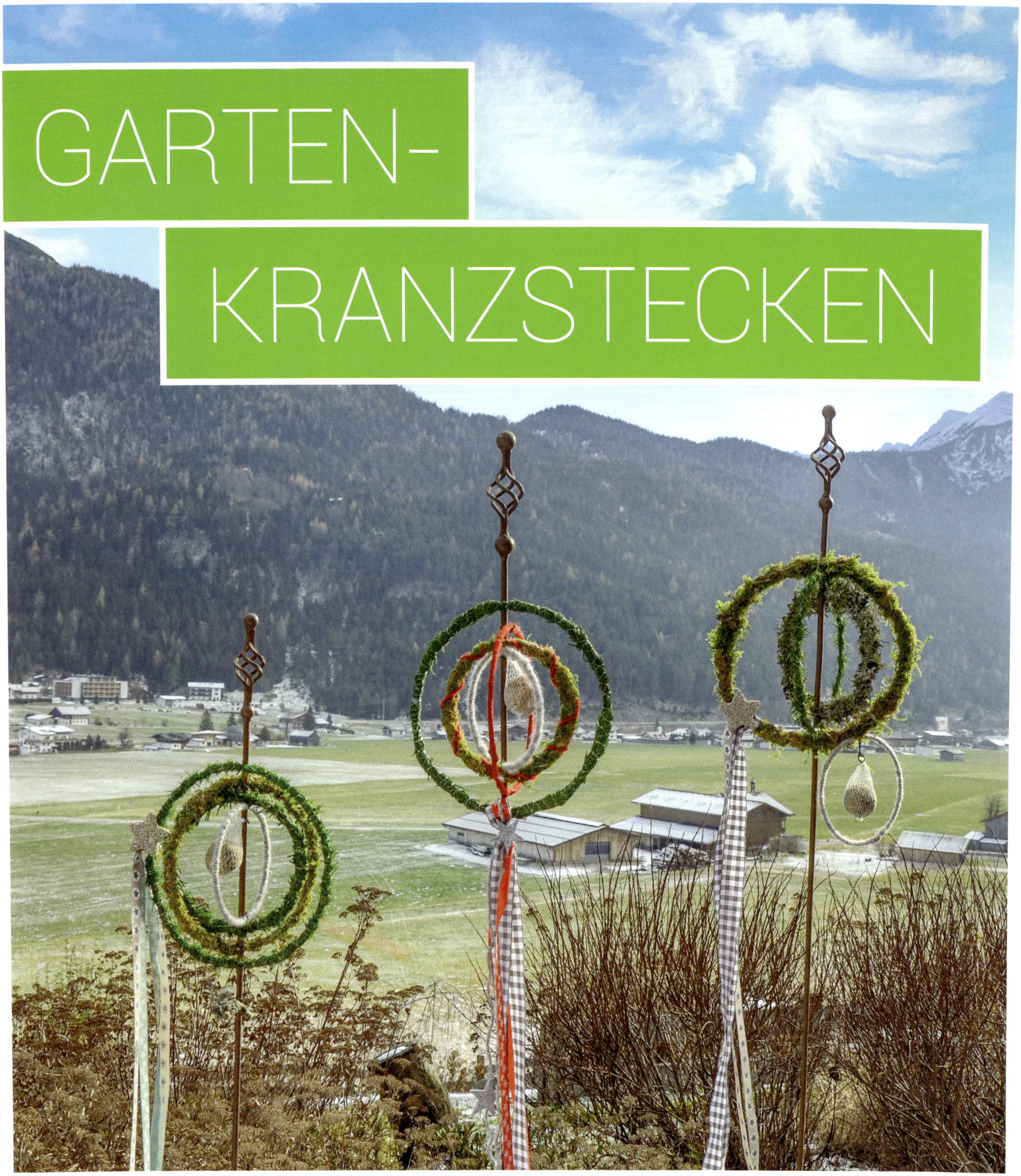

FUTTERQUELLE UND STILVOLLES GARTENACCESSOIRE

Kurz bevor der Frost die Wiesen sowie die gesamte Natur bedeckt, stelle ich in meinem Garten gerne Metallstecken mit Meisenknödeln auf, die allerhand Vögeln im Winter eine Futterquelle bieten und gleichzeitig auch noch schön anzusehen sind. Diese Idee musste ich einfach auch mit meinen Workshop-Teilnehmerinnen und -Teilnehmern teilen, da sie sich so vielseitig gestalten und mit Bändern, Wolle sowie Schleifenband verzieren lassen. Dazu machen wir die Meisenknödel einfach selbst. Es braucht nicht viele Zutaten und sie lassen sich leicht herstellen.

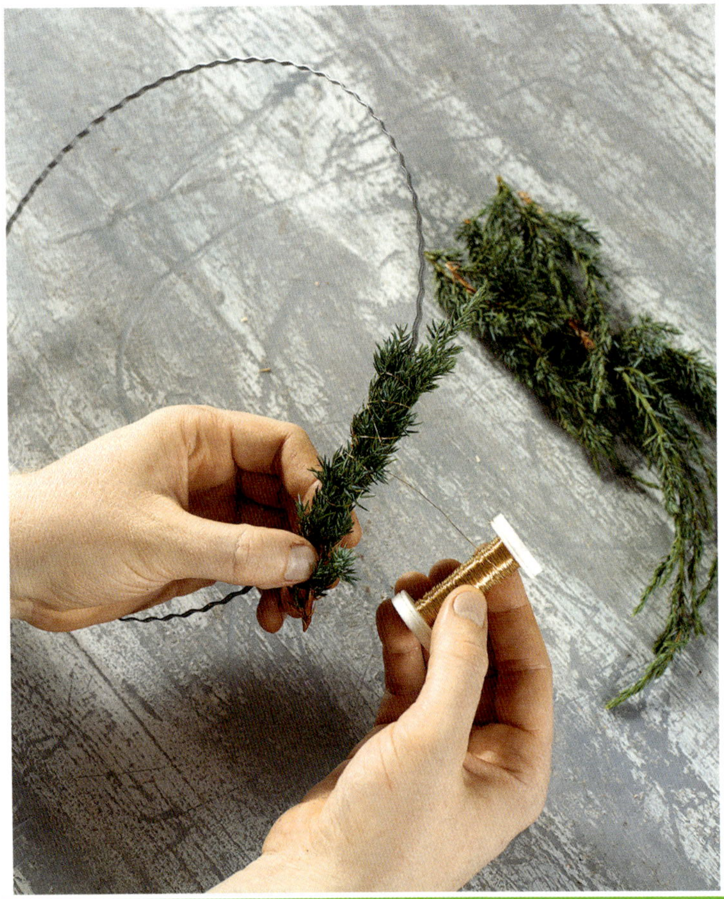

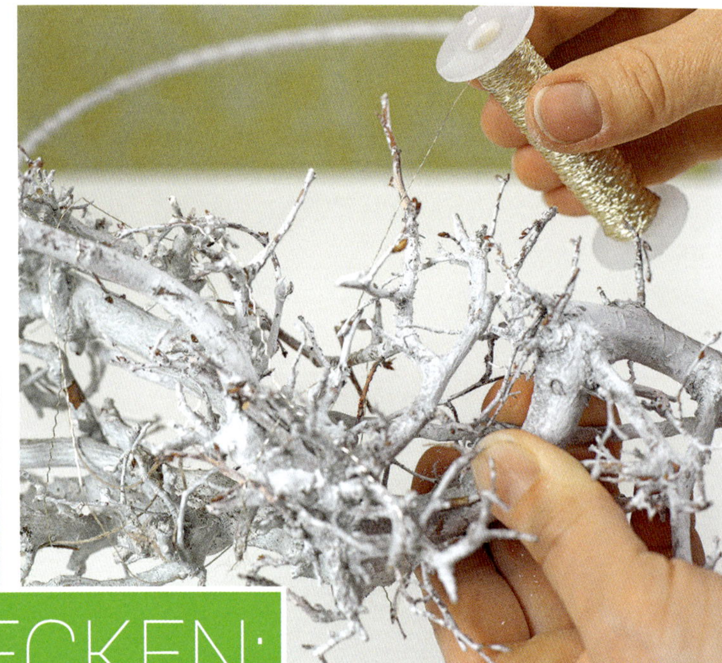

GARTENKRANZSTECKEN: DIE GRUNDTECHNIK

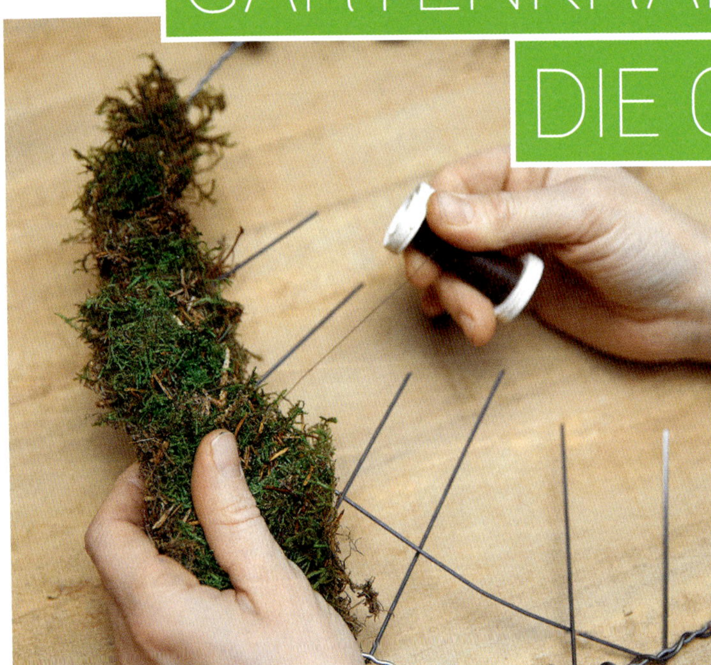

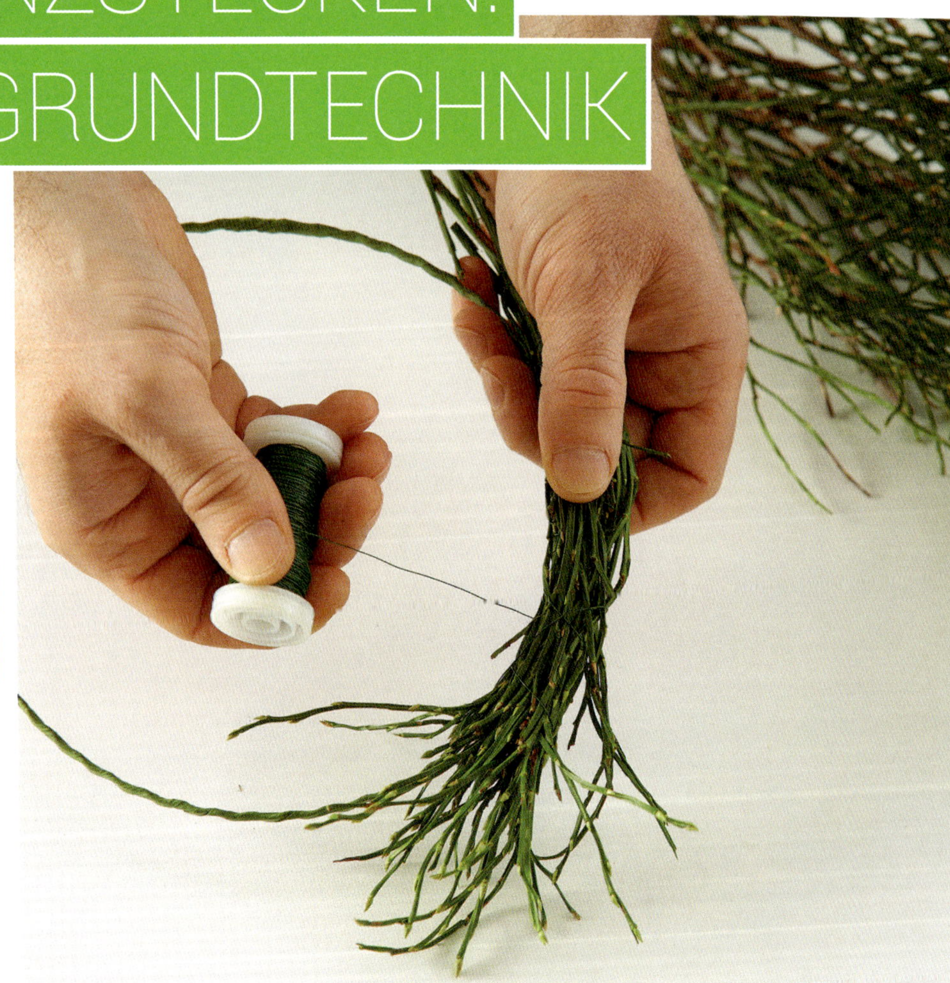

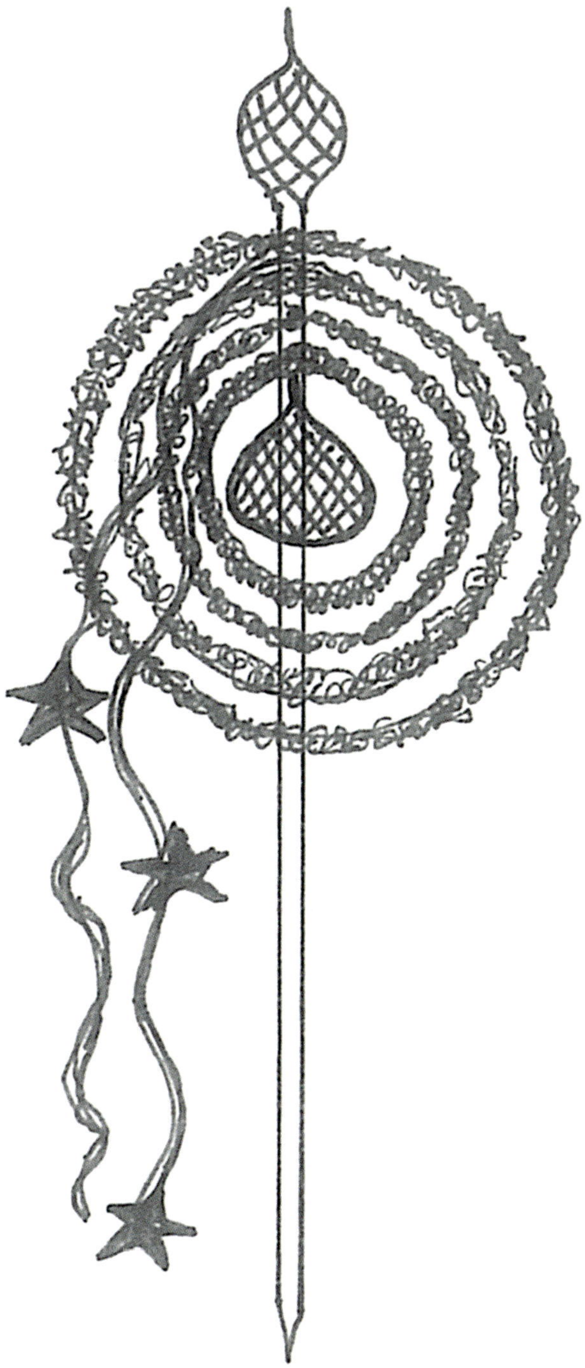

DAS BRAUCHT IHR

(für einen Knödel):

- 150 g Kokosöl/-fett
- ca. 150 g Körnermischung pro Knödel
- Kordel
- ein bis zwei EL Speiseöl

Zuerst das Fett in einem Topf vorsichtig zum Schmelzen bringen. Achtet darauf, dass es nicht kocht! Dann die Körnermischung und das Öl hinzufügen. Einen Knödel formen und dabei ein Stück Kordel einarbeiten. Diese dient später als Aufhängung am Kranzstecken.

(für die Stecken):

- Gartenstecker aus Metall
- ca. drei bis vier, in der Größe gestaffelte, Metallringe
- Koniferenzweige
- Flechten
- Moos
- Tannengrün
- Kordel
- Wolle in verschiedenen Farben und Stärken
- Accessoires wie Holzsterne, Spiegelbeeren, Zapfen
- Schleifenband
- Zierdraht
- Drilldraht
- Drillapparat

SO IST DIE GRUNDTECHNIK

Die Drahtringe werden je nach Geschmack mit Moos, Tannengrün oder Koniferen umwickelt und mit Zierdraht fixiert. Nun bindet Ihr Wolle oder Kordel zum Verzieren um die Ringe. Dabei könnt Ihr so kreativ sein, wie Ihr mögt. Am schönsten wirkt es, wenn jeder Ring eine unterschiedliche Ummantelung bekommt. Anschließend wird jeder Reifen einzeln mithilfe von Drilldraht und des Drillapparats oberhalb des Steckens befestigt. Beginnt dabei mit dem größten und arbeitet Euch nach und nach bis zum kleinsten vor. So könnt Ihr sie später in verschiedene Richtungen aufdrehen, um einen 3D-Effekt zu erhalten. Nun kommt der Meisenknödel zum Einsatz, den Ihr entweder selbst machen könnt, oder einen fertig verwendet. Diesen mit Draht an beliebiger Stelle fixieren. Zum Schluss den Gartenstecken mit Accessoires wie Sternen, Schleifenband oder Zapfen schmücken.

SCHLICHT UND NATÜRLICH

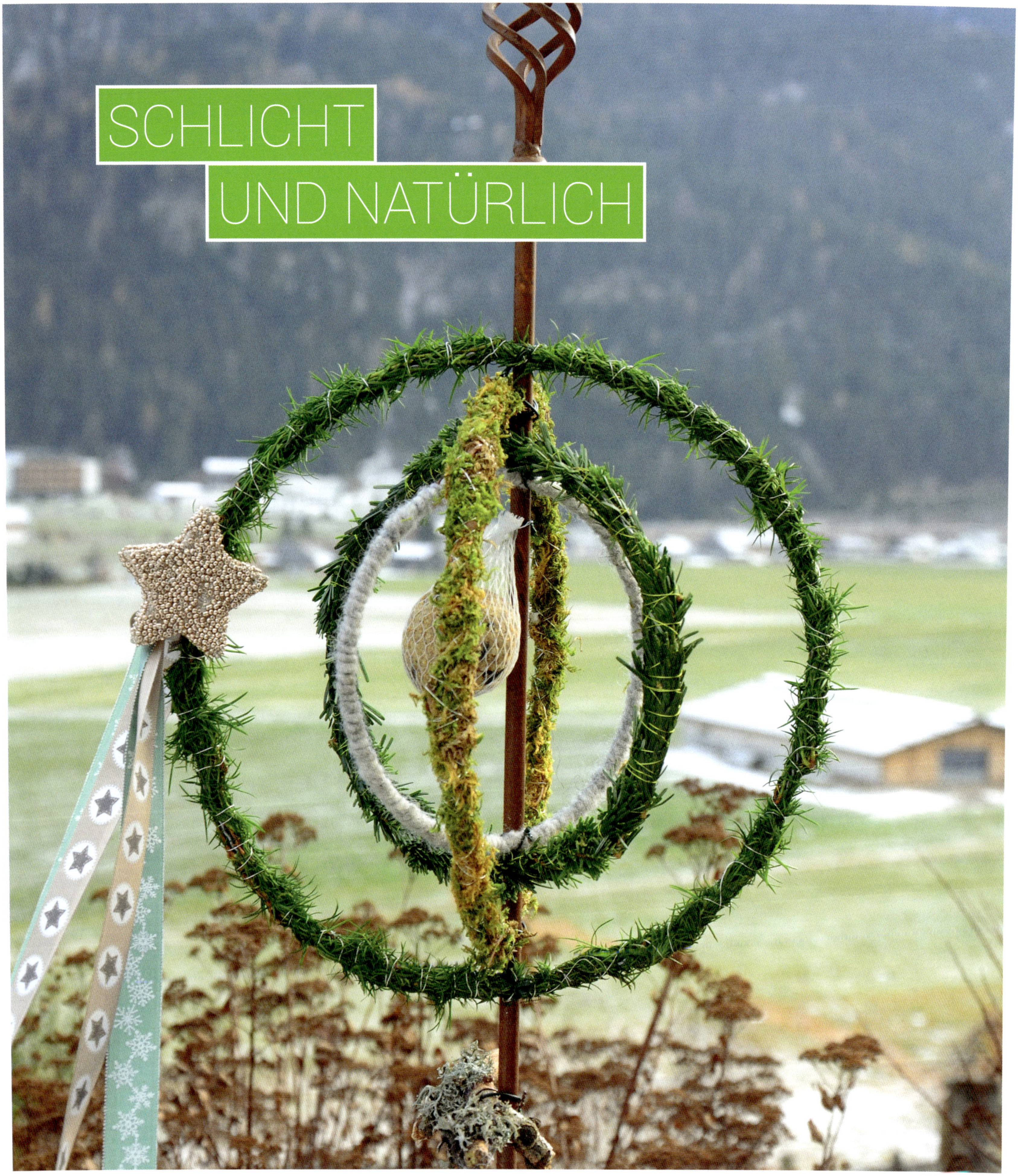

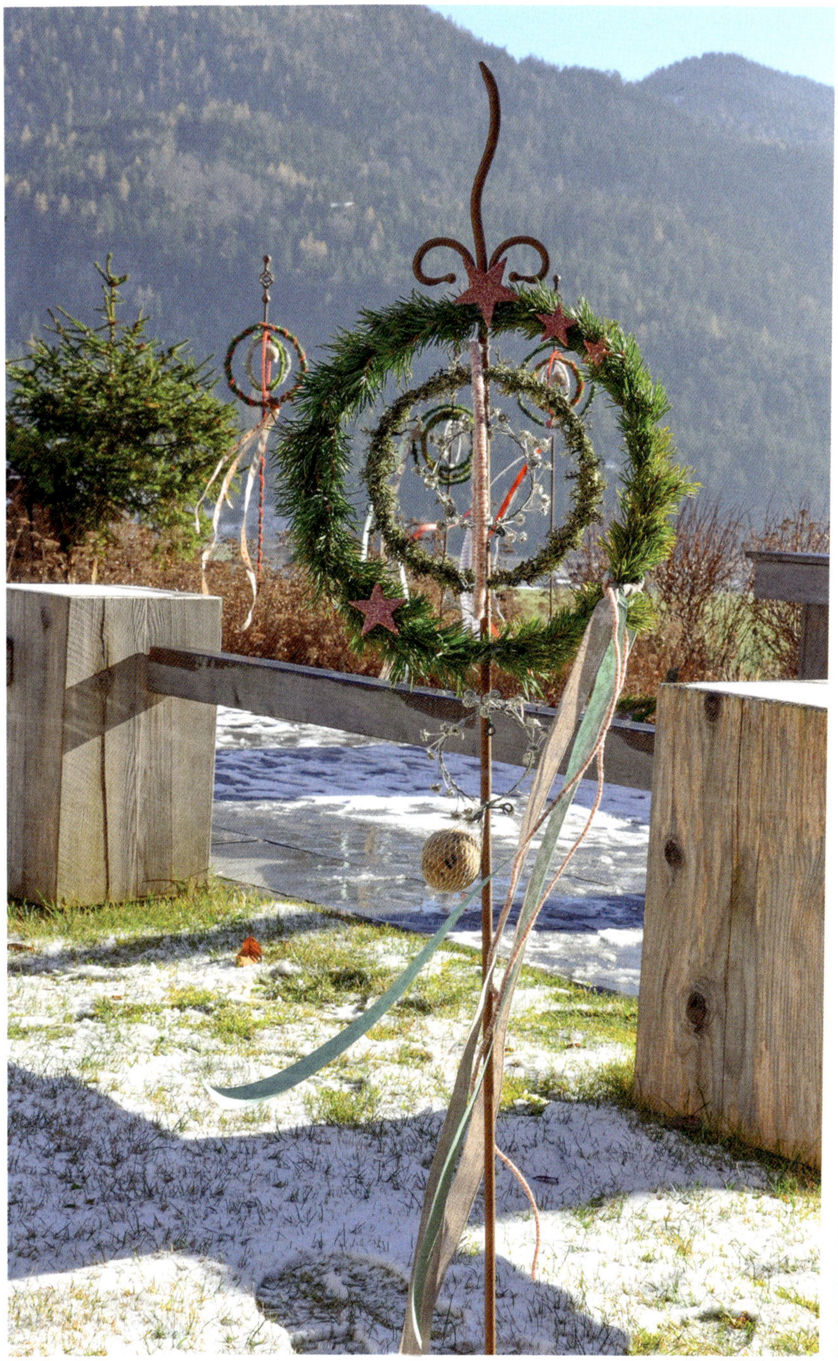

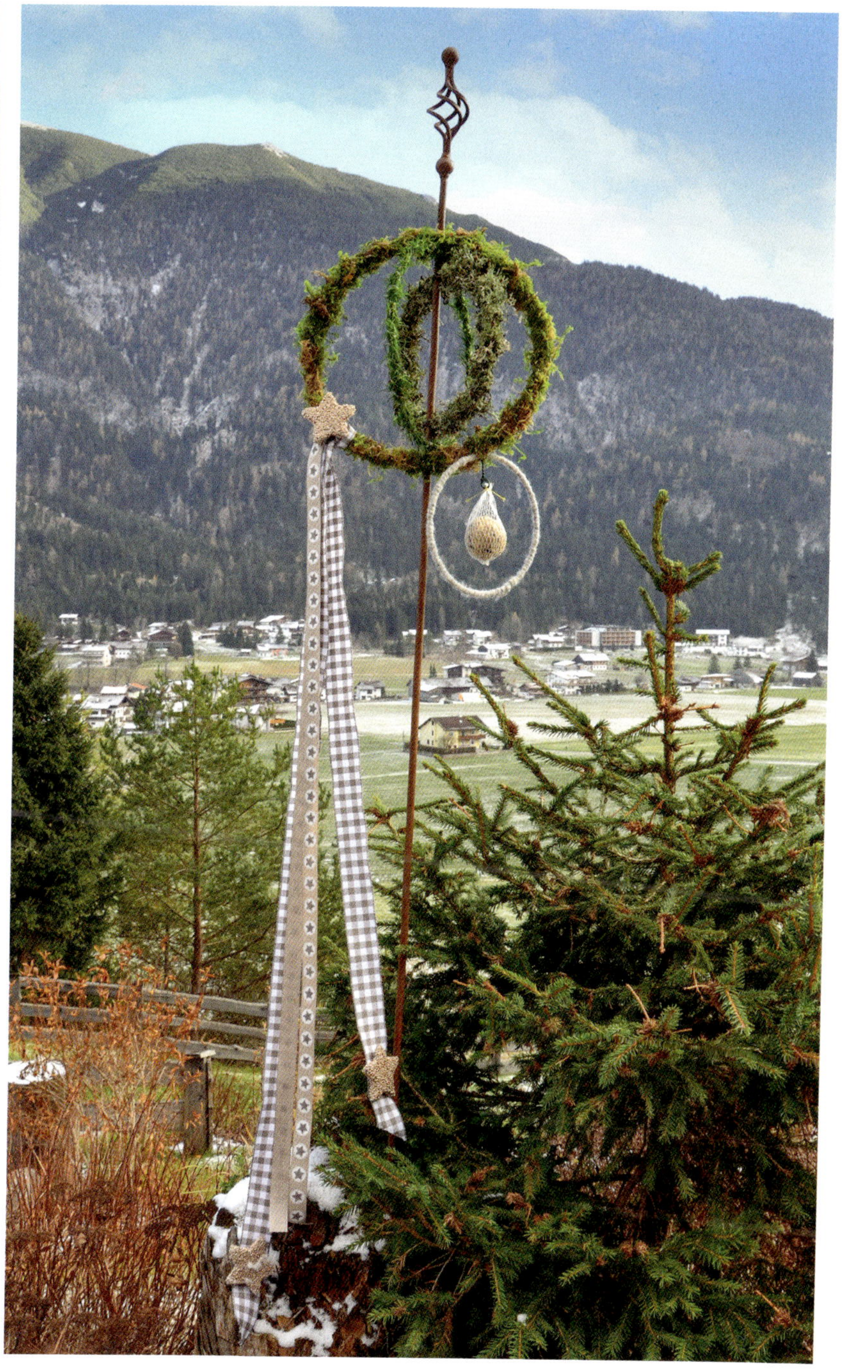

Bei diesen drei Gartenkranzstecken liegt der Fokus auf einer zurückhaltenden, natürlichen Gestaltung. Für die Ummantelung der Drahtringe werden fast ausschließlich Koniferenzweige verwendet.

KLASSISCH GEWICKELT

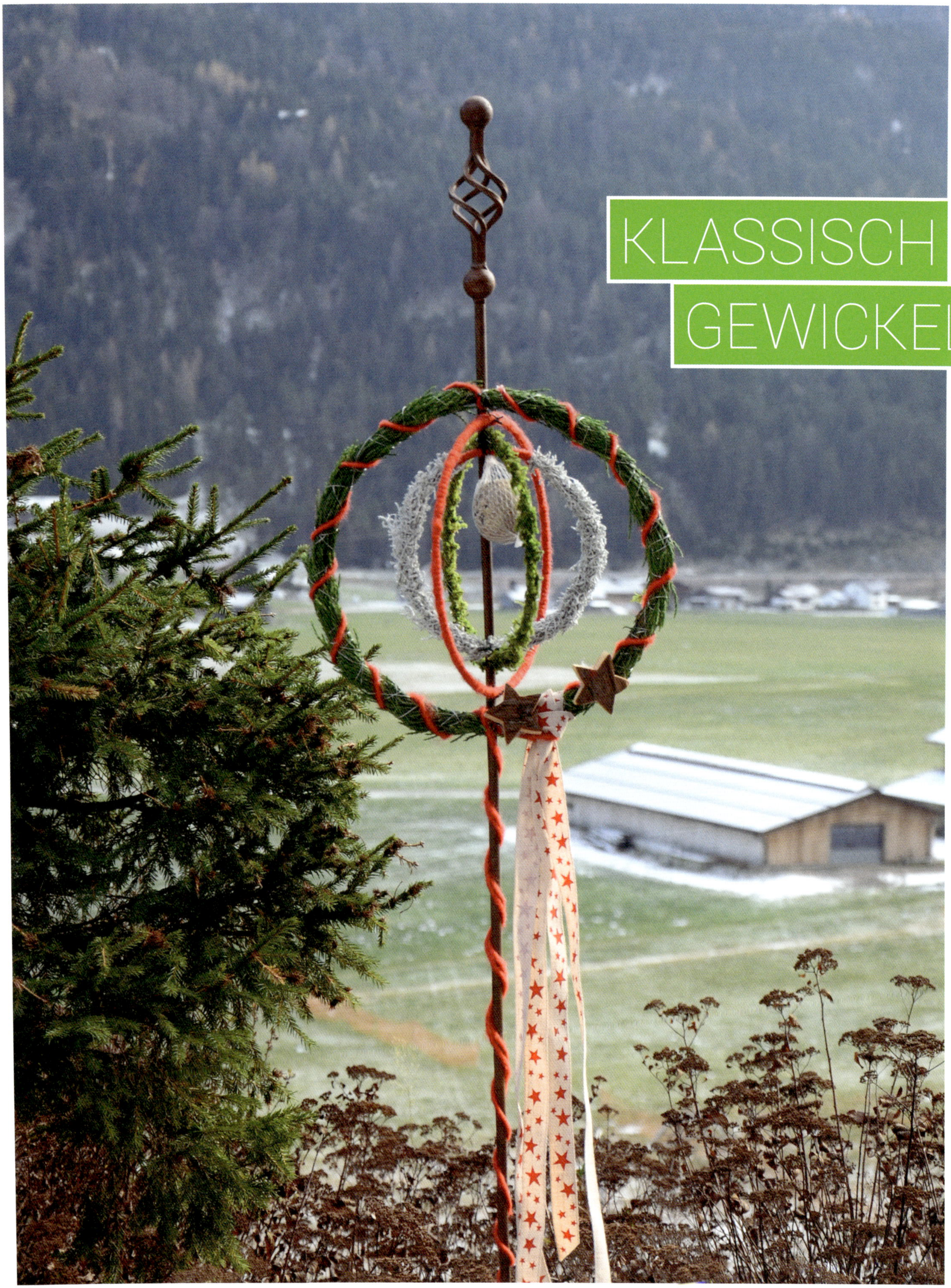

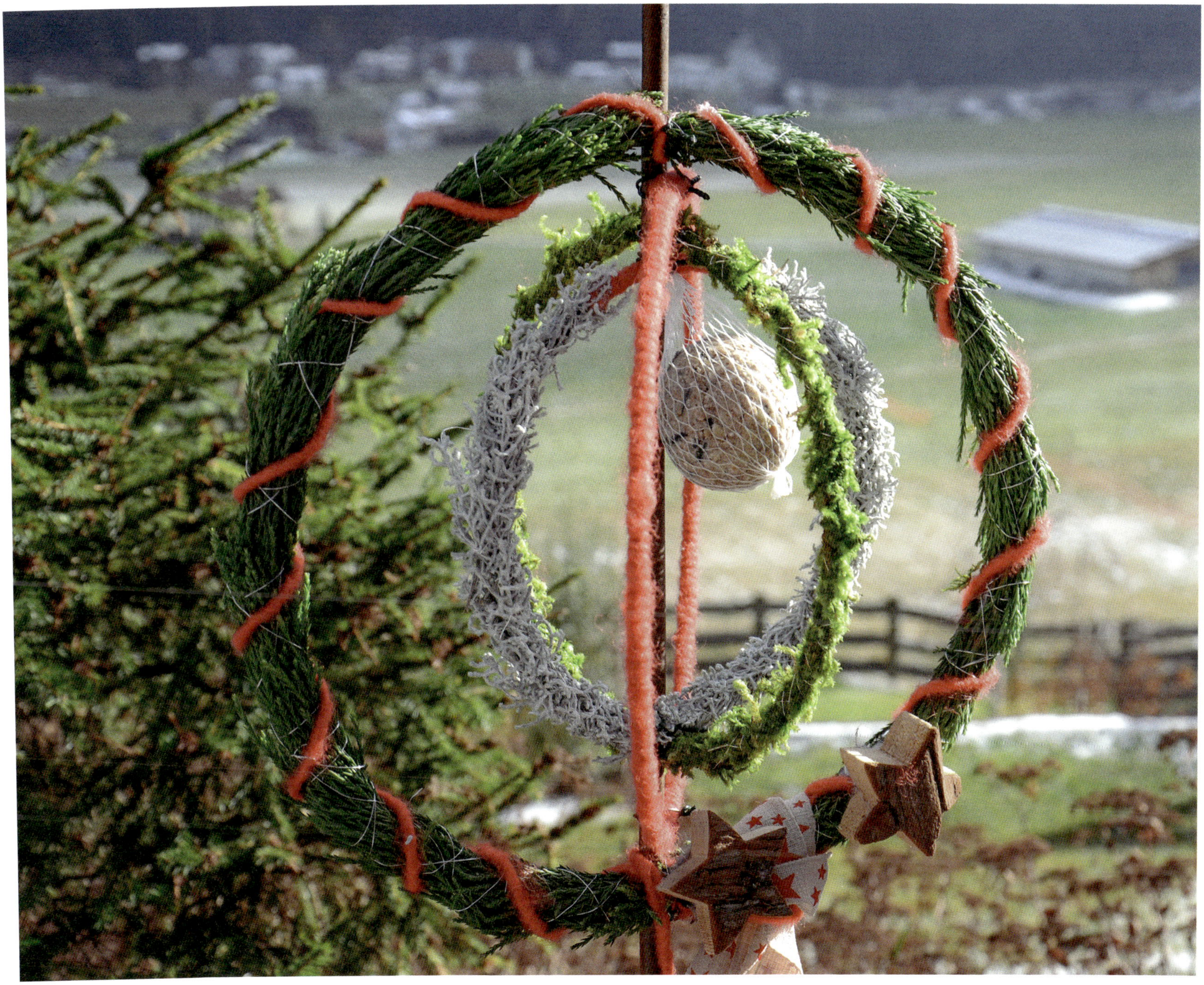

Bei dieser Kreation durften die klassischen Weihnachtsfarben einfach nicht fehlen! Sie werden durch die Umwicklung am äußeren Ring aufgegriffen und durch angeknotetes Sternen-Schleifenband sowie Holzsterne unterstrichen.

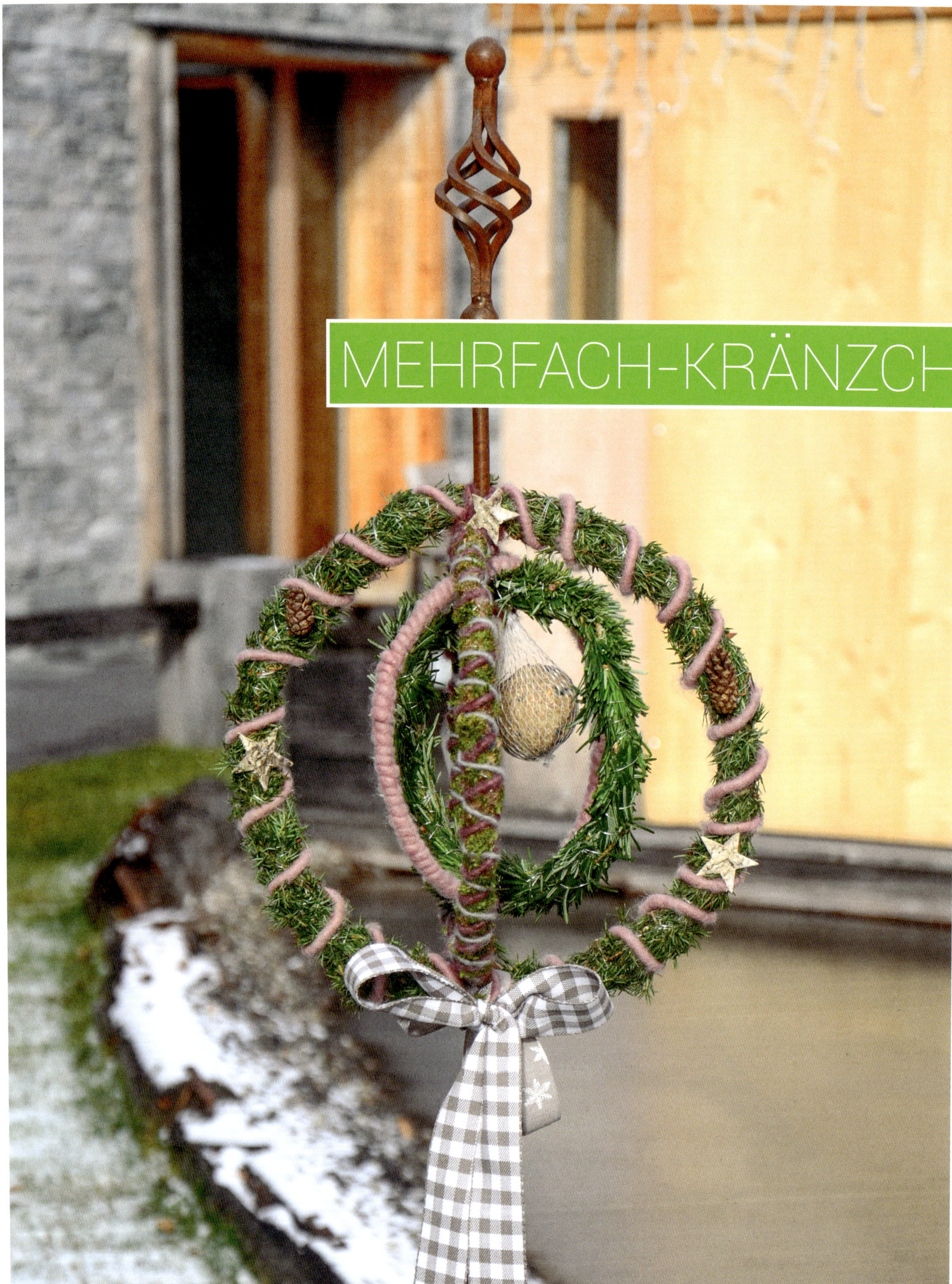

MEHRFACH-KRÄNZCHEN

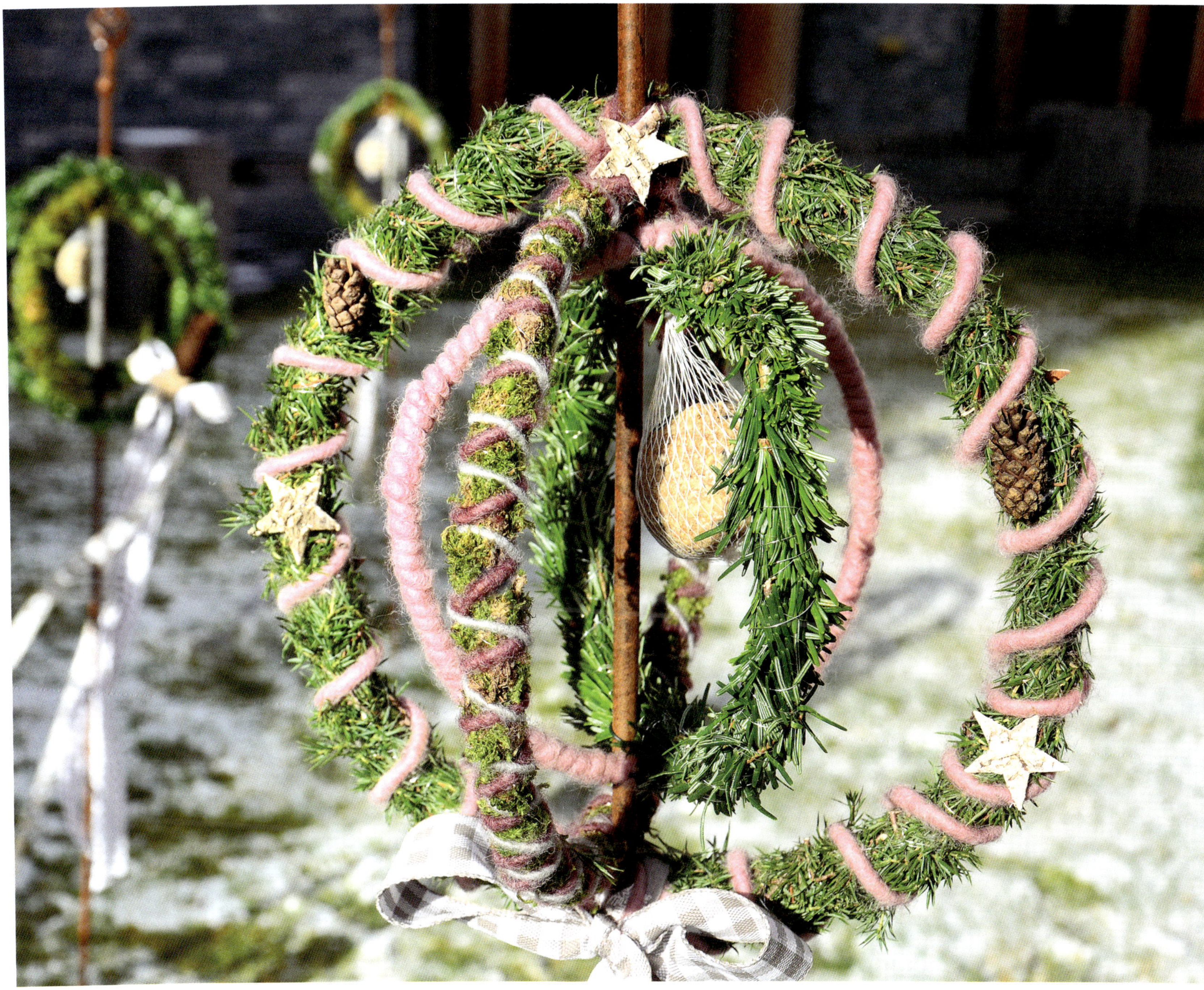

Im Miteinander der jeweils aus einem Werkstoff gewickelten Kränzchen entsteht diese attraktive Wirkung.

AKZENTE MIT SCHLEIFENBAND

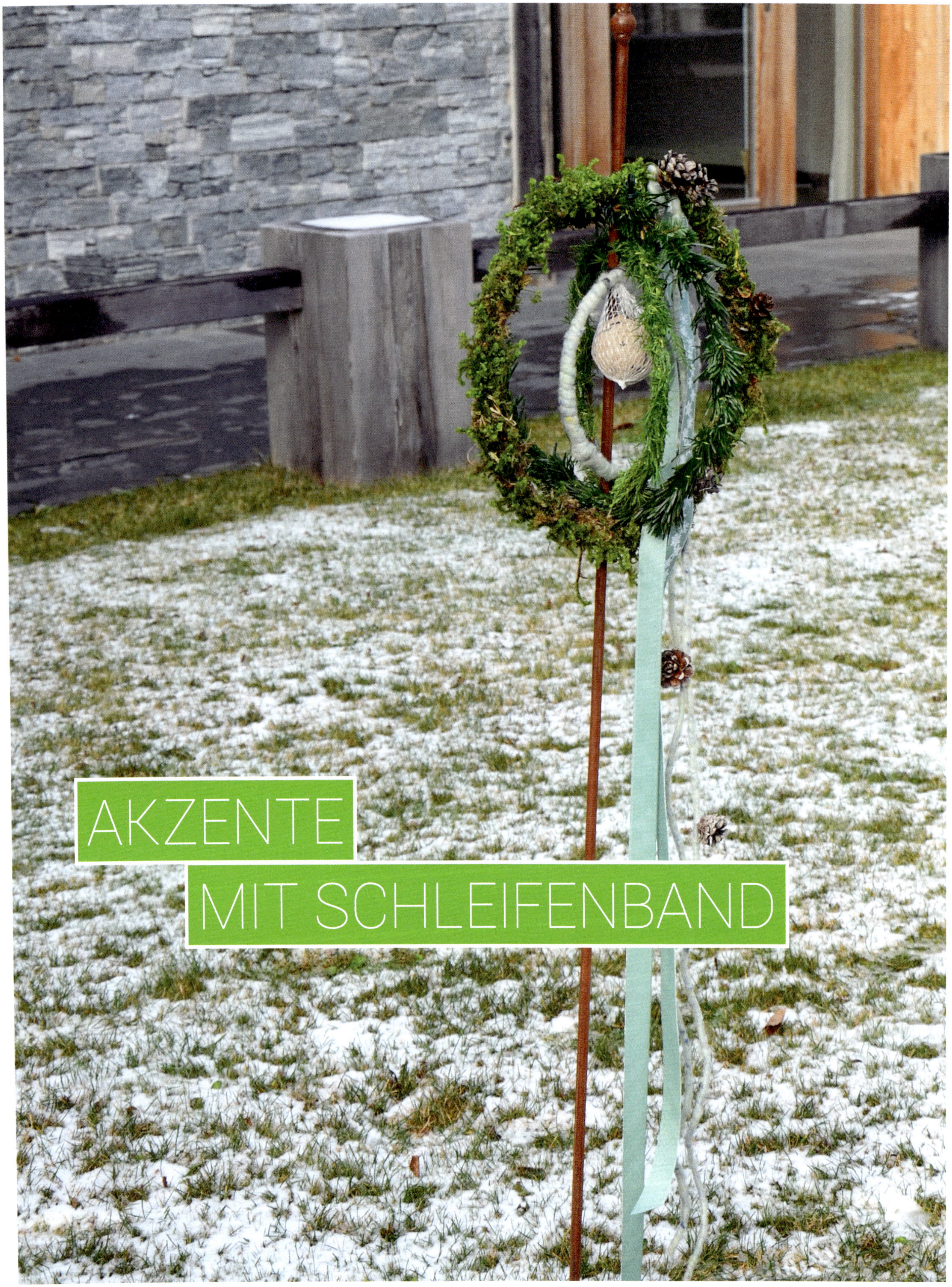

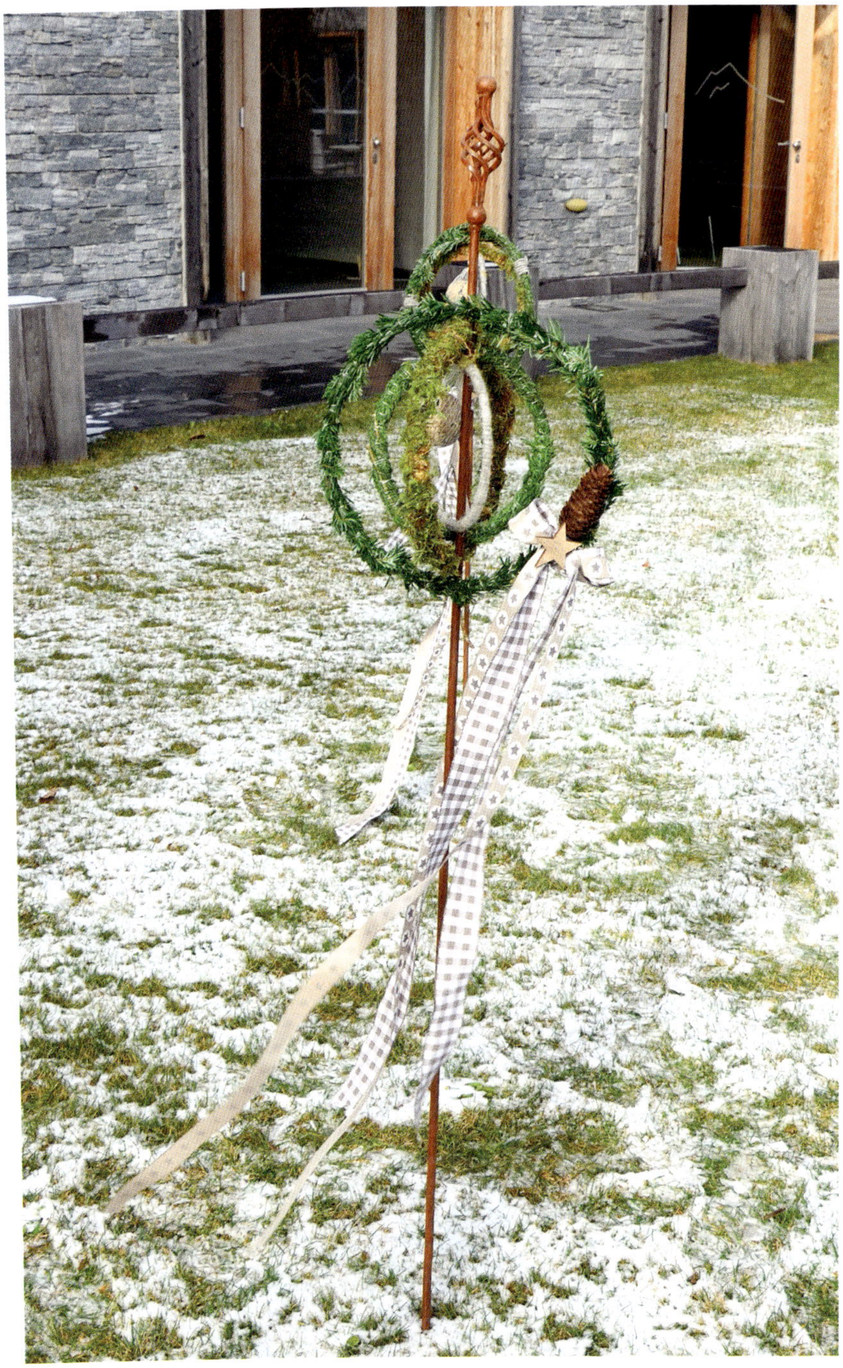

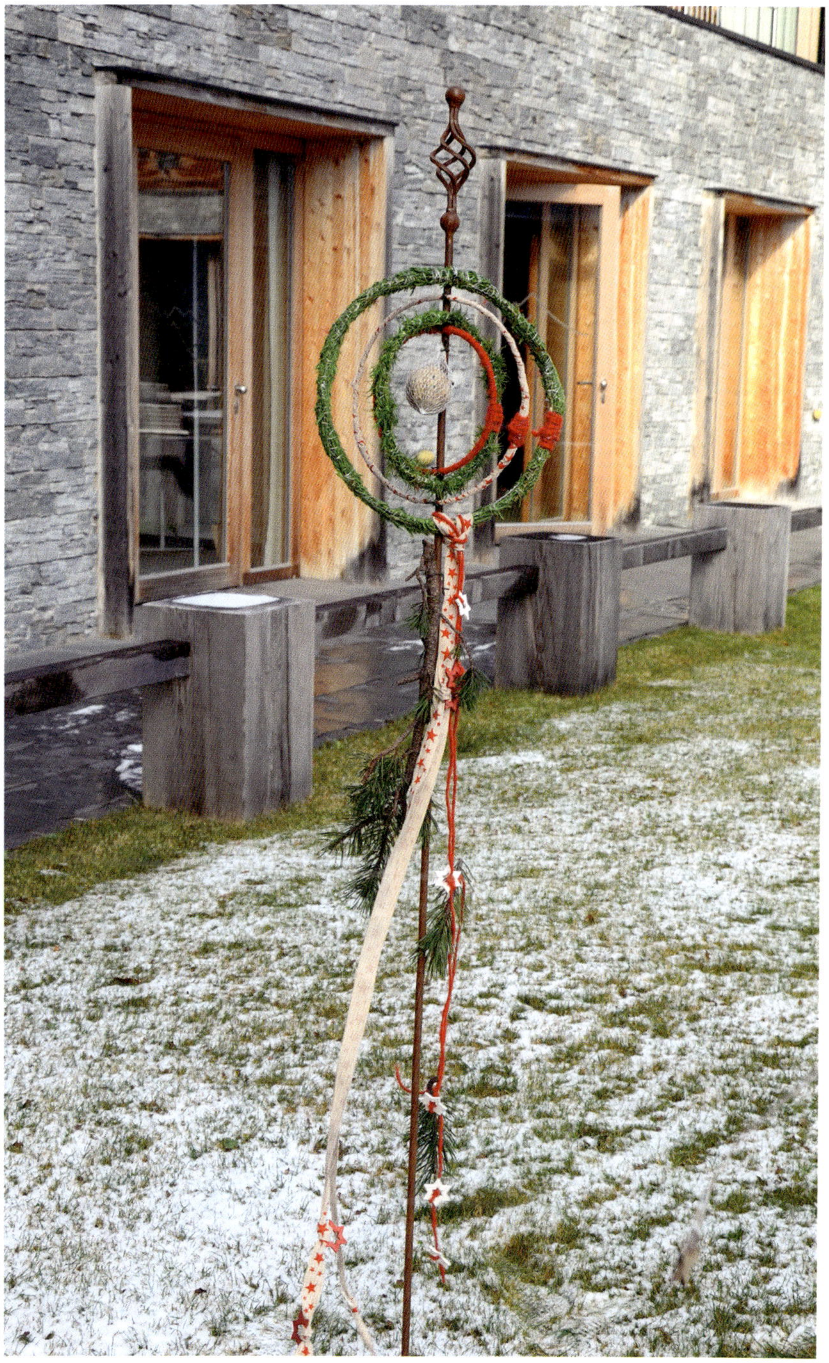

Durch unterschiedliches Schleifenband, das entweder Ton-in-Ton zu den Deko-Accessoires eingesetzt wird oder sich farblich davon abhebt, wirken die Gartenkranzstecken immer wieder individuell und einmalig.

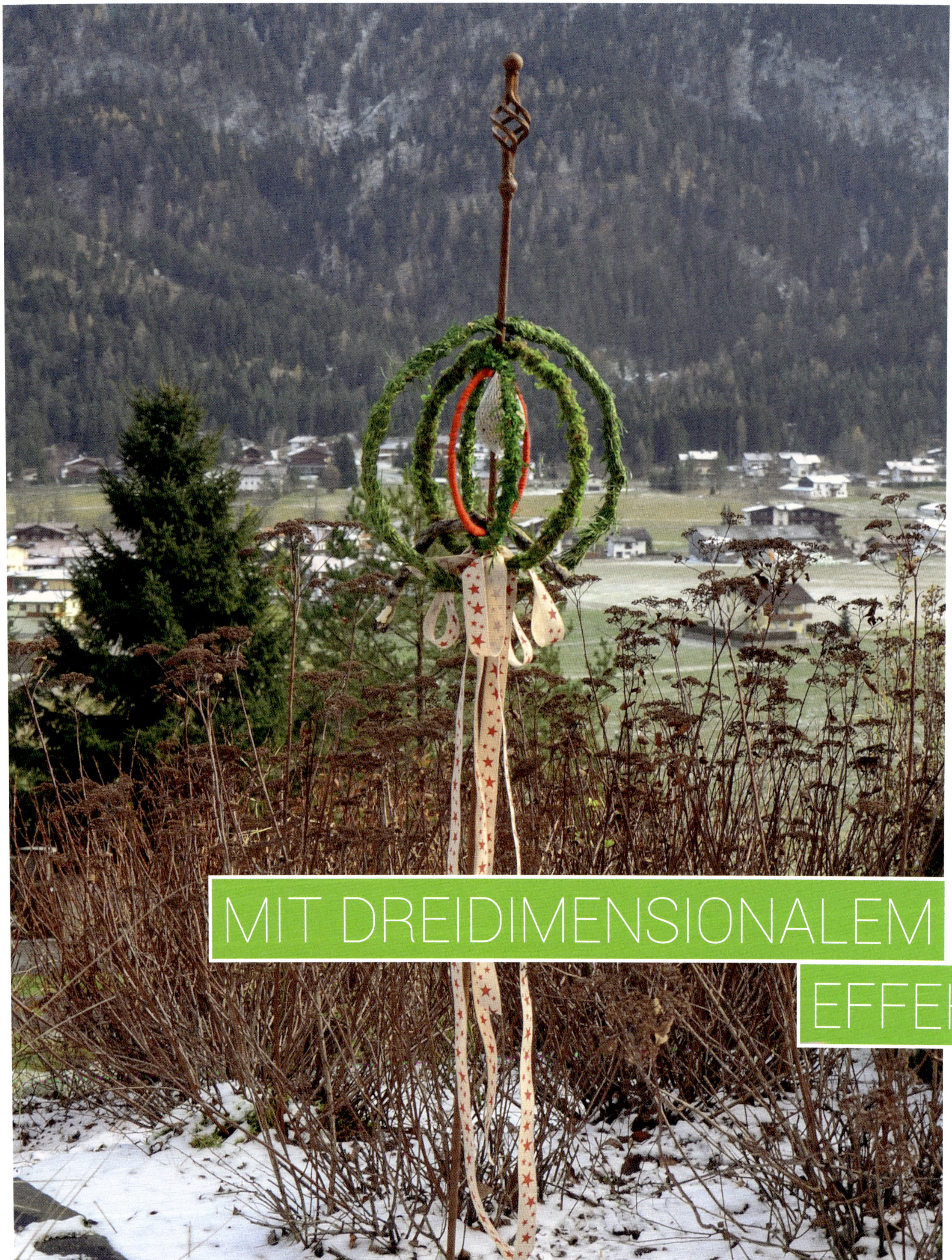

MIT DREIDIMENSIONALEM EFFEKT

Wenn die einzelnen Drahtringe aufgedreht werden, entsteht ein 3D-Effekt und bietet dem Betrachter von allen Seiten ein tolles Bild.

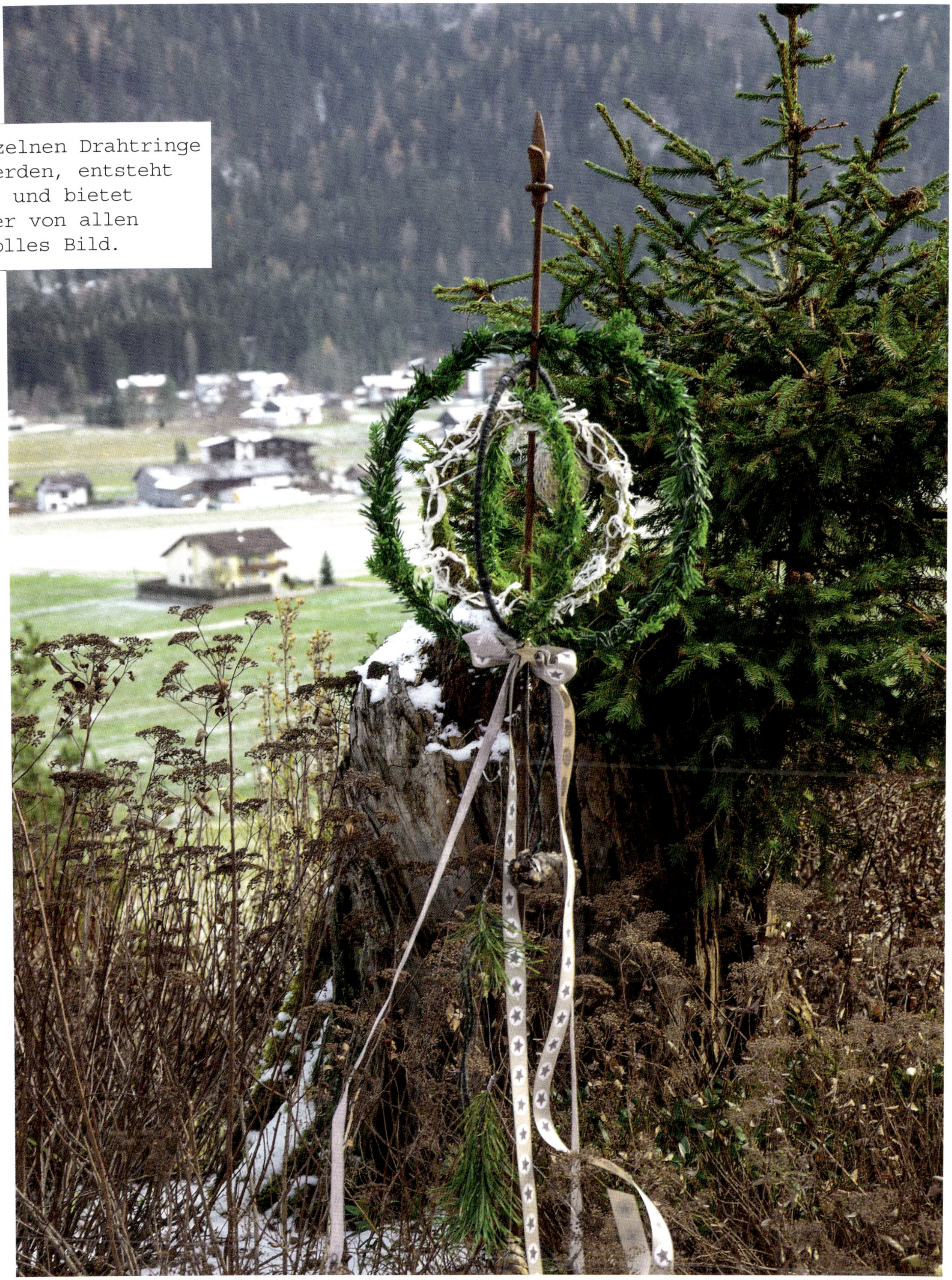

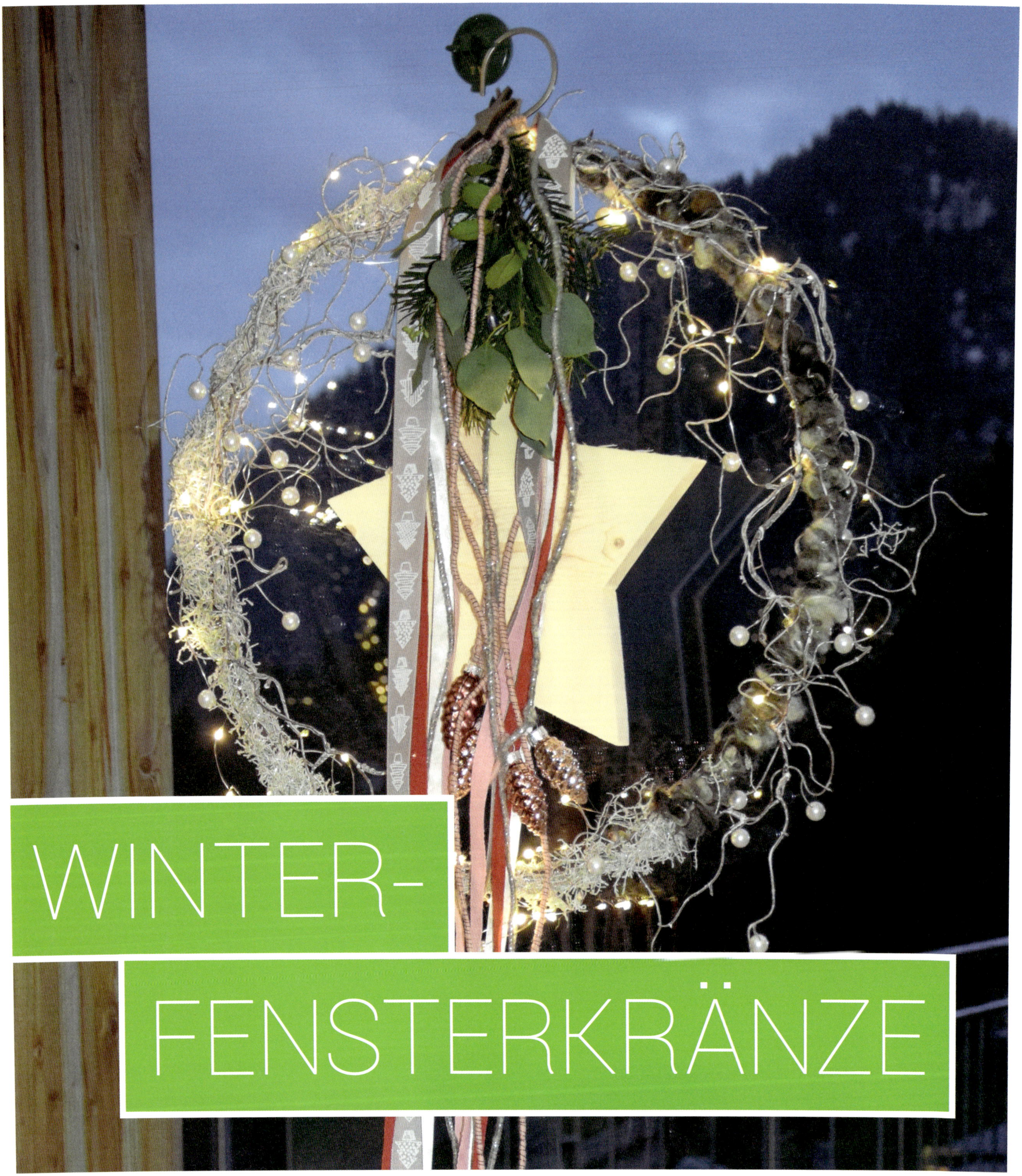

WINTER-FENSTERKRÄNZE

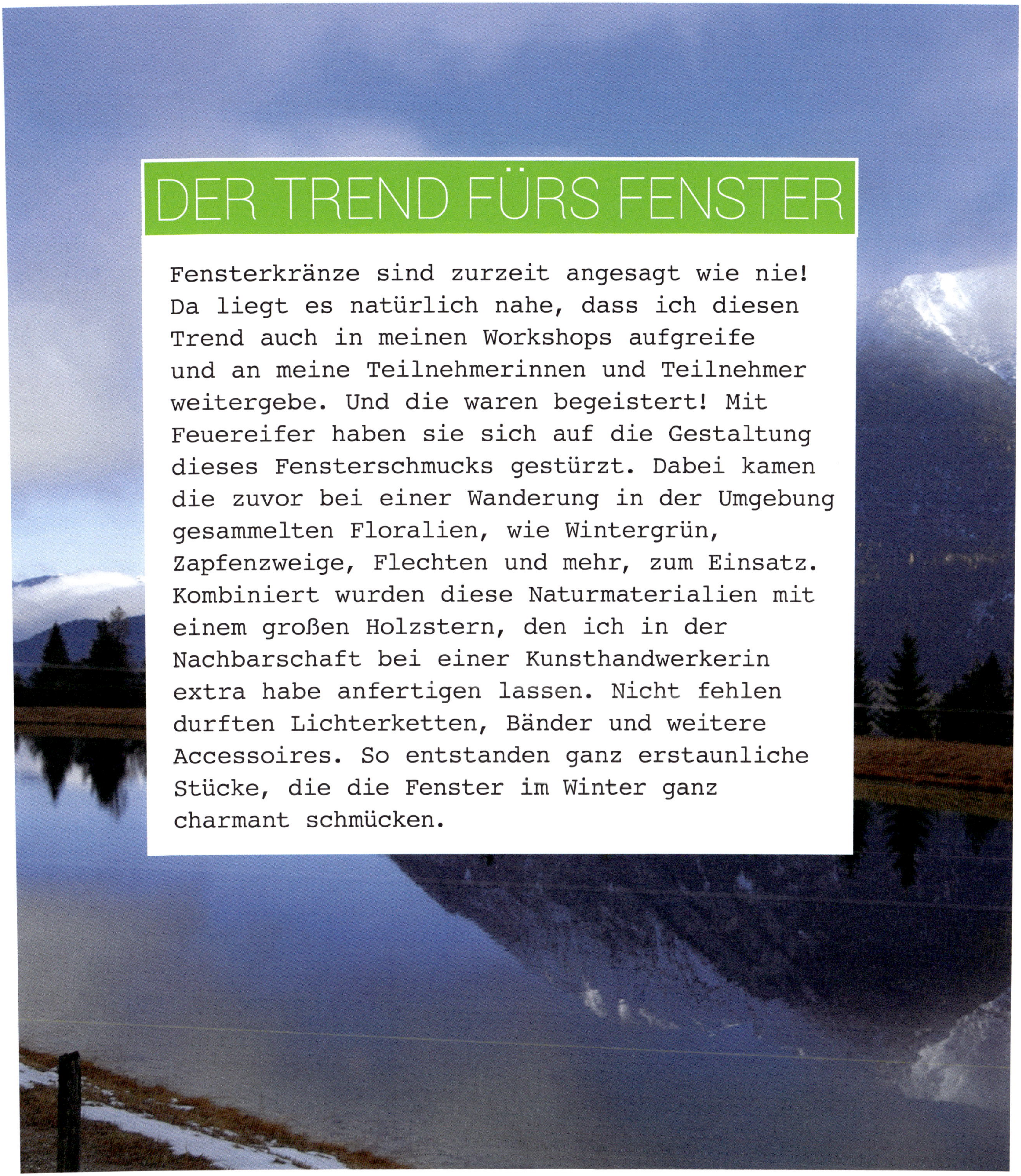

DER TREND FÜRS FENSTER

Fensterkränze sind zurzeit angesagt wie nie! Da liegt es natürlich nahe, dass ich diesen Trend auch in meinen Workshops aufgreife und an meine Teilnehmerinnen und Teilnehmer weitergebe. Und die waren begeistert! Mit Feuereifer haben sie sich auf die Gestaltung dieses Fensterschmucks gestürzt. Dabei kamen die zuvor bei einer Wanderung in der Umgebung gesammelten Floralien, wie Wintergrün, Zapfenzweige, Flechten und mehr, zum Einsatz. Kombiniert wurden diese Naturmaterialien mit einem großen Holzstern, den ich in der Nachbarschaft bei einer Kunsthandwerkerin extra habe anfertigen lassen. Nicht fehlen durften Lichterketten, Bänder und weitere Accessoires. So entstanden ganz erstaunliche Stücke, die die Fenster im Winter ganz charmant schmücken.

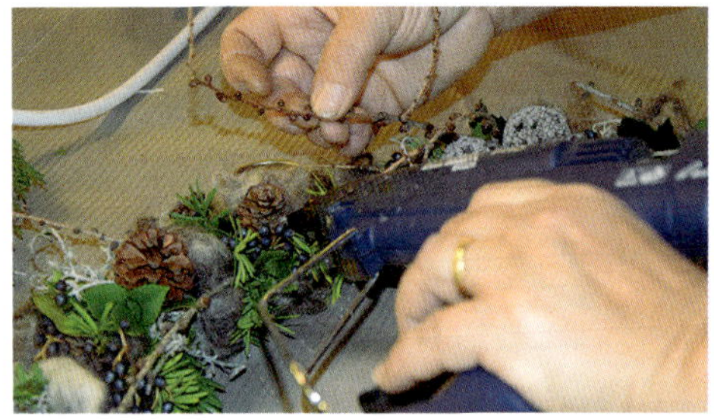

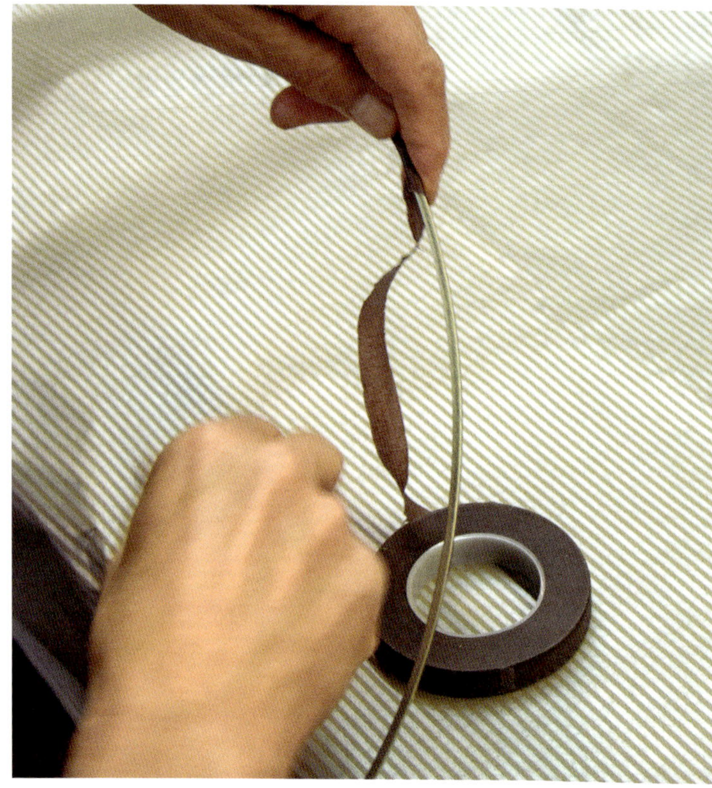

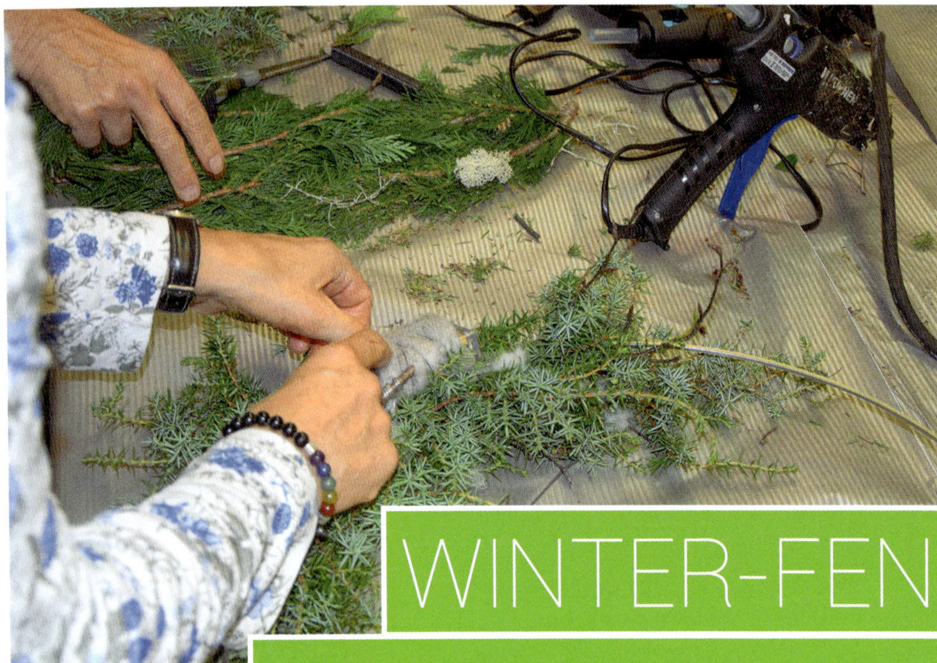

WINTER-FENSTERKRÄNZE: DIE GRUNDTECHNIK

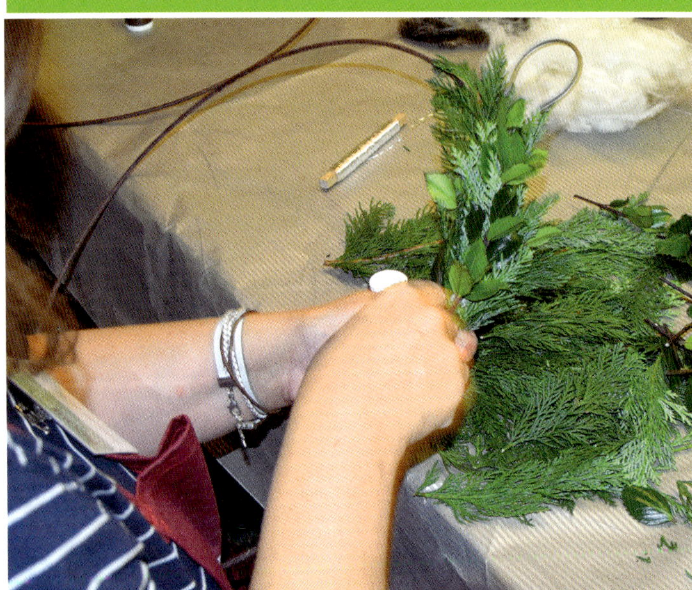

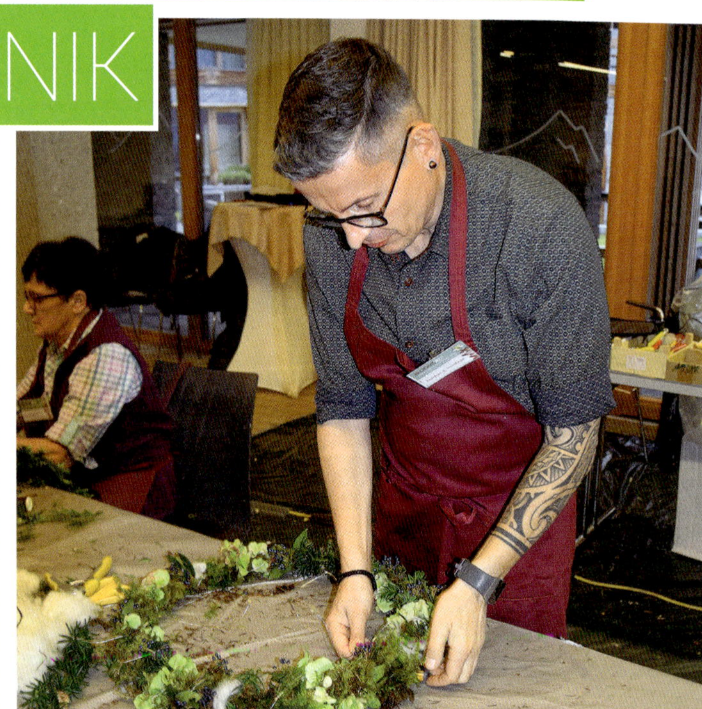

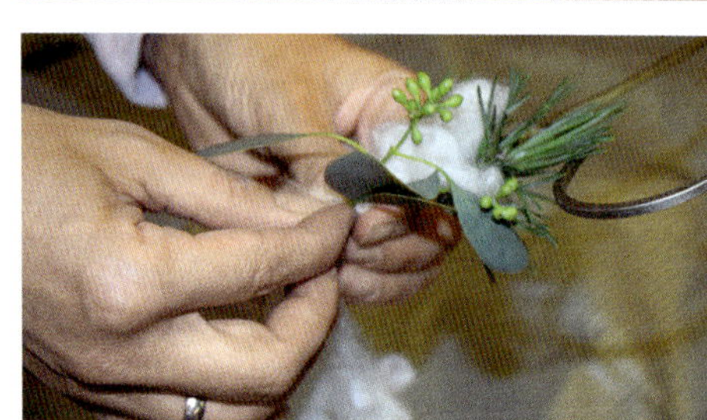

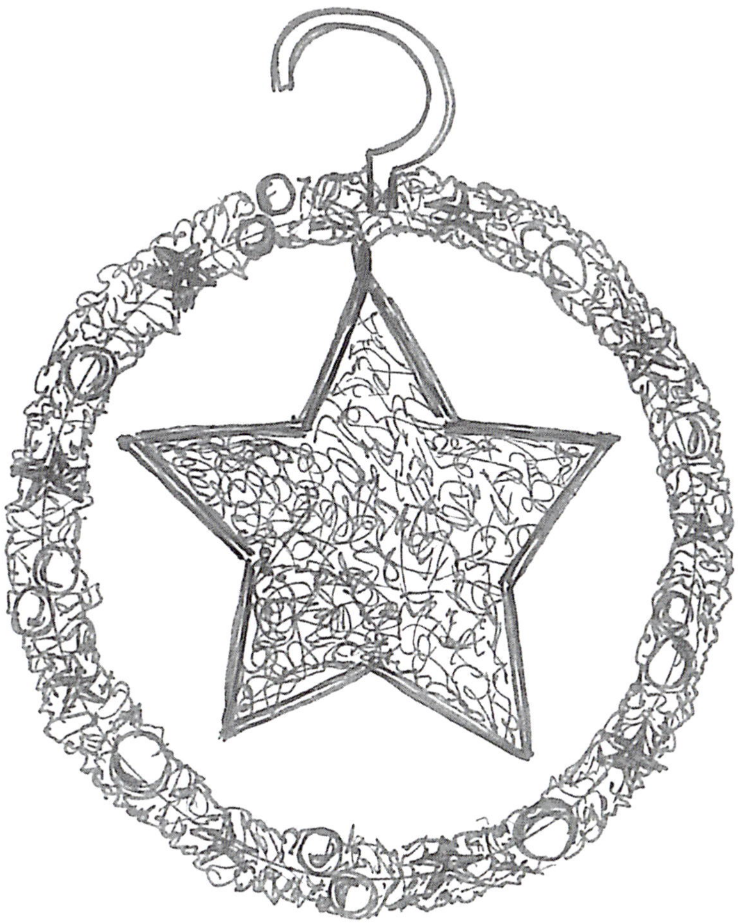

DAS BRAUCHT IHR

- Floraltape
- Zierdraht
- Heißkleber
- Batteriebetriebene LED-Lichterkette
- Wintergrün wie Koniferenzweige, Eukalyptus usw.
- Zapfen und/oder Zapfenzweige
- Baumwolltriebe
- Stacheldrahtpflanze
- Bänder, Wolle, Filz
- Accessoires wie Holzstern, Streusterne, Weihnachtsbaum-schmuck usw.
- Metallring mit oder ohne Aufhängung
- Floraltape
- Zierdraht

SO IST DIE GRUNDTECHNIK

Den Metallring zunächst teilweise oder komplett mit Floraltape bewickeln. Das bewirkt, dass die Floralien nicht verrutschen. Besonders hilfreich ist das, wenn ein asymmetrischer Schmuck entstehen soll, bei dem nur ein Teil des Rings geschmückt wird. Anschließend die einzelnen Zweige oder Zweigstücke zu Bündeln oder als Solisten an den Ring anlegen und mit Zierdraht befestigen. Wird dabei der Draht an verschiedenen Stellen des Grundzweigs angebracht, wird der Kranz etwas kompakter, wird er nur an einer oder zwei Stellen genutzt wird der Kranz etwas buschiger. Ist das Grundgerüst fertig, geht es ans kreative Ausstaffieren. Mithilfe von Heißkleber, Draht oder Bändern können verschiedene Accessoires befestigt werden. Ein großer Holzstern kann ebenfalls den Ring zieren. Diesen entweder am Rand festkleben oder in die Mitte einhängen. Habt Ihr Euch für einen Metallring ohne bereits vorhandene Aufhängung entschieden, bringt Bänder an, an denen Ihr das Schmuckstück am Fenster befestigen könnt.

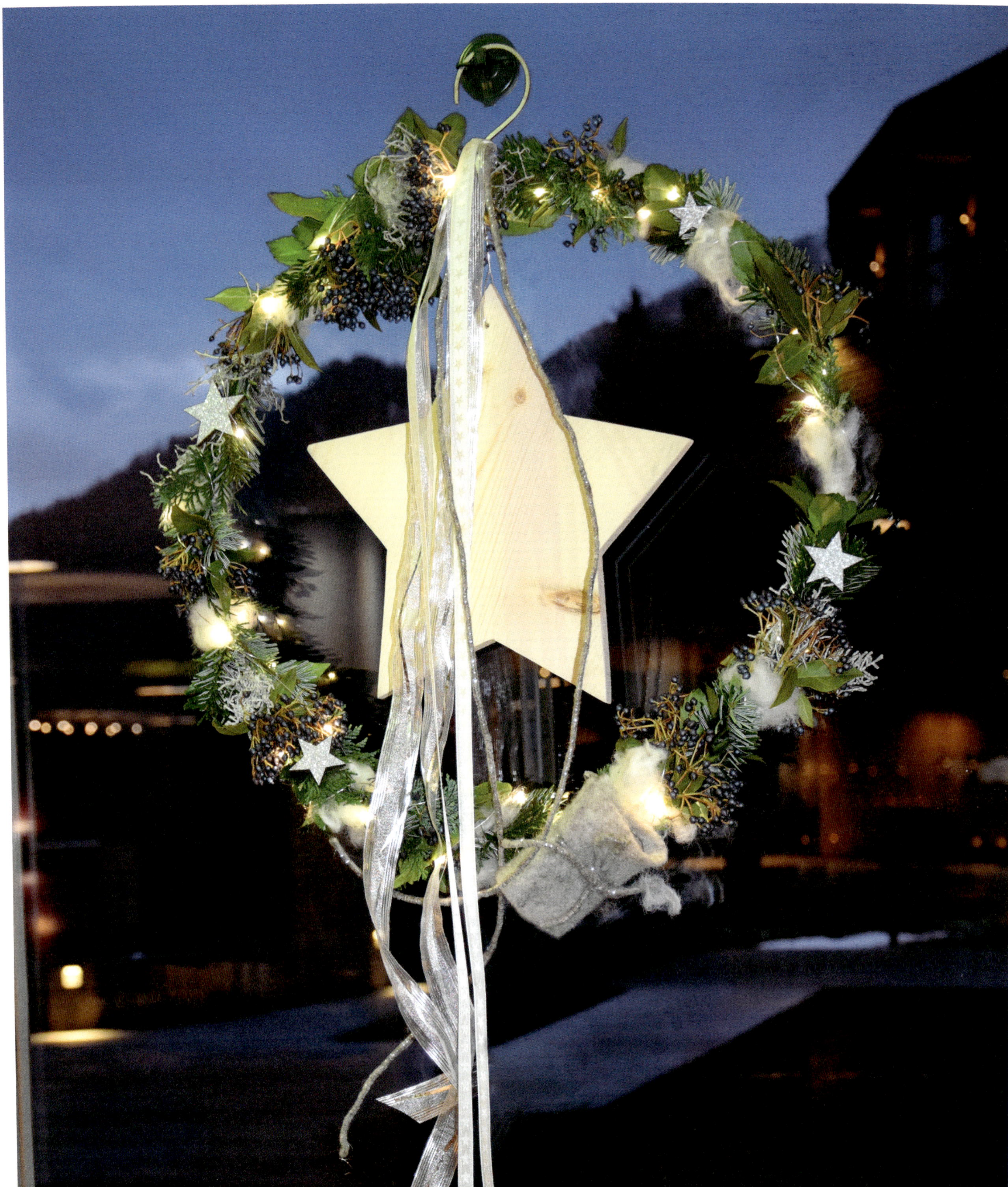

STERNSTUNDEN

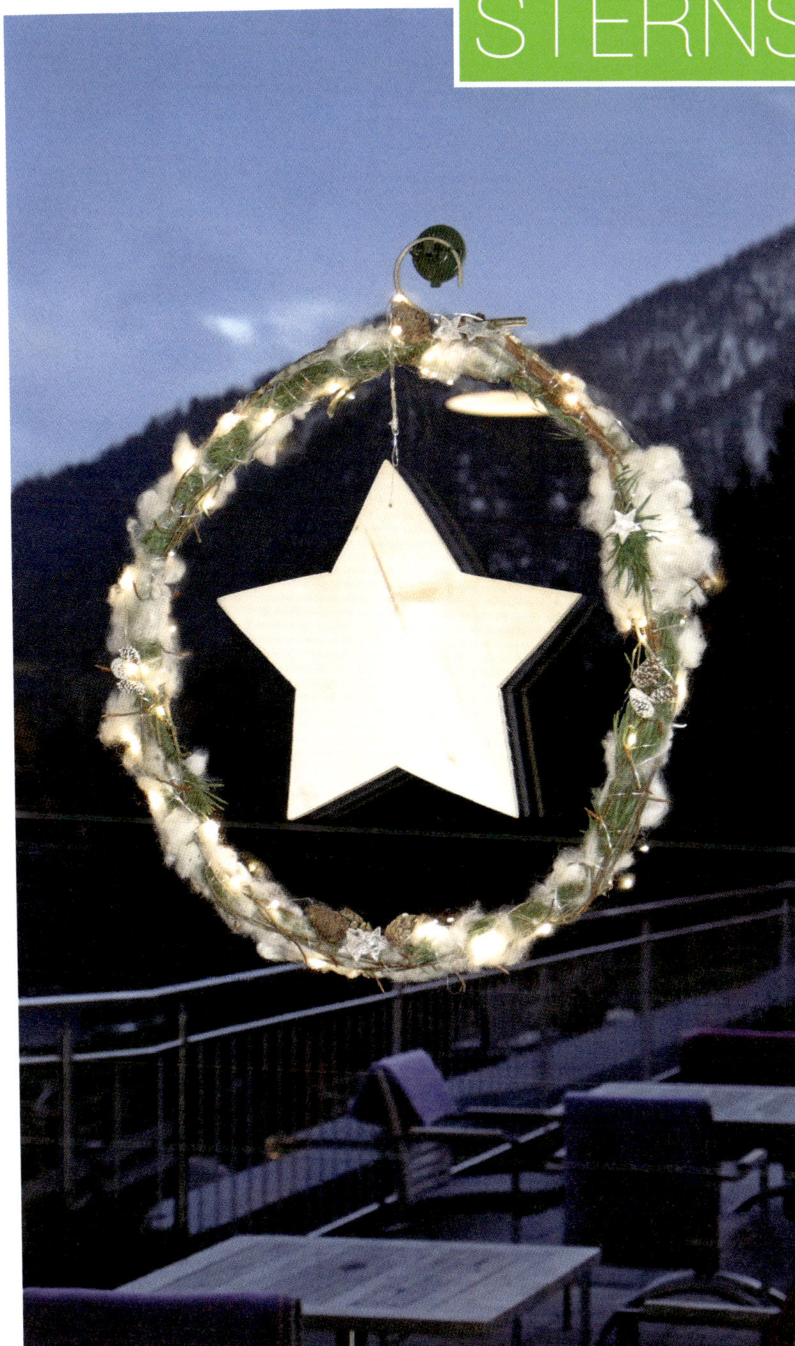

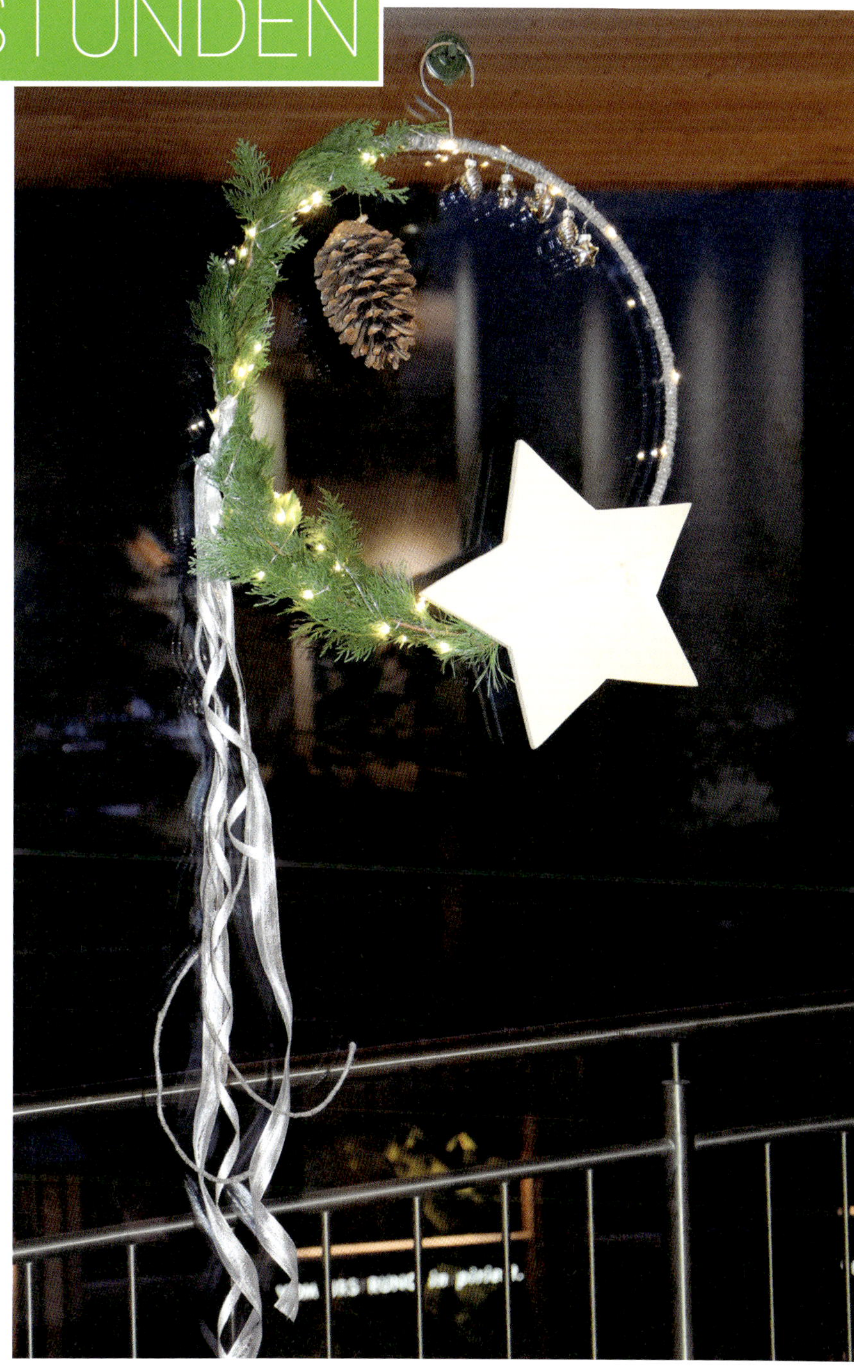

Egal, ob die Kränze voluminös mit viel Wintergrün, asymmetrisch oder mit hellen Floralien bestückt sind, der große Holzstern verleiht jedem Exemplar einen besonderen Touch.

Mit verschiedenen Bändern lassen sich die Kreationen aufpeppen. Mal hängen diese hinab, mal sind sie zur Schleife gebunden.

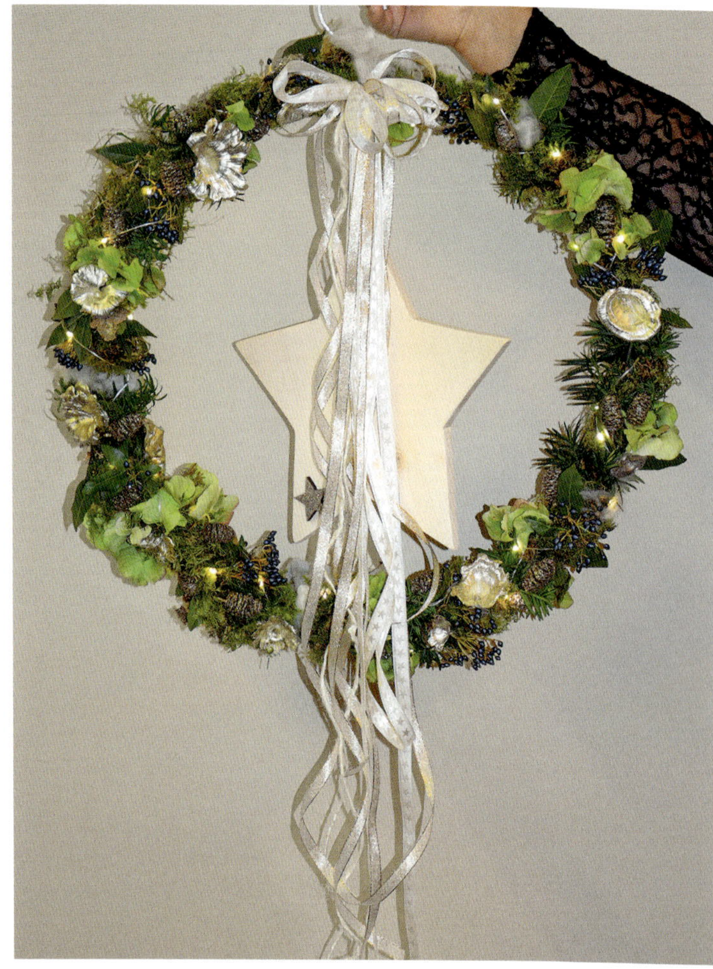

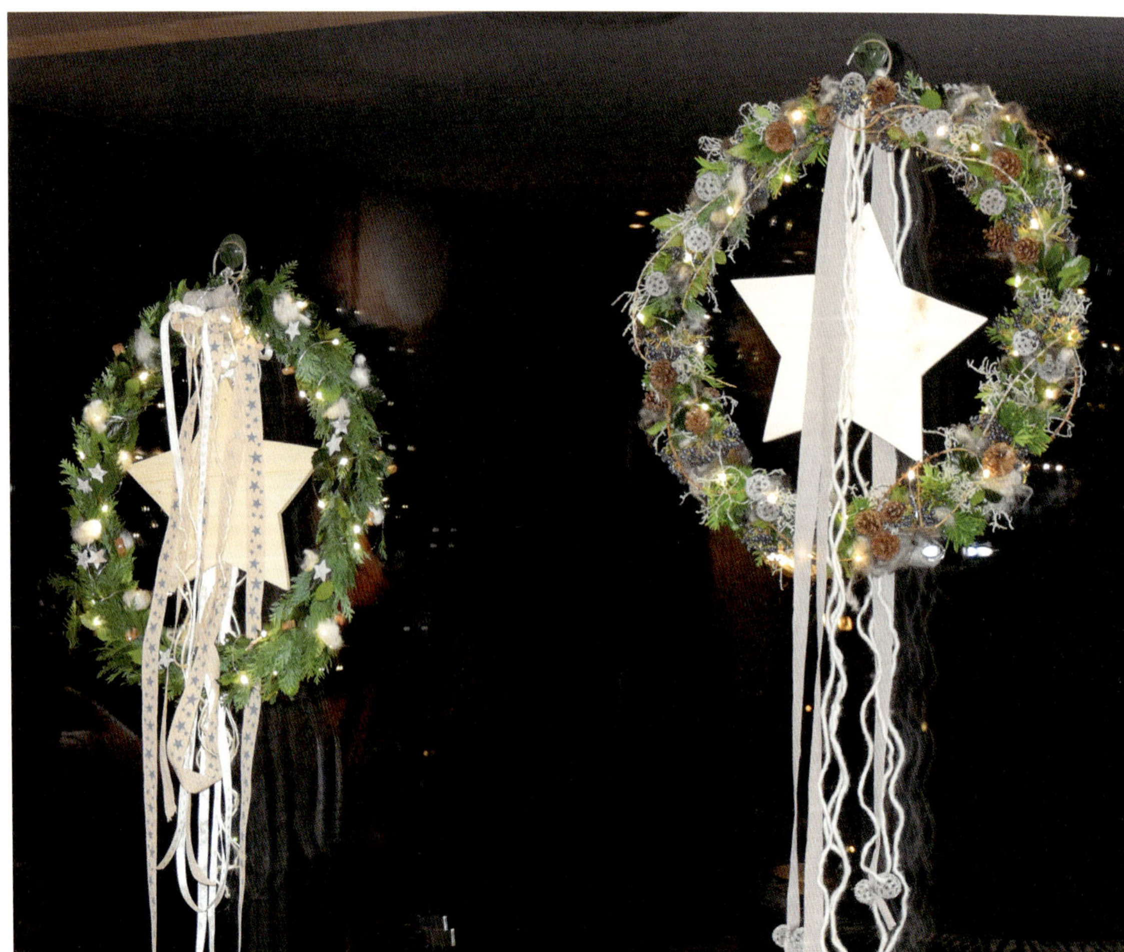

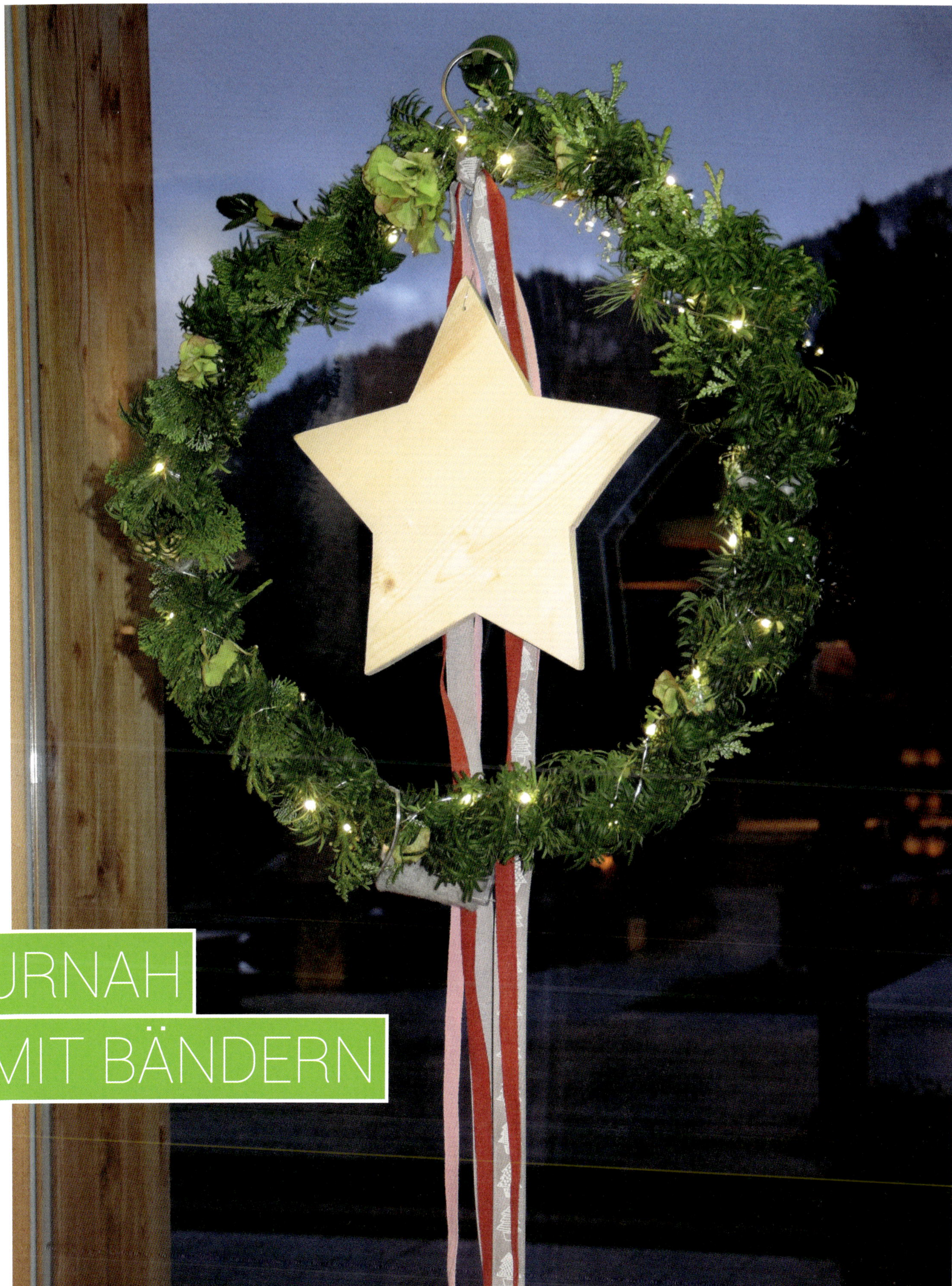

NATURNAH MIT BÄNDERN

STRAHLENDER LICHTERGLANZ

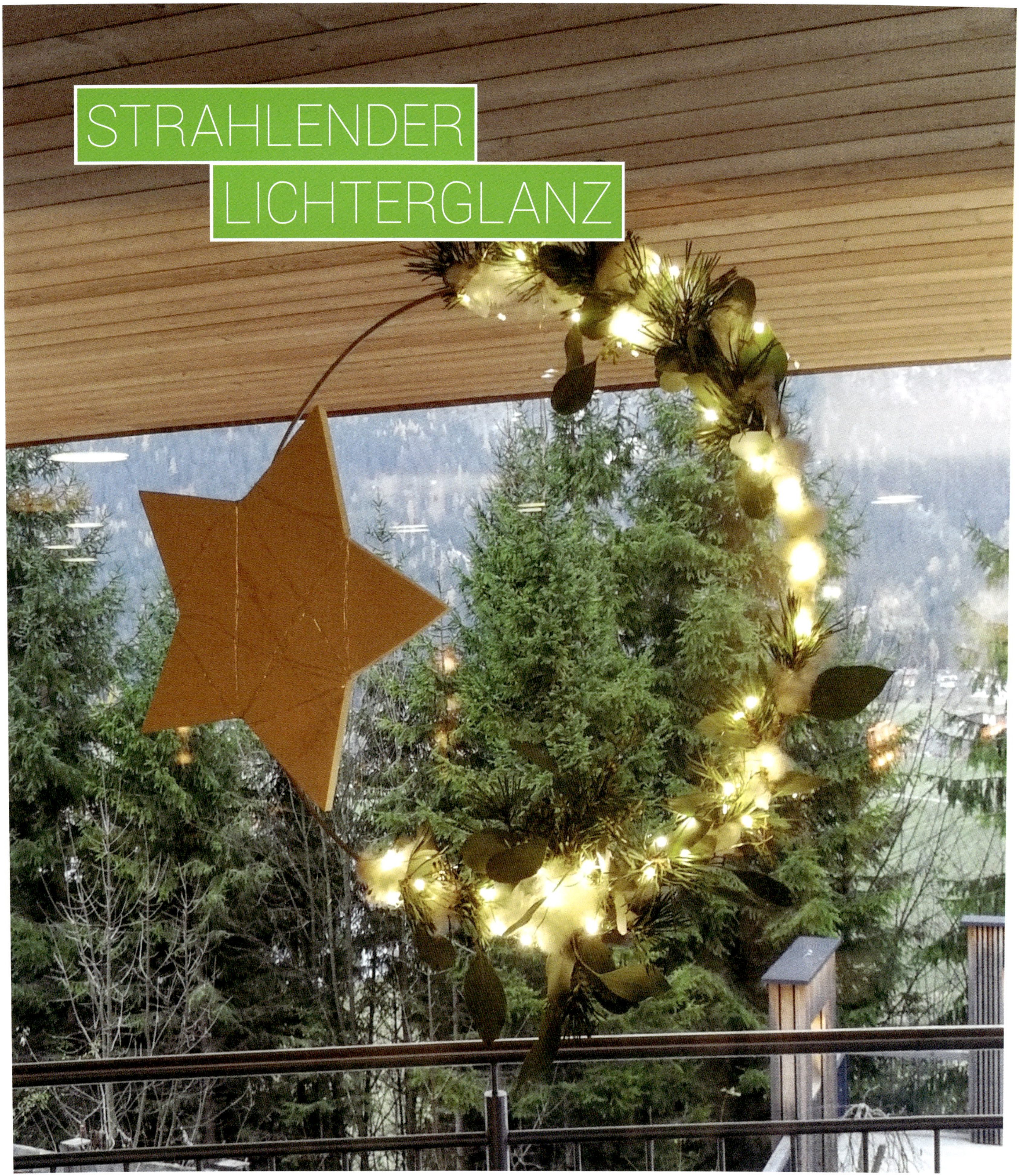

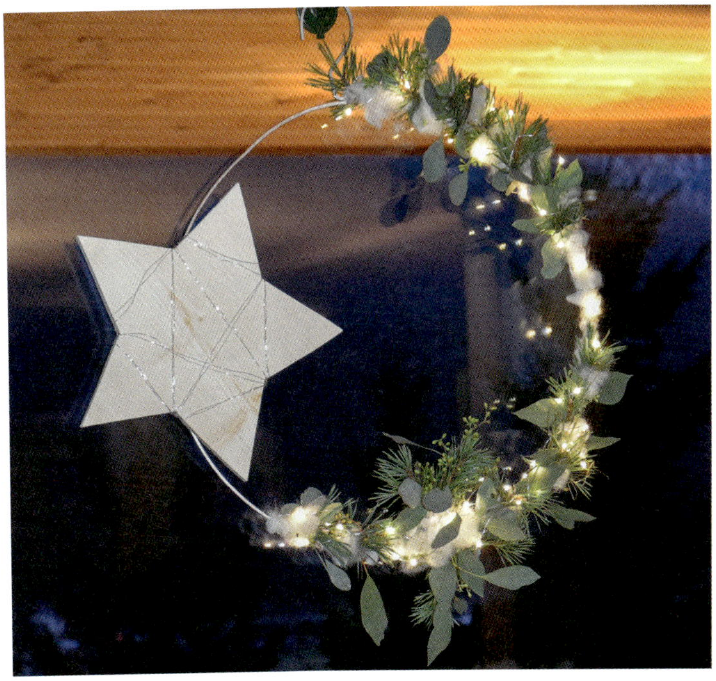

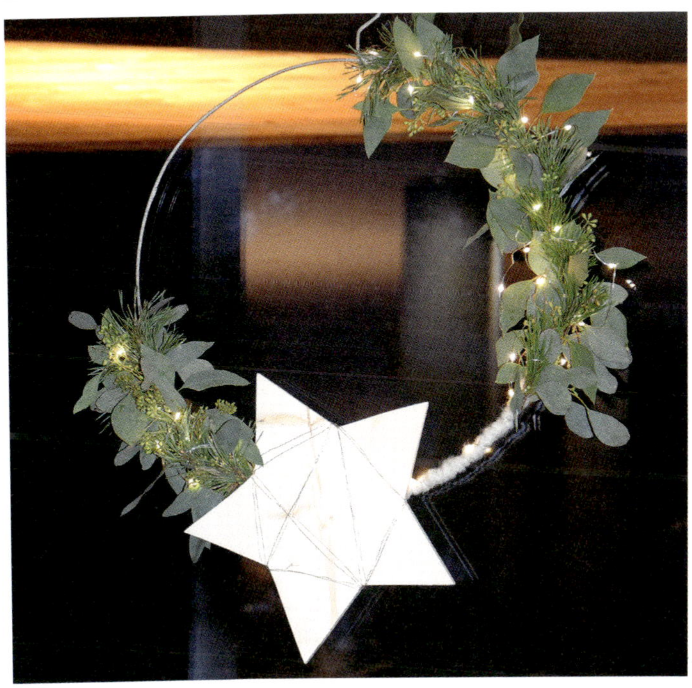

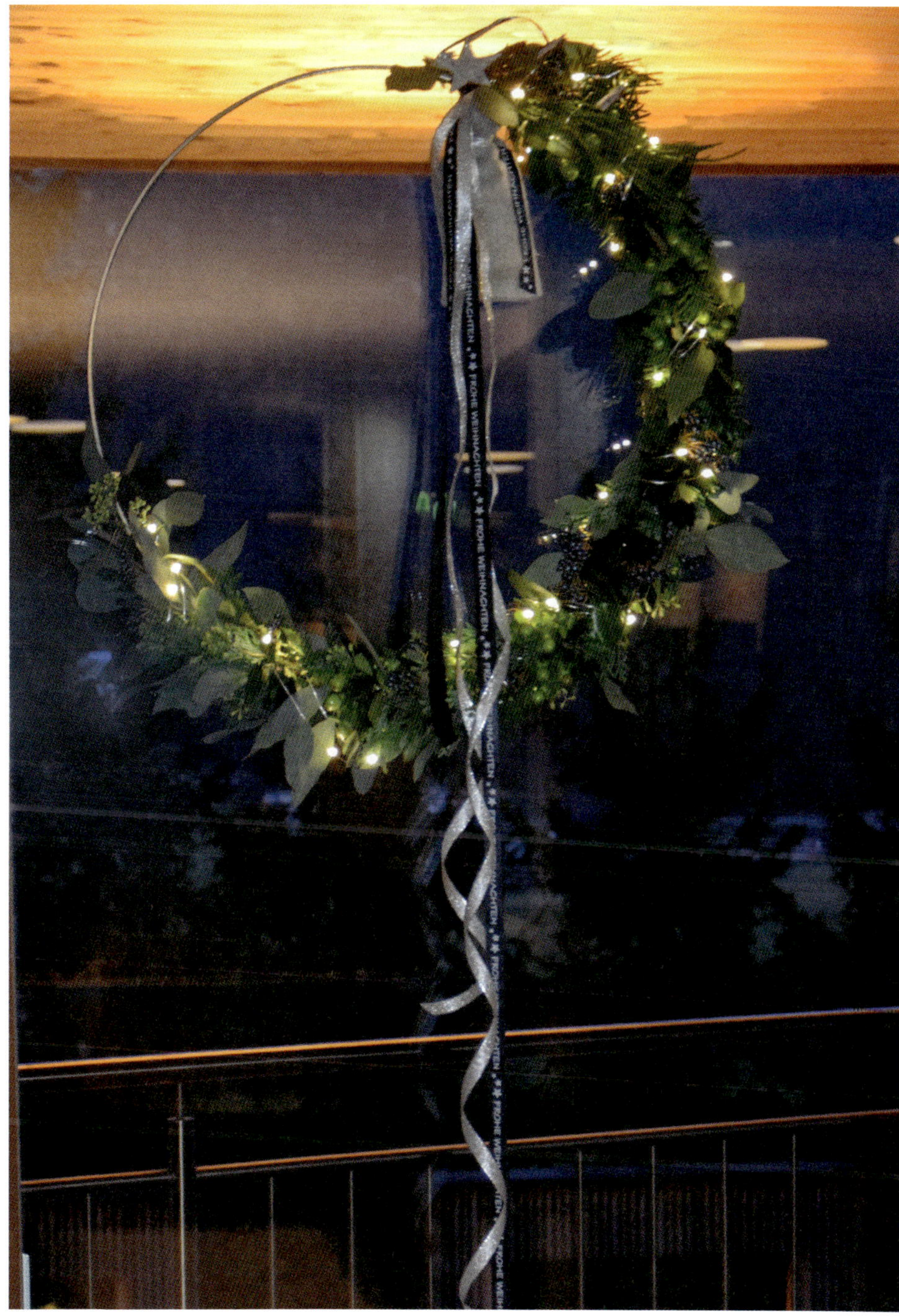

Lichter dürfen im Winter nicht fehlen! Ich empfehle immer batteriebetriebene LED-Ketten. So kann der Kranz individuell beleuchtet werden, ohne ein Kabel zu verlegen. Wenn dann auch noch der Batteriekasten in die Dekoration integriert wird, fällt er gar nicht auf.

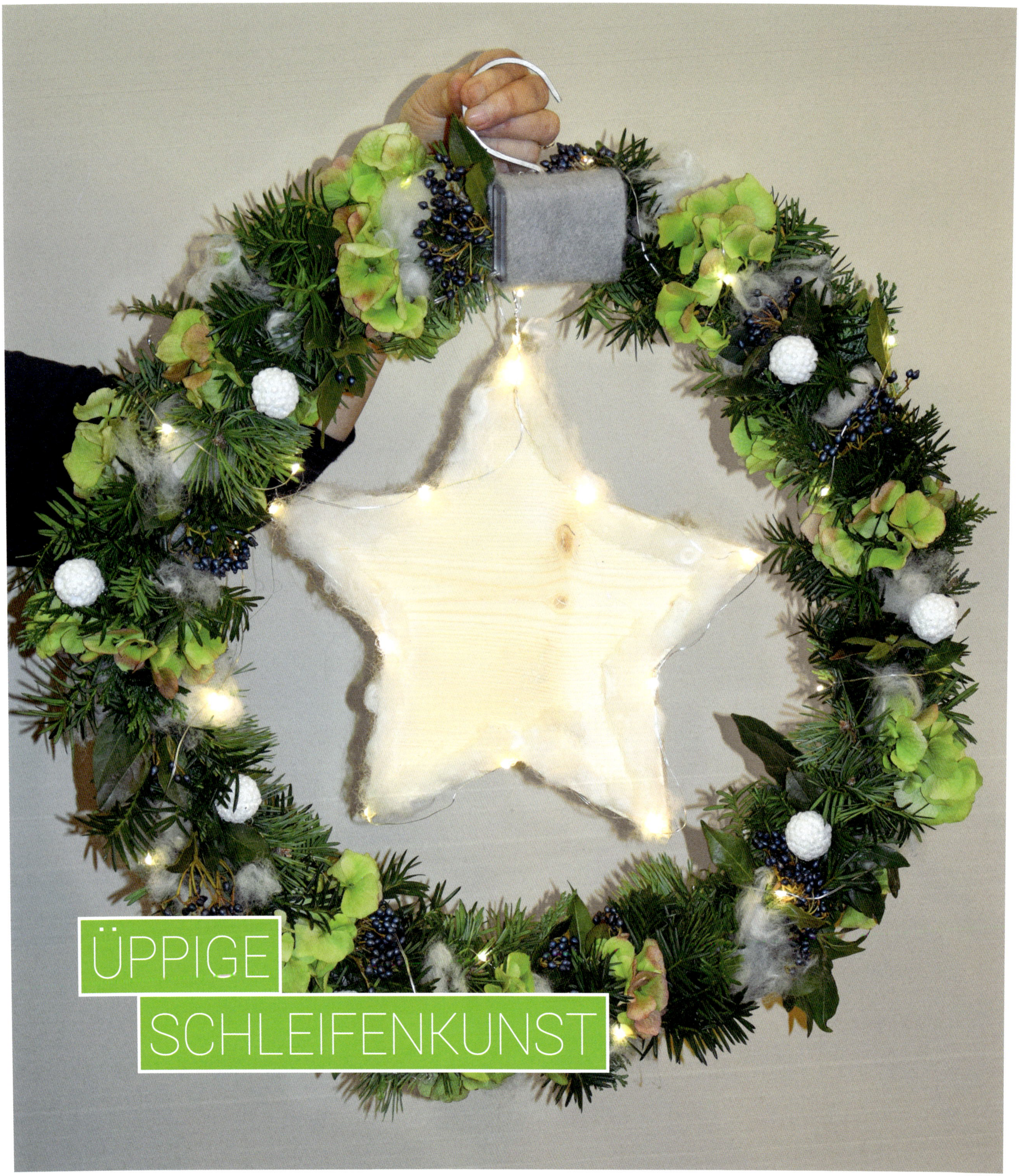

ÜPPIGE SCHLEIFENKUNST

Mithilfe von sehr breiten Bändern oder Filzstreifen lassen sich mühelos große Schleifen erstellen. Hier verdecken sie die Aufhängung des Holzsterns. Sie können aber auch die Fensteraufhängung kaschieren oder in diese mit einbezogen werden.

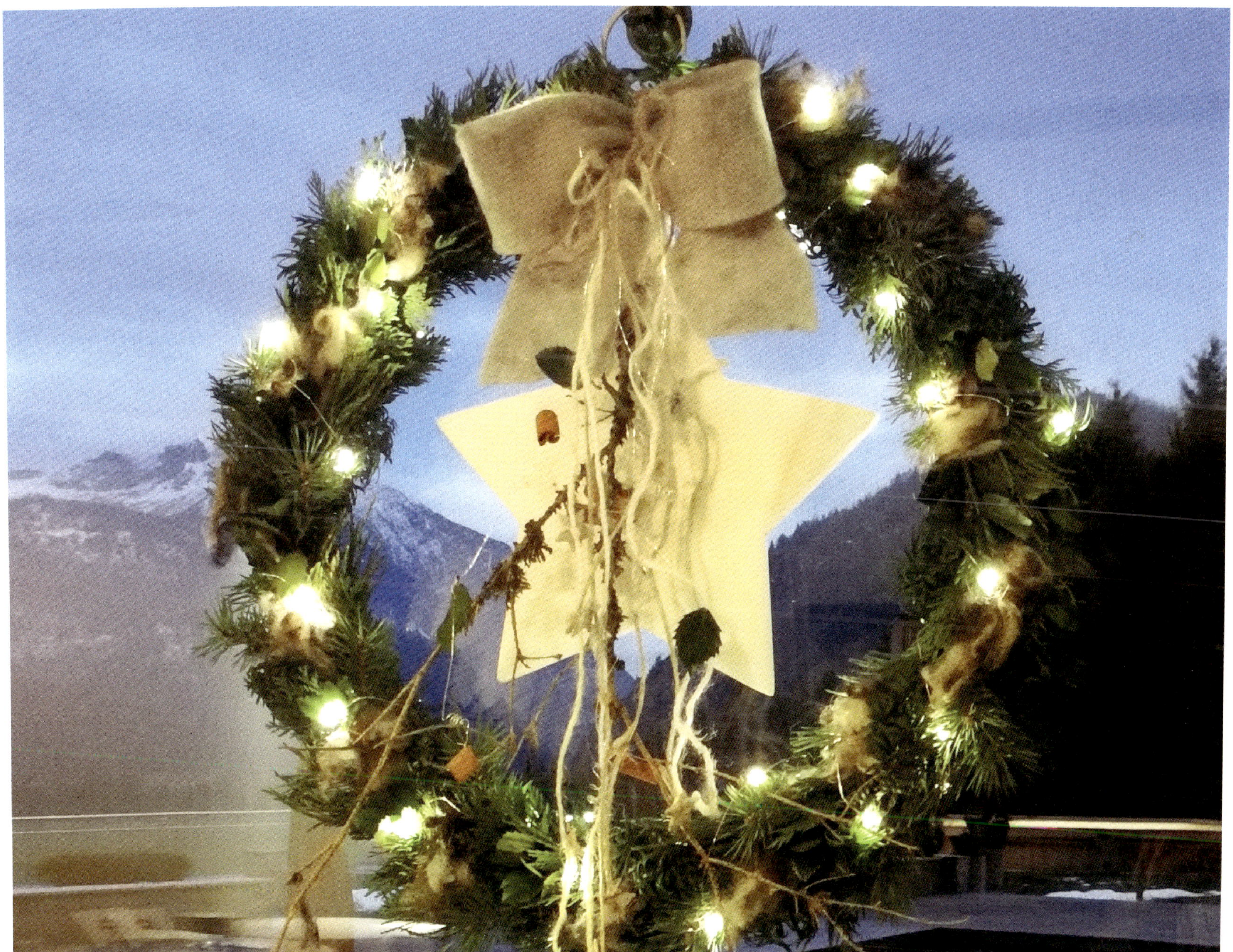

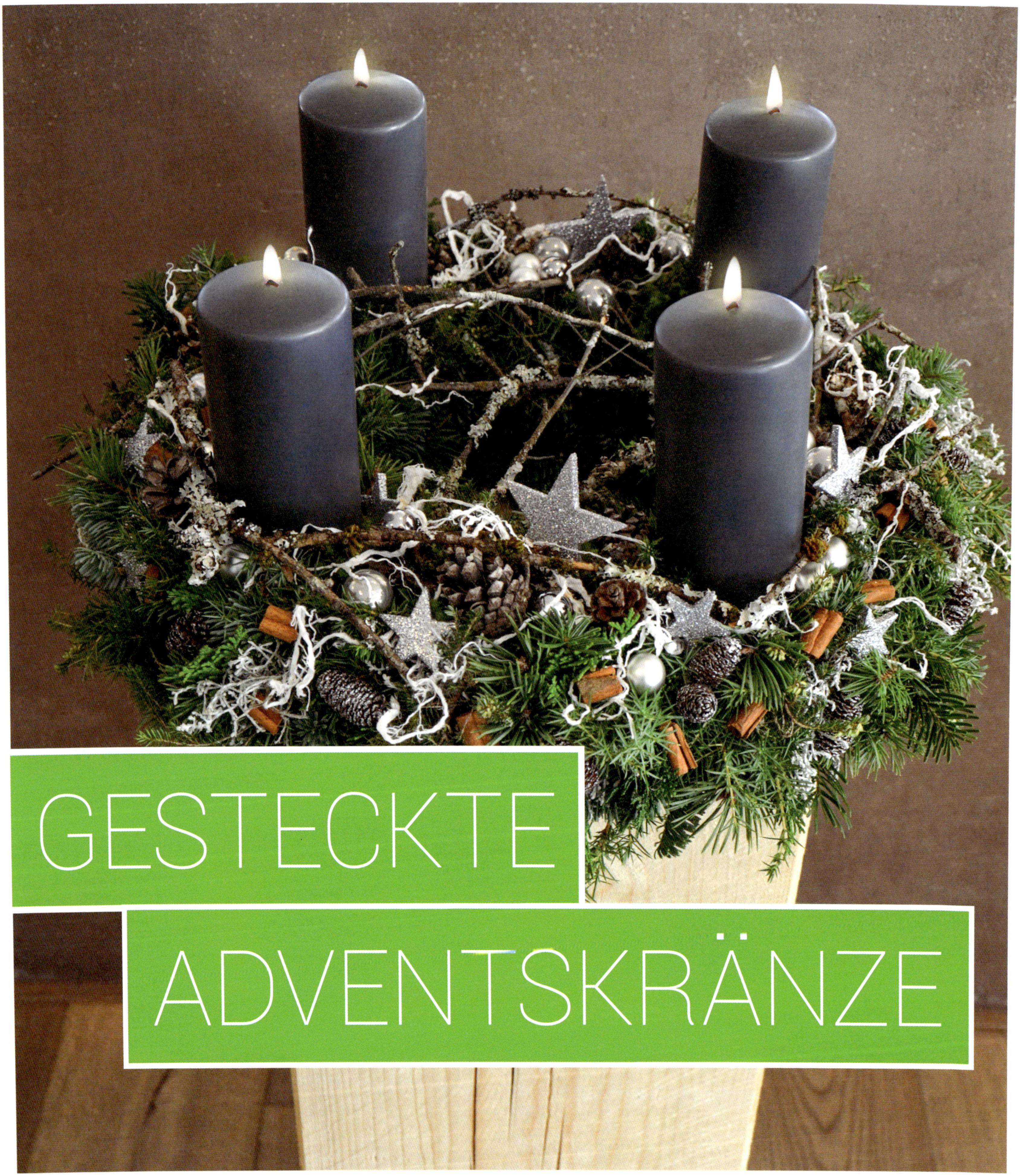

GESTECKTE ADVENTSKRÄNZE

VERWANDLUNGSKÜNSTLER FÜR JEDEN GESCHMACK

Für mich dürfen Adventskränze in der Vorweihnachtszeit nicht fehlen! Allein das Ritual, an jedem Adventssonntag eine neue Kerze anzuzünden stimmt mich herrlich auf das Weihnachtsfest ein, und verkürzt die Wartezeit. Auch für meine Teilnehmerinnen und Teilnehmer sind sie ein Must-have! Jedes Jahr kommt mir eine neue Idee, wie ich das Adventsrund gestalten möchte. Dieses Mal besinne ich mich auf die klassische, gesteckte Variante. Gesteckte Adventskränze heißen sie, weil dabei kleine Teilstücke von Kiefern- und oder Tannengrün rund um den Kranz, eine Reihe nach der anderen, in den Frischblumensteckschaum gesetzt werden und so ein dichtes Ergebnis erreicht wird. Einen selbst erstellten und geschmückten Kranz nach dem Workshop mit nach Hause zu nehmen, ist jedes Jahr das Highlight für alle. So unterschiedlich und so wunderschön!

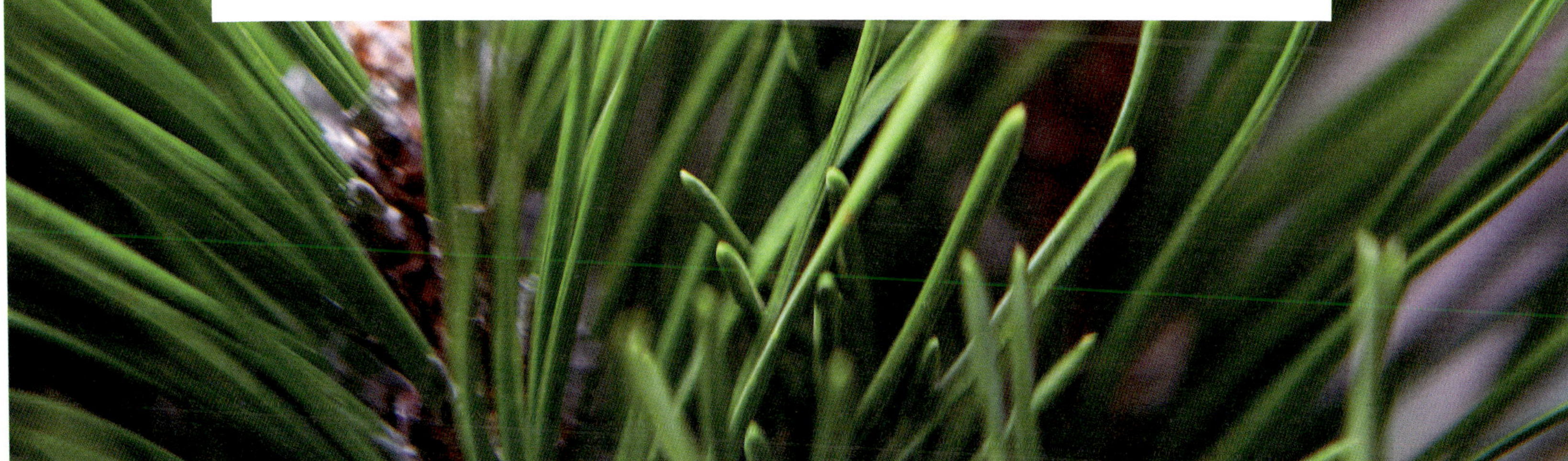

GESTECKTE ADVENTSKRÄNZE: DIE GRUNDTECHNIK

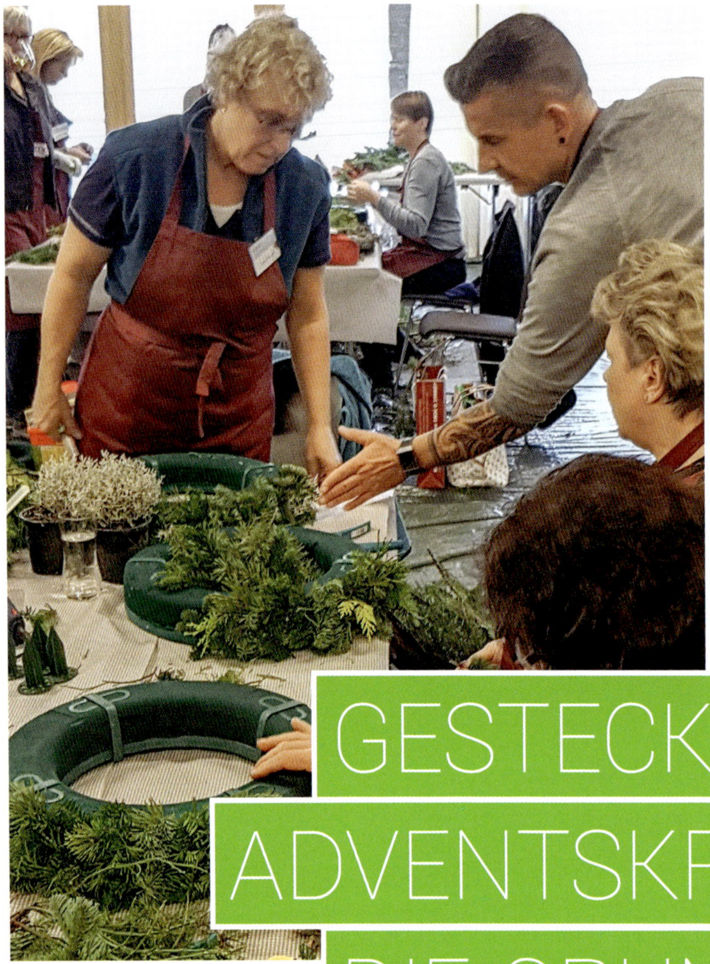

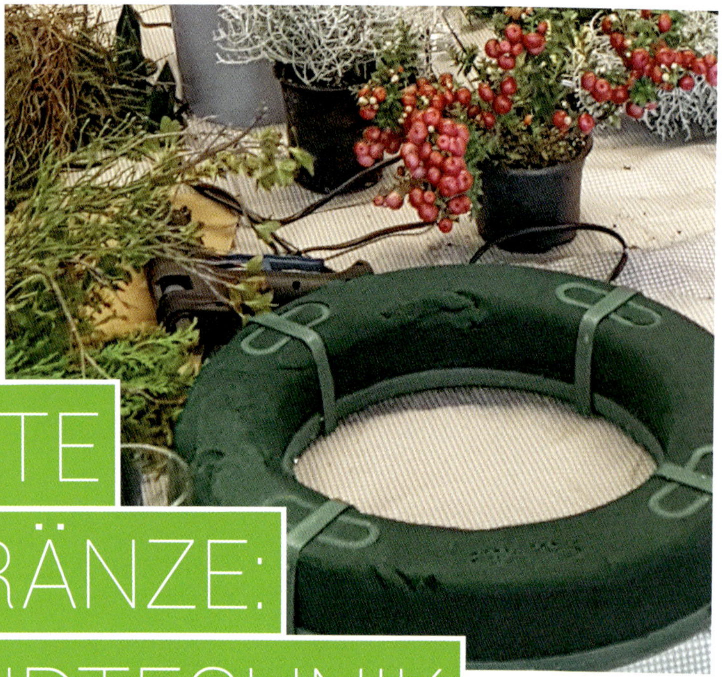

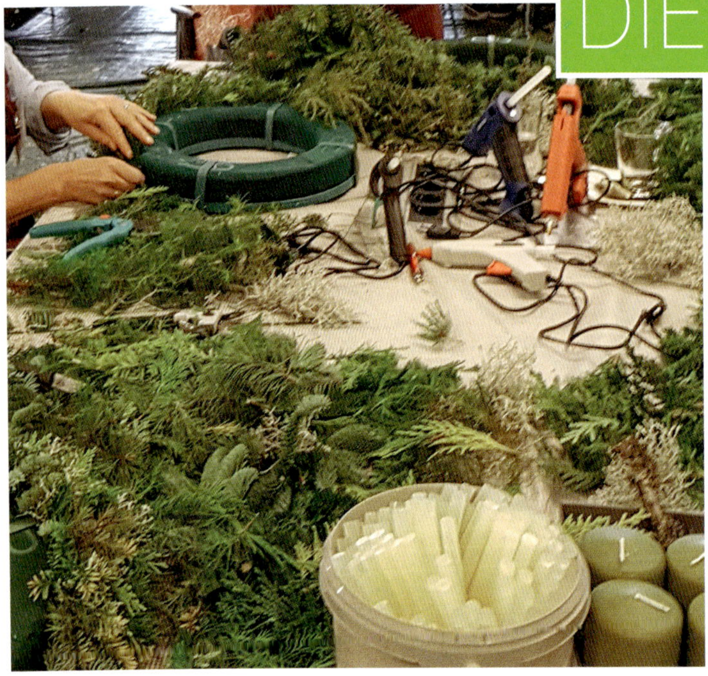

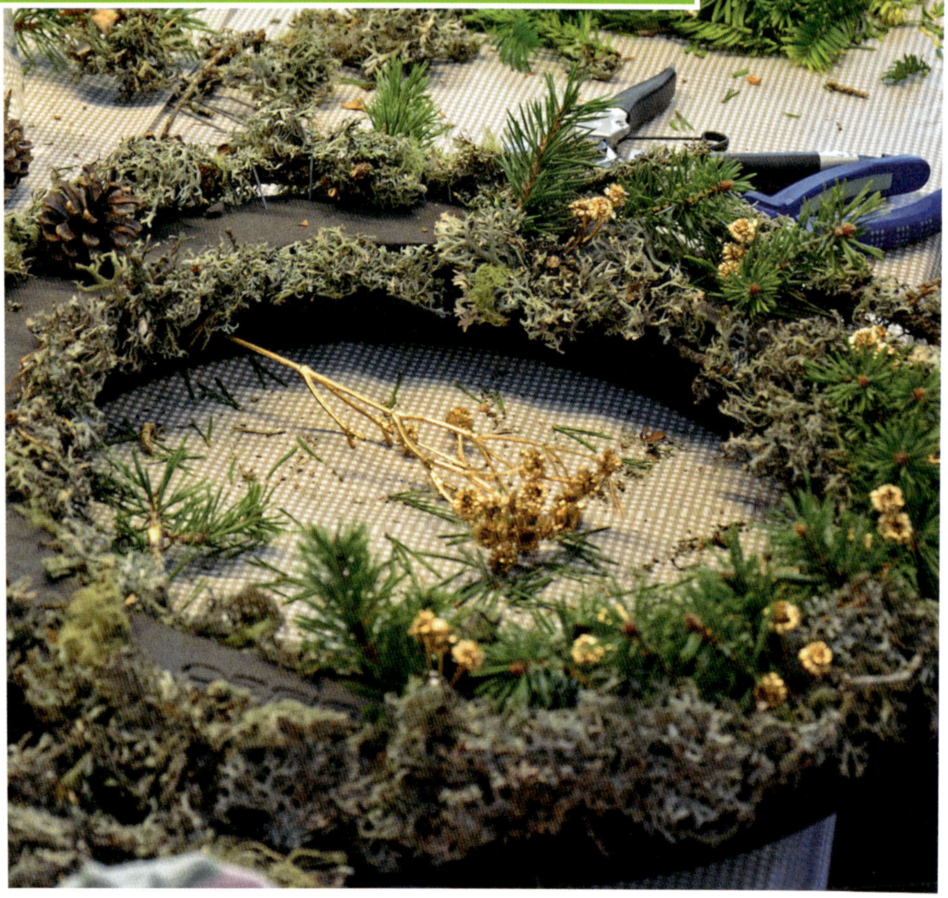

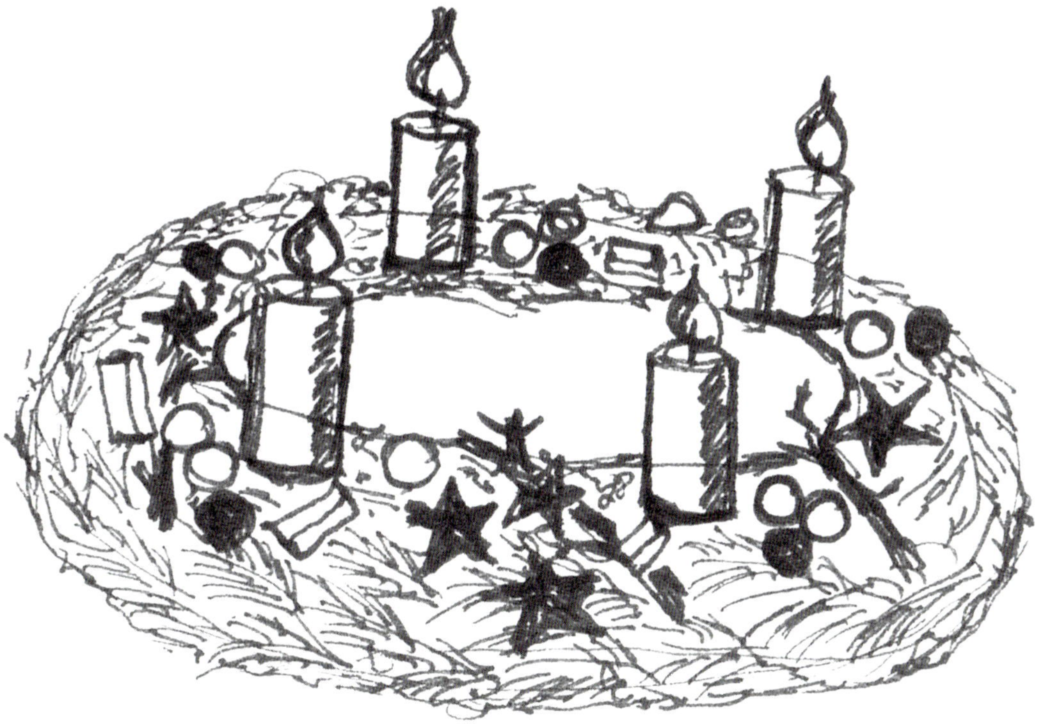

DAS BRAUCHT IHR

- Frischblumensteckschaum-Ring mit Kunststoffschale (grün oder schwarz)
- Koniferen-, Kiefern-, Tannenzweige
- Zapfen
- Flechten
- Äste (mit und ohne Moos)
- Zierdraht
- Patenthaften
- Kerzenhalter
- Kerzen
- Accessoires wie Sterne, Spiegelbeeren, Engelshaar, Zieräpfel, Zimtstangen
- Heißkleber

SO IST DIE GRUNDTECHNIK

Der Frischblumensteckschaum-Ring wird zunächst aus der Kranzunterlage herausgenommen und gewässert. In der Zwischenzeit schneidet Ihr das gewünschte Grün in etwa gleichlange Stücke, sodass genug Material für den kompletten Kranz bereit liegt. Jetzt beginnt Ihr den Steckschaum gleichmäßig mit dem Nadelgrün immer rundherum zu bestecken. Fangt dabei außen am Rand an und arbeitet Euch zur Mitte hin vor. Es sollten keine Freiräume verbleiben. Anschließend die Kerzenteller in den Steckschaum drücken. Entweder in klassischer Verteilung oder asymmetrisch – also nur auf einer Hälfte des Ringes.

Nun kommt Ihr zum wohl schönsten Teil – der Ausschmückung des Adventskranzes. Wählt dabei zuerst die Kerzenfarbe aus und stimmt dann die restliche Dekoration passend darauf ab. Glitzernde Sterne, Engelshaar, Zieräpfel und Spiegelbeeren sind die klassischen Accessoires für einen Adventskranz. Ihr könnt aber auch ein rustikales Exemplar gestalten, bei dem Zapfen, Äste, Flechten & Co. die Hauptrolle spielen. Damit die Zapfen im Gesteck halten, drahtet Ihr sie vorher an oder verwendet Permanenthaften.

Ein ausgefallener Stil entsteht, wenn Ihr die Äste nicht nur am Kranz entlang anbringt, sondern sie auch über die Kranzmitte legt.

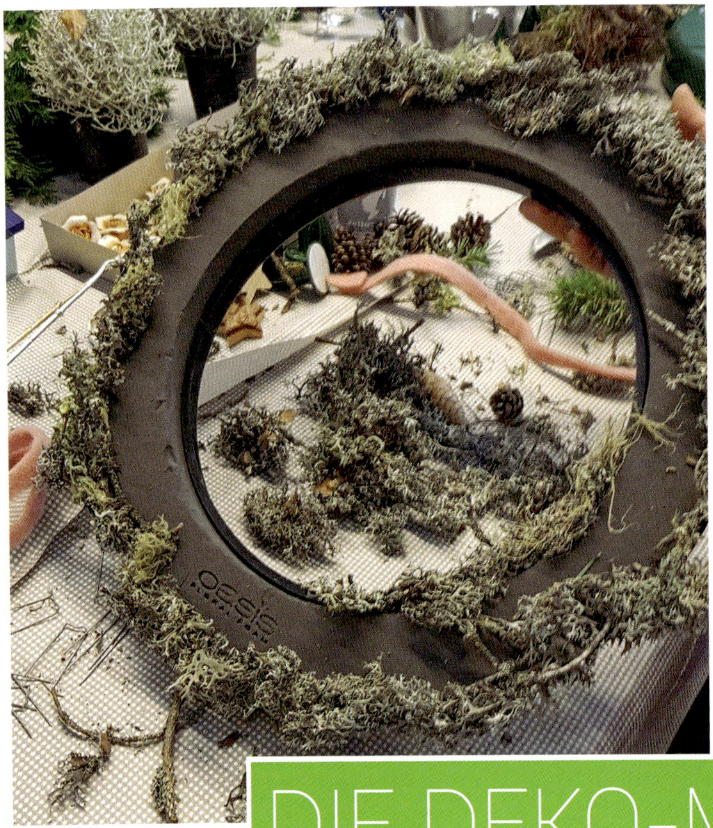

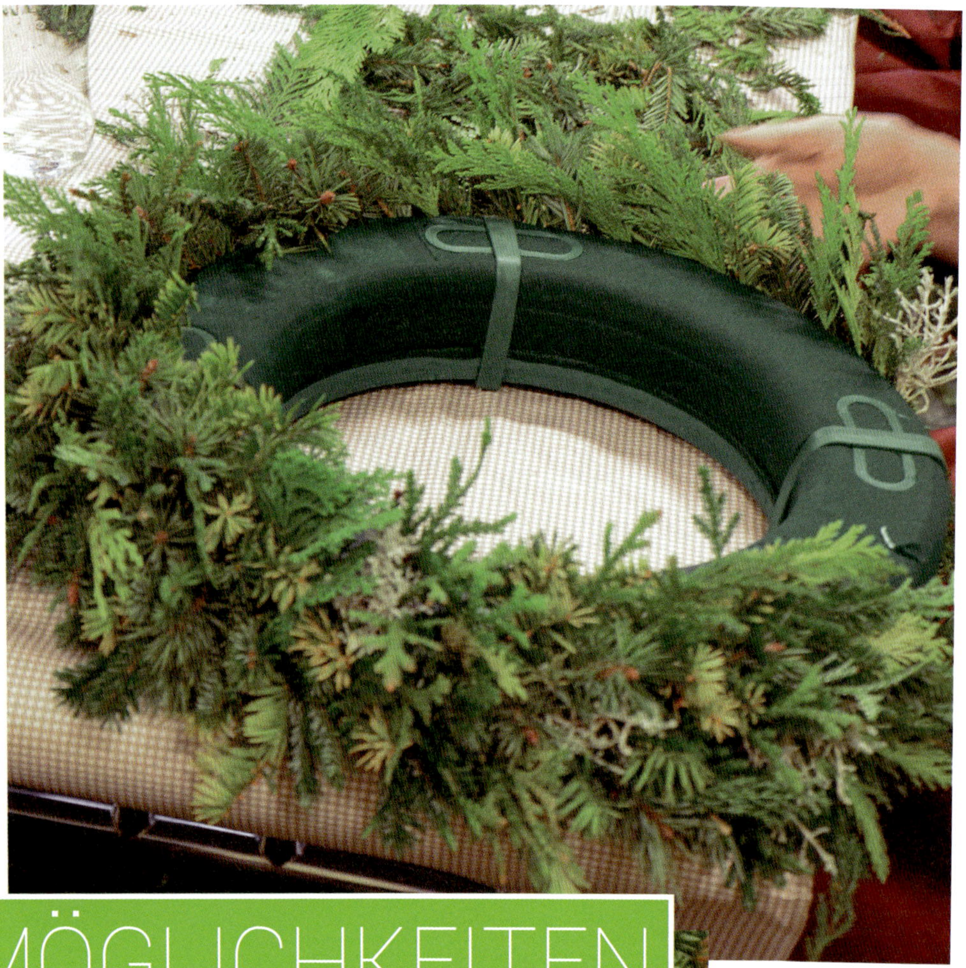

DIE DEKO-MÖGLICHKEITEN

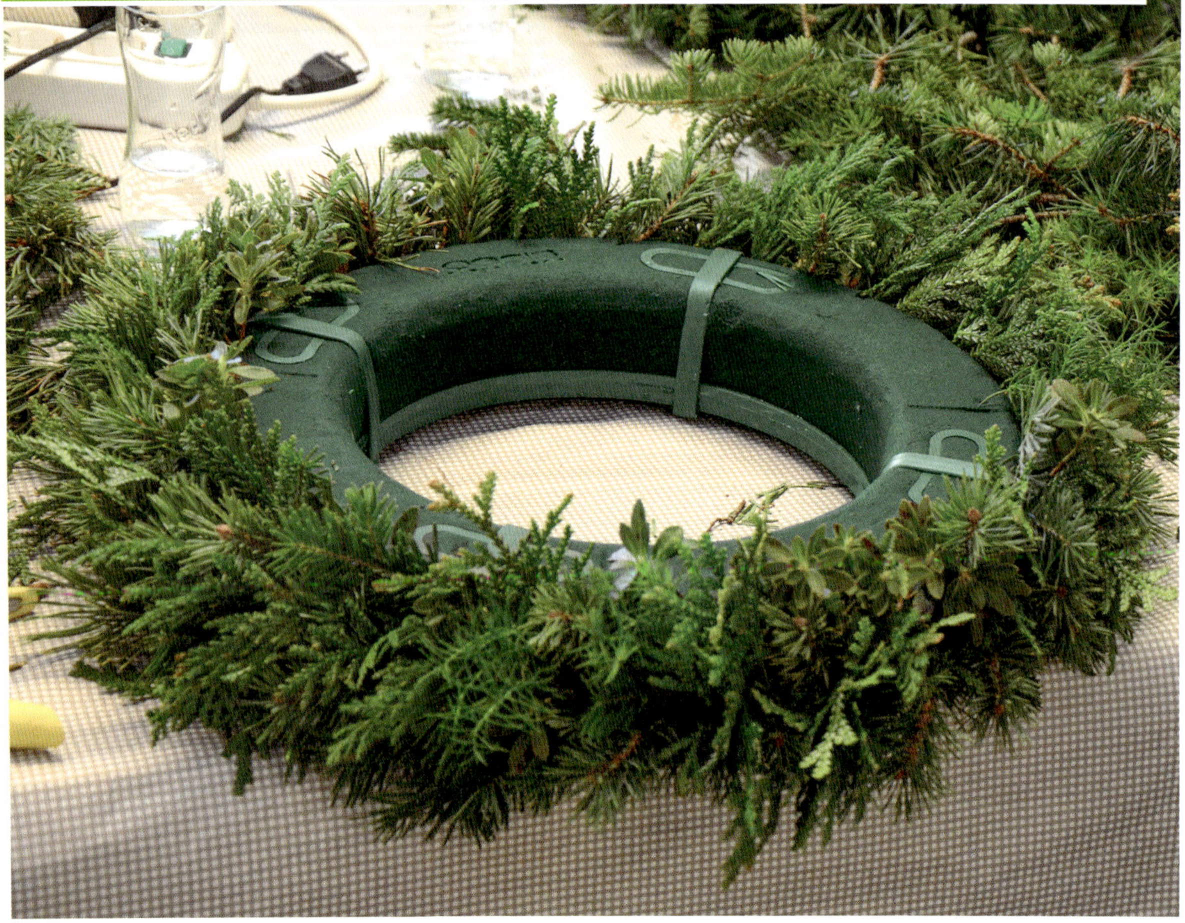

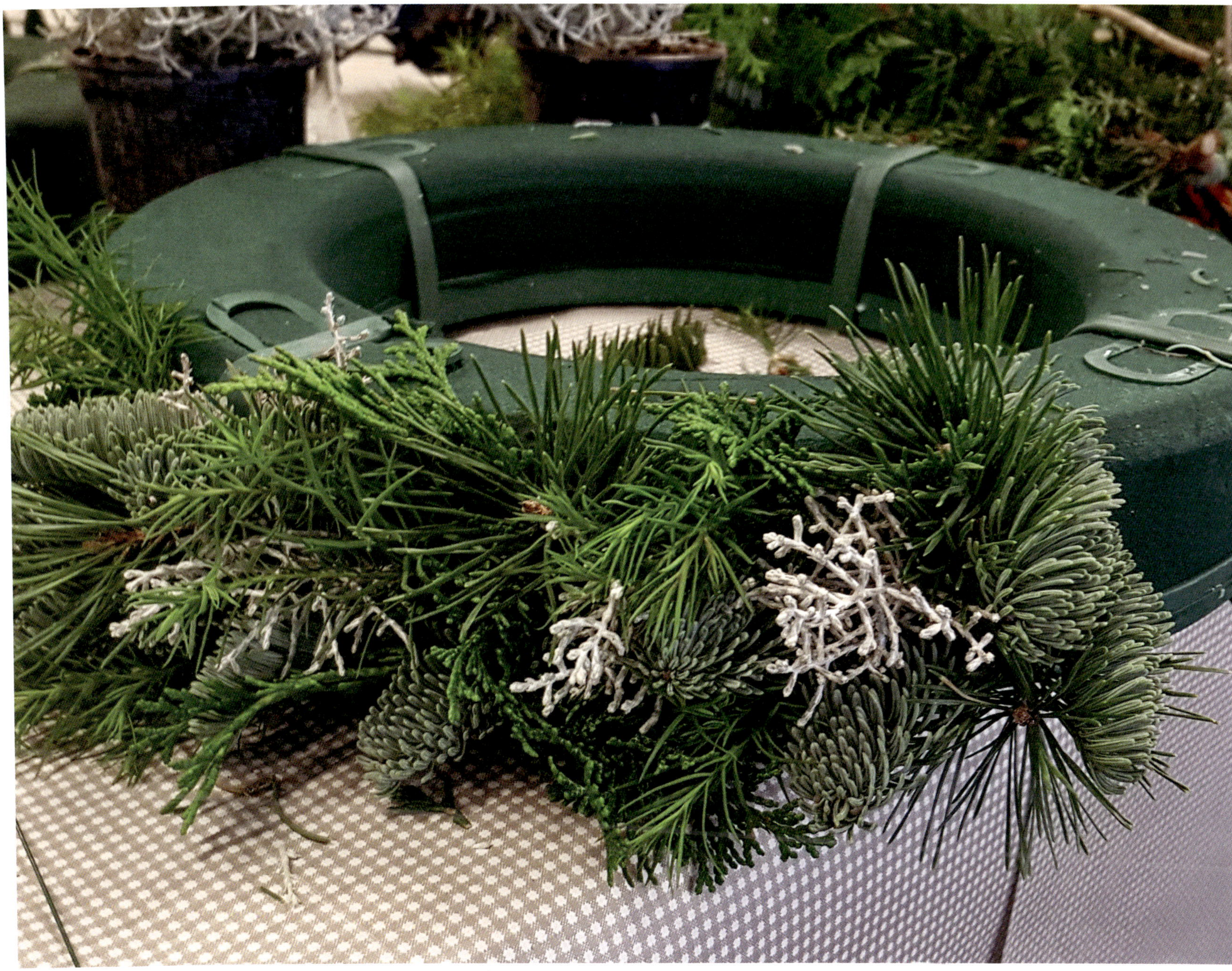

Wenn Ihr vom klassischen Adventskranz einmal abweichen wollt, eignet sich auch ein schwarzer Frischblumensteckschaum-Kranz gut. Dabei müsst Ihr nur beachten, dass die Steckschaumschicht meist etwas niedriger ist als beim grünen Pendant.

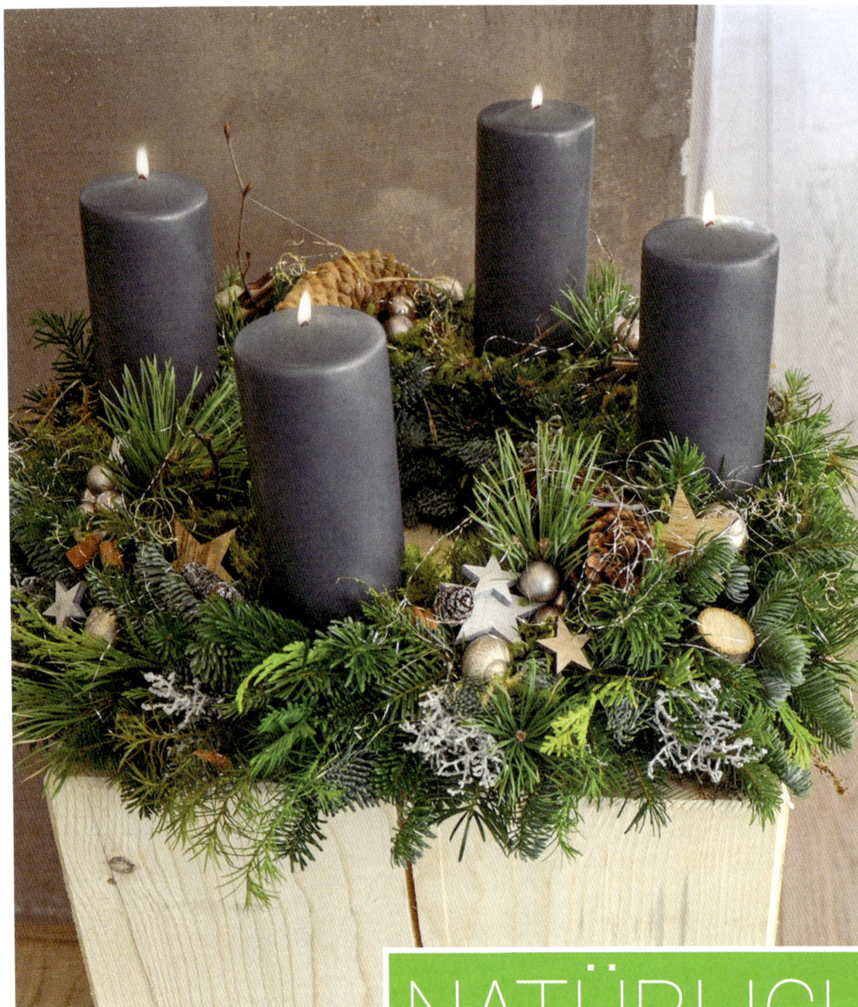

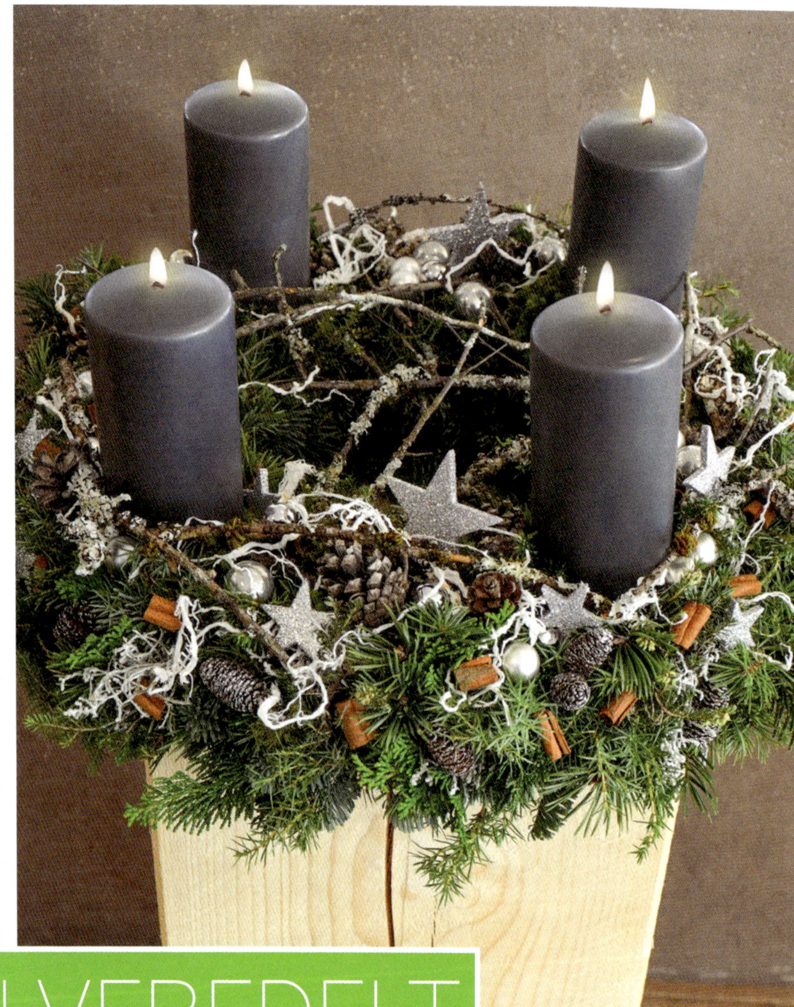

NATÜRLICH VEREDELT

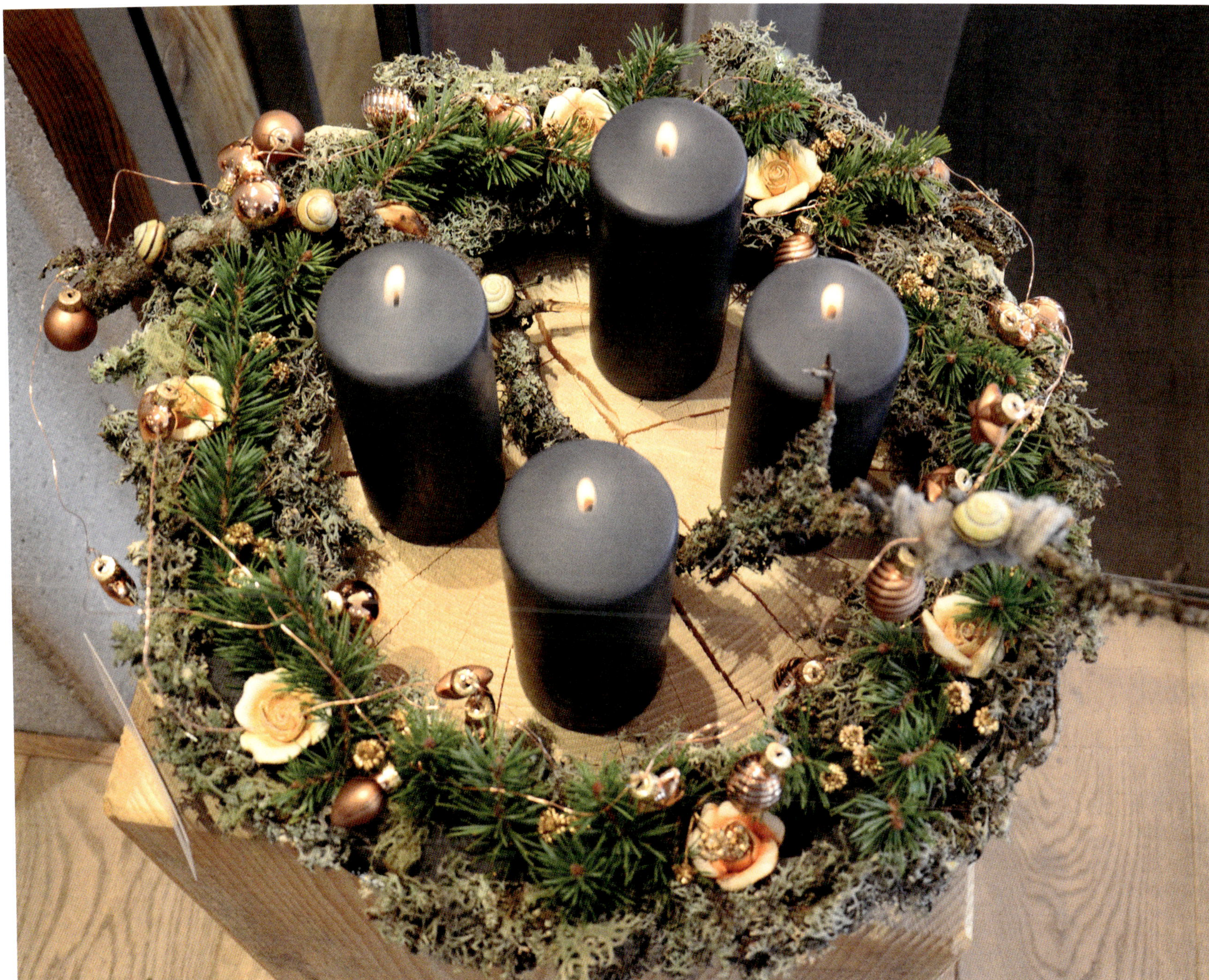

Anthrazitfarbene Kerzen auf dem Adventskranz sieht man nicht oft. Um den dunklen Stil zu brechen, sollten Glanzelemente wie Sterne, Spiegelbeeren oder Glasblüten verwendet werden. Auch Zapfen wirken darin gut.

RUSTIKALE GLANZMOMENTE

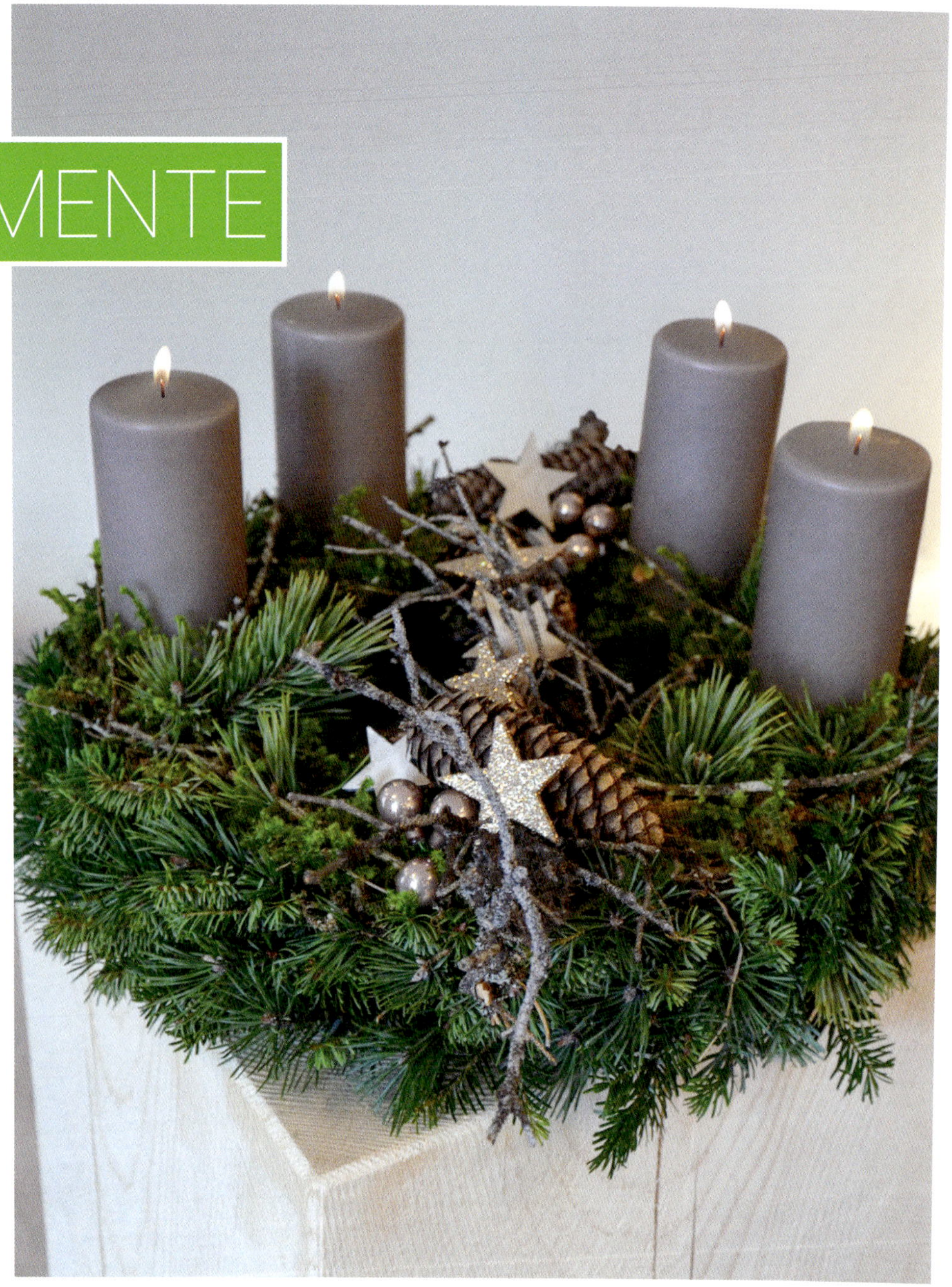

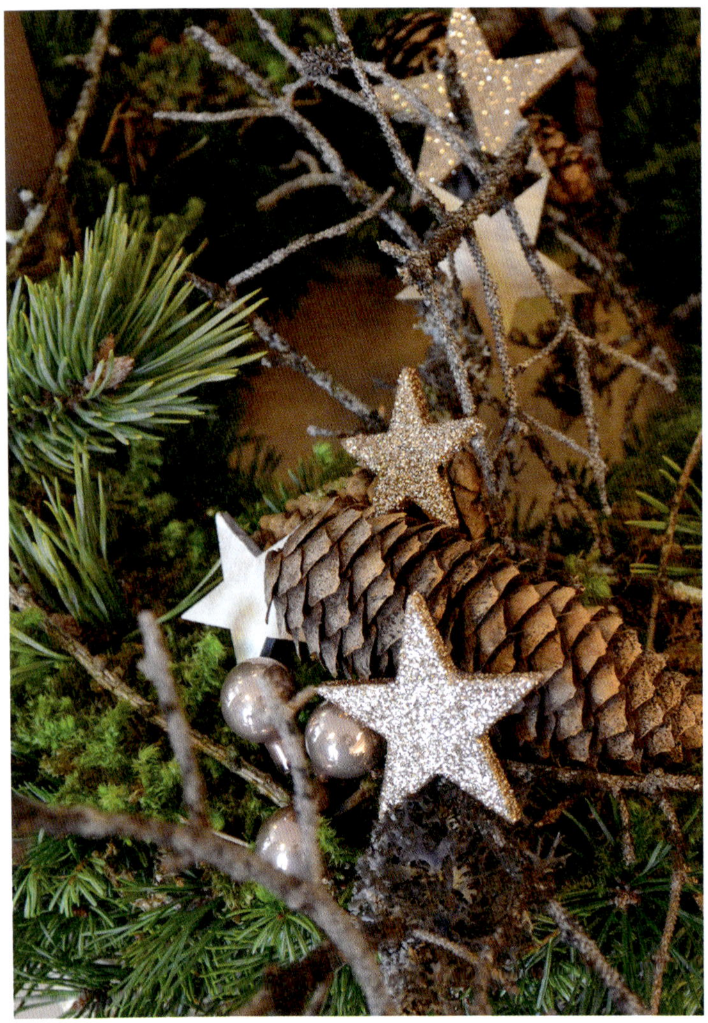

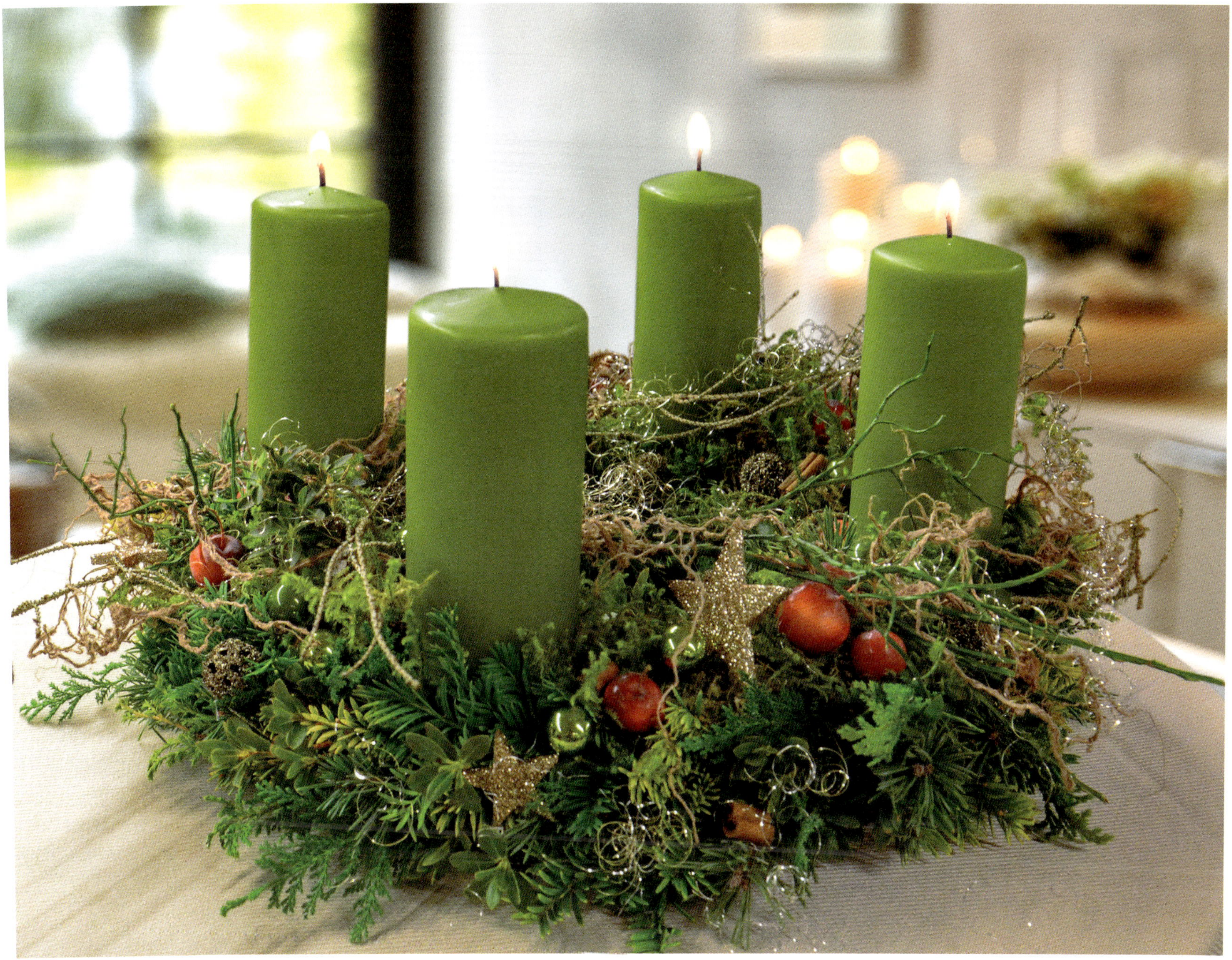

Auch durch die reduzierte Verwendung von schmückenden Materialien wie Zieräpfeln oder Ästen wirken die Kränze toll. Ein besonderer Effekt kann mit Ästen, die diagonal über den Kranz gelegt werden, erzielt werden. Ob goldglitzernde Sterne dazukommen müssen, kann jede und jeder für sich selbst entscheiden.

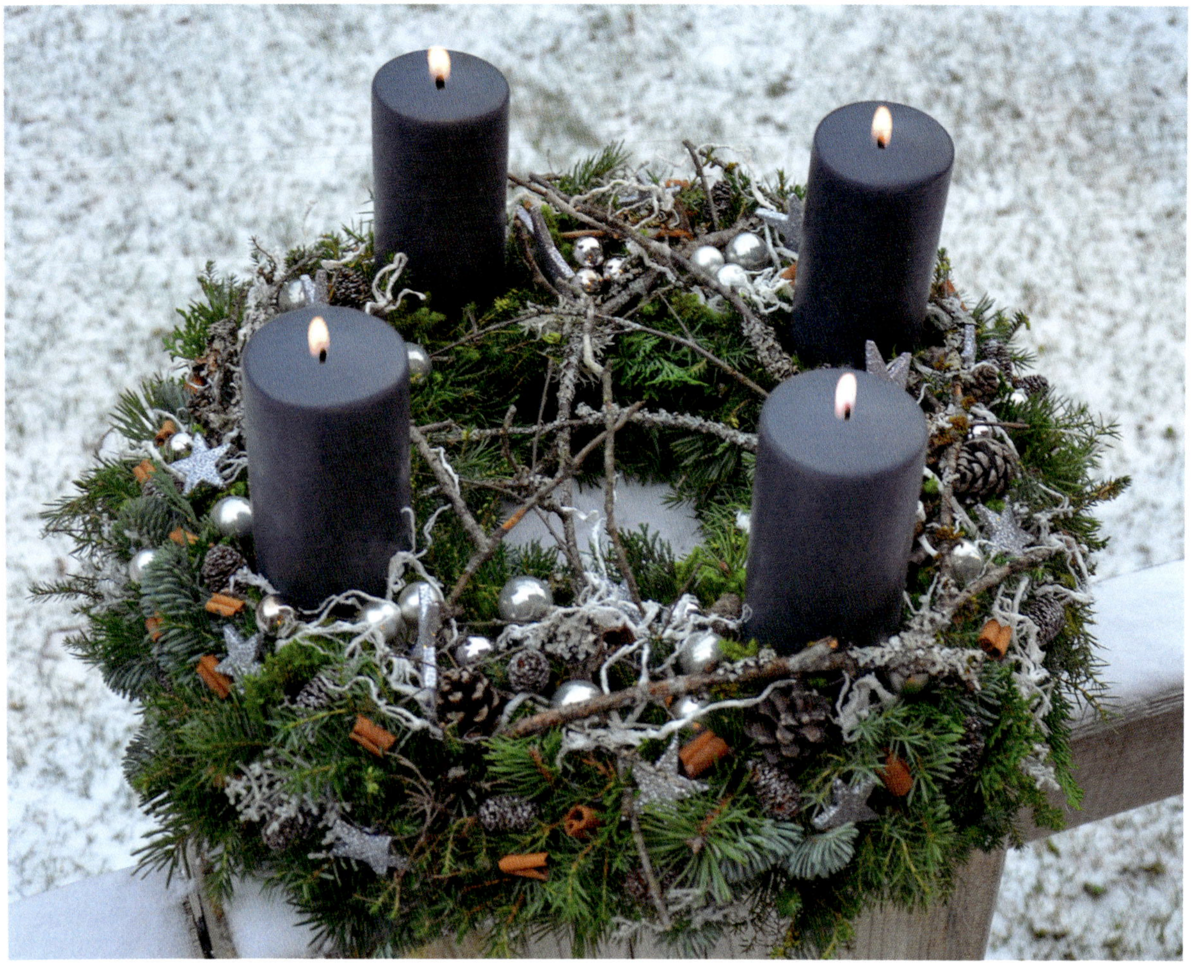

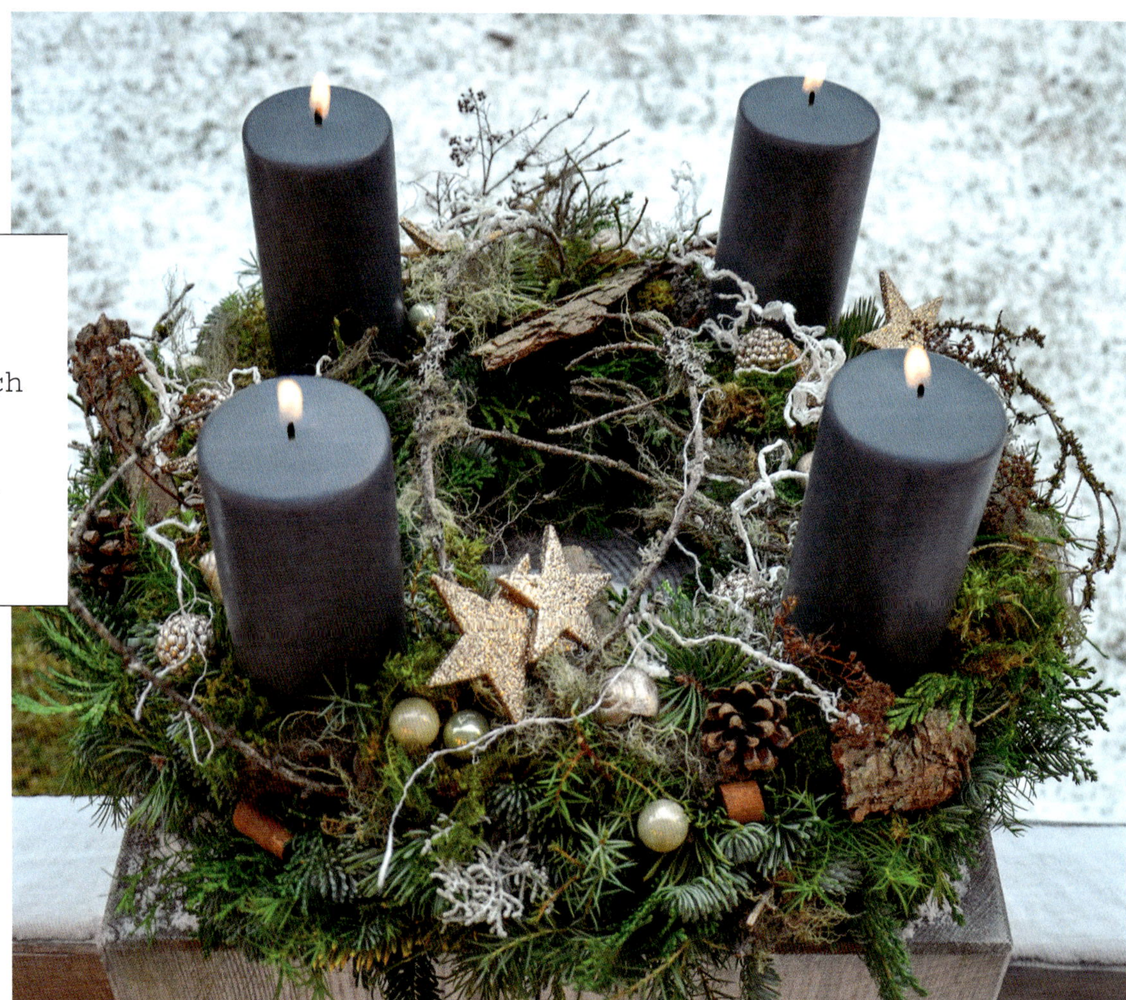

Äste lassen sich wunderbar bei einem Spaziergang durch Wald und Flur sammeln und facettenreich einsetzen. Durch verschiedene Accessoires wie Eicheln, Kugeln, vergoldete Zapfen, Mini-Zimtstangen oder Baumrinde entstehen die unterschiedlichsten Unikate.

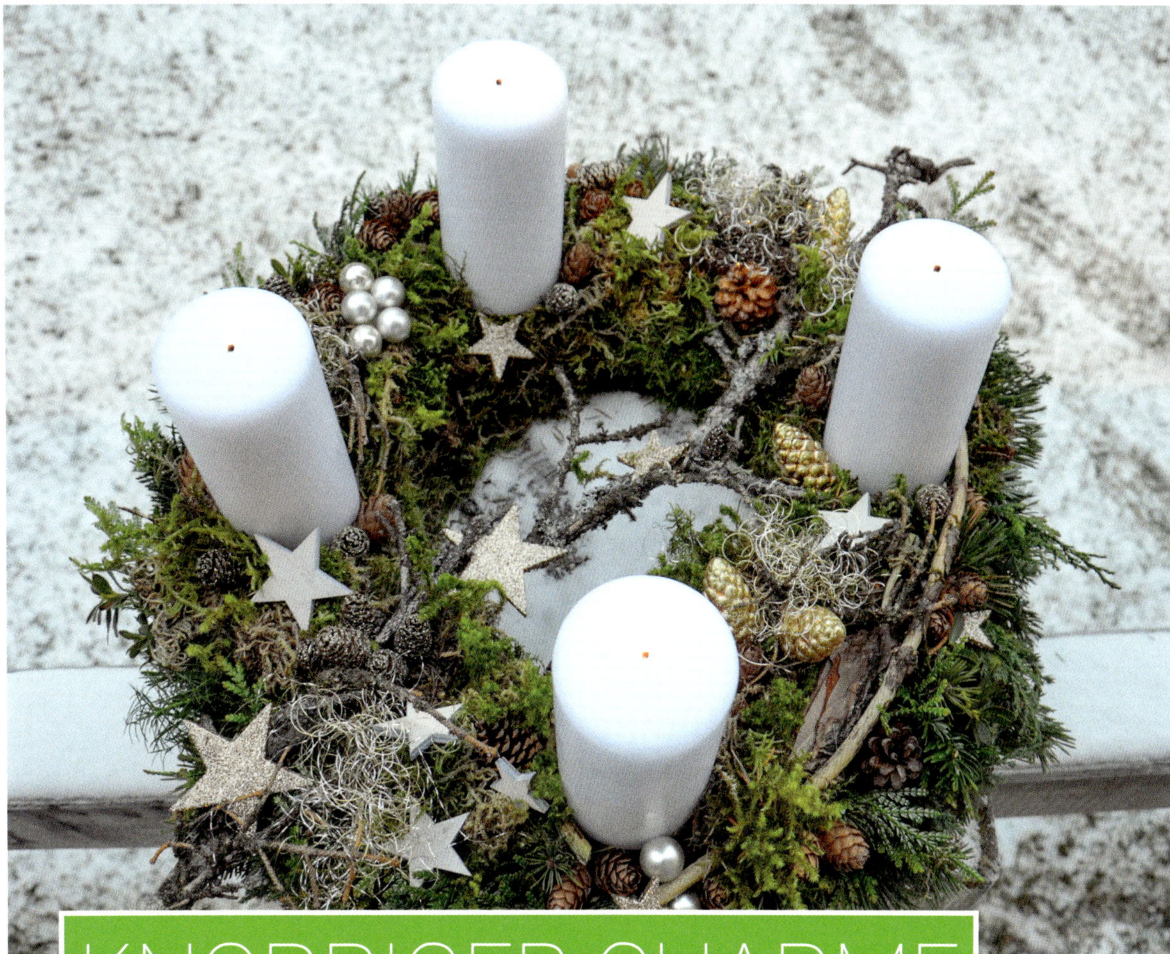

KNORRIGER CHARME MIT ZWEIGEN

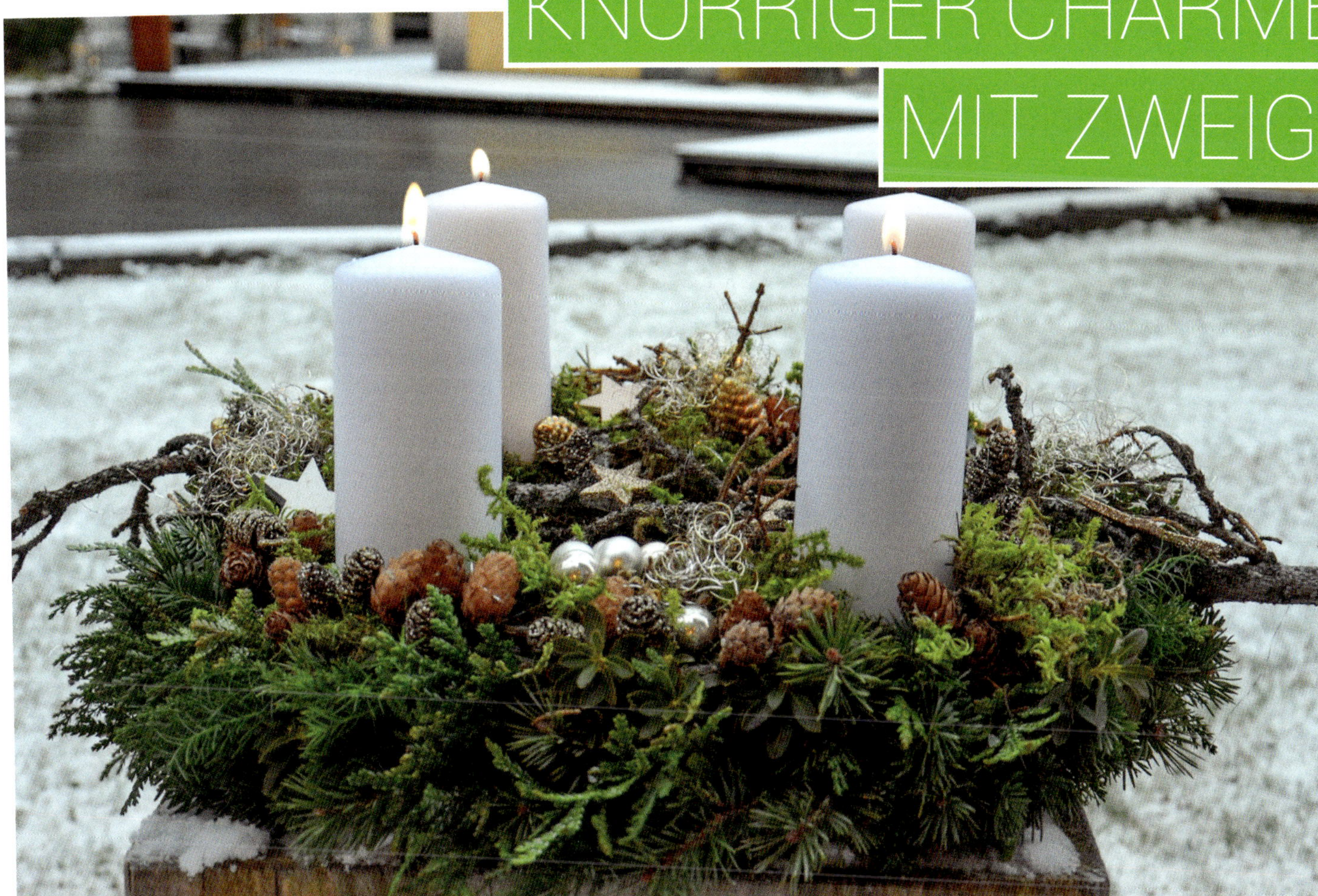

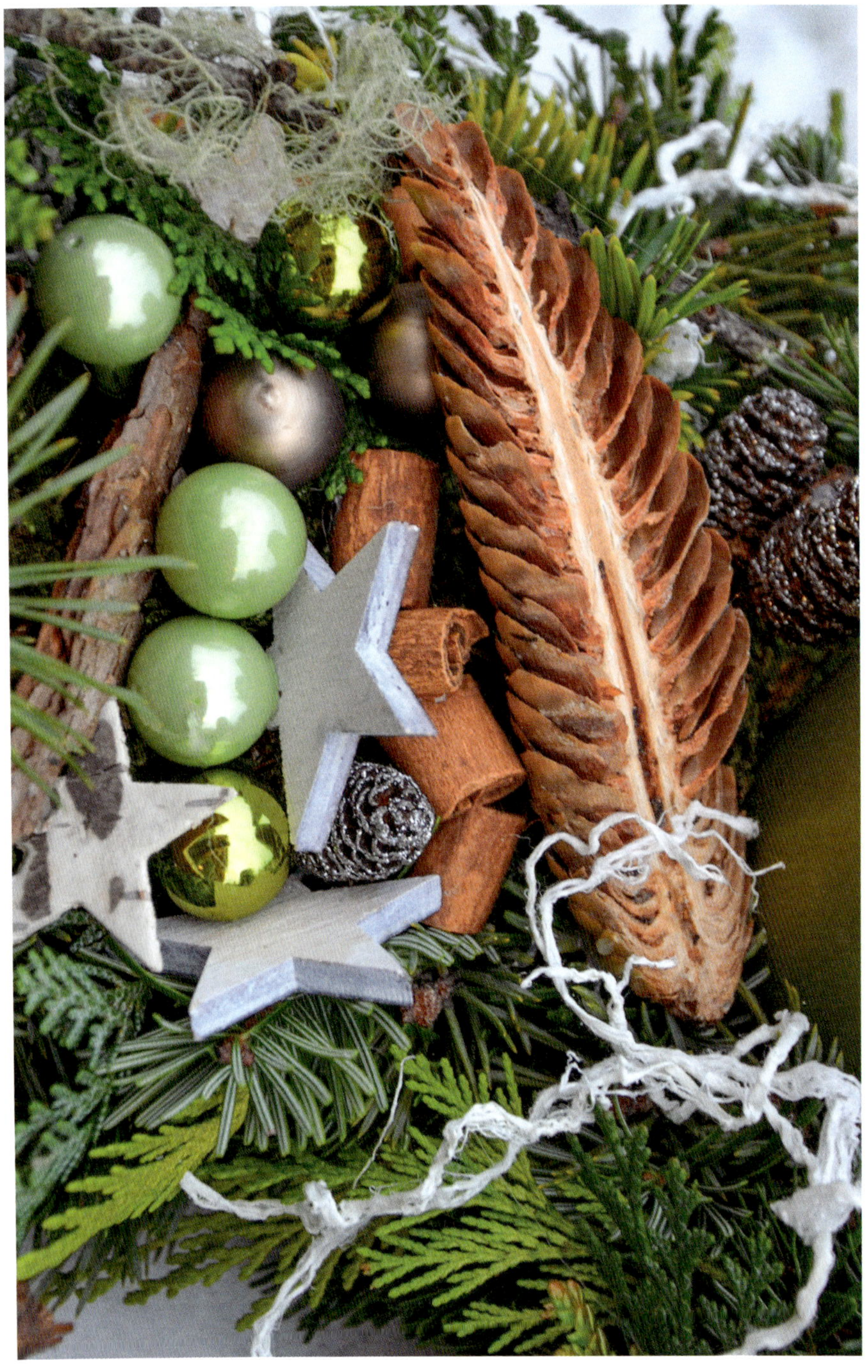

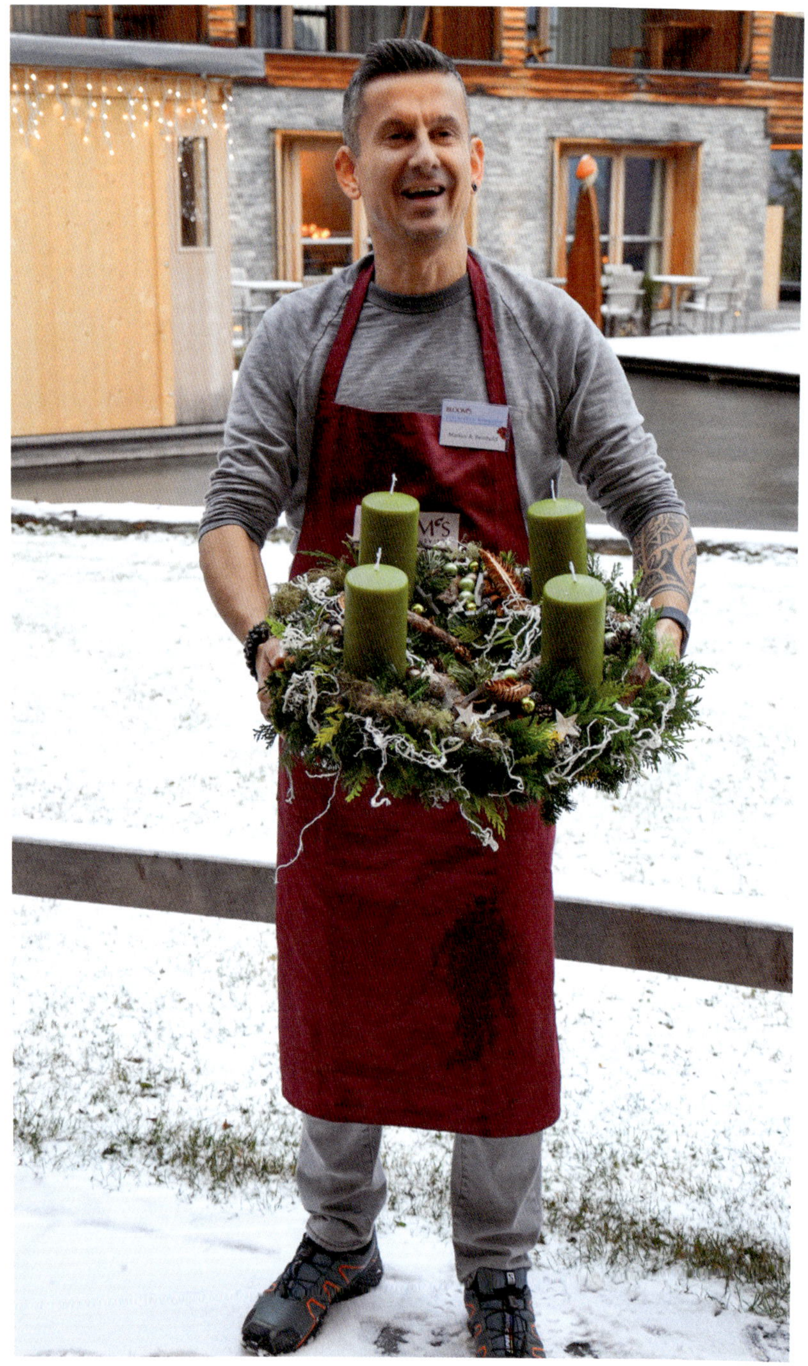

GRÜNE VIELSEITIGKEIT

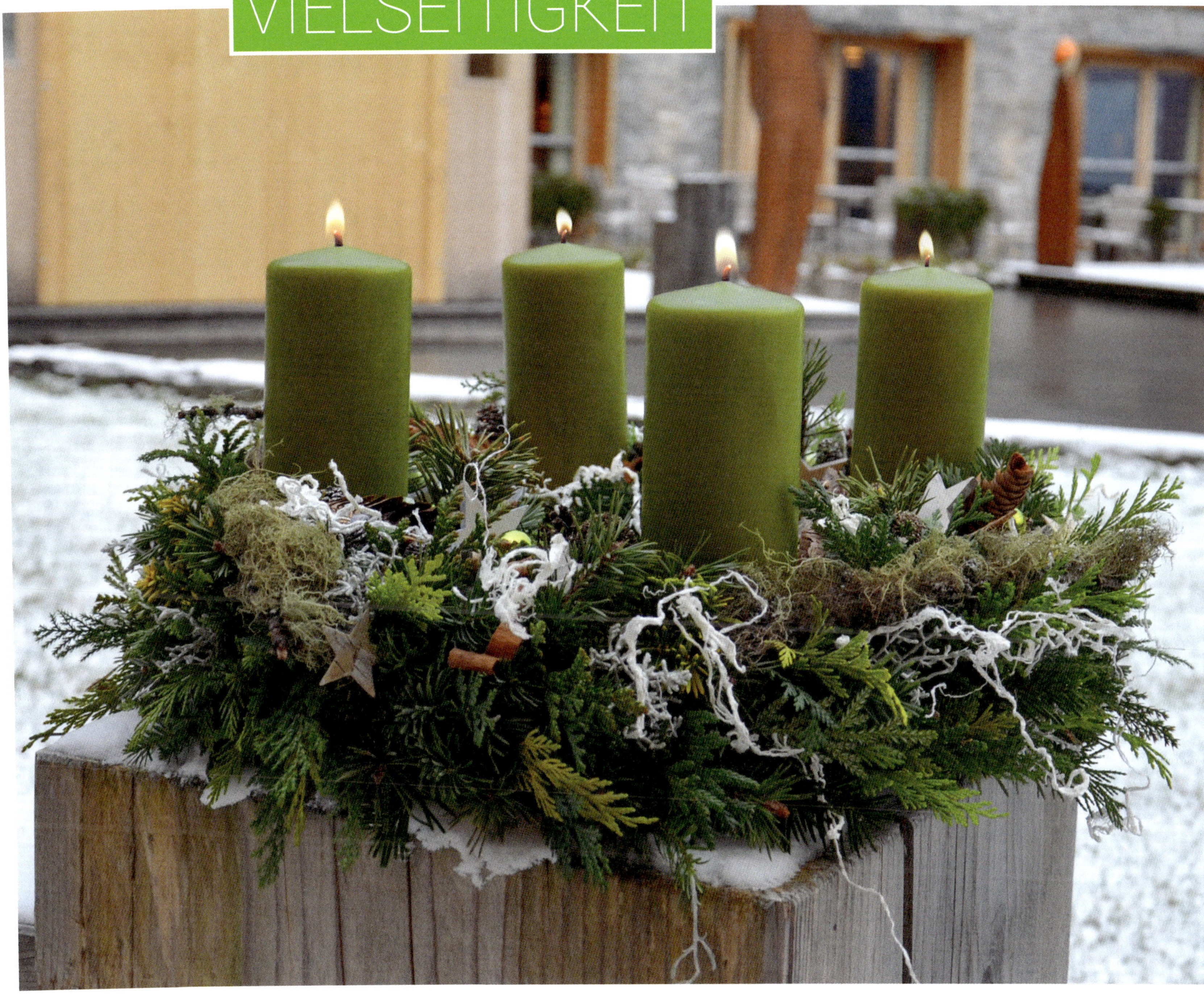

Bei Varianten, die Ton-in-Ton gearbeitet sind, kann man durch Accessoires wie weiße Flechten, Silberblatt, Engelshaar oder der Länge nach aufgeschnittene Zapfen Schmuckakzente setzen.

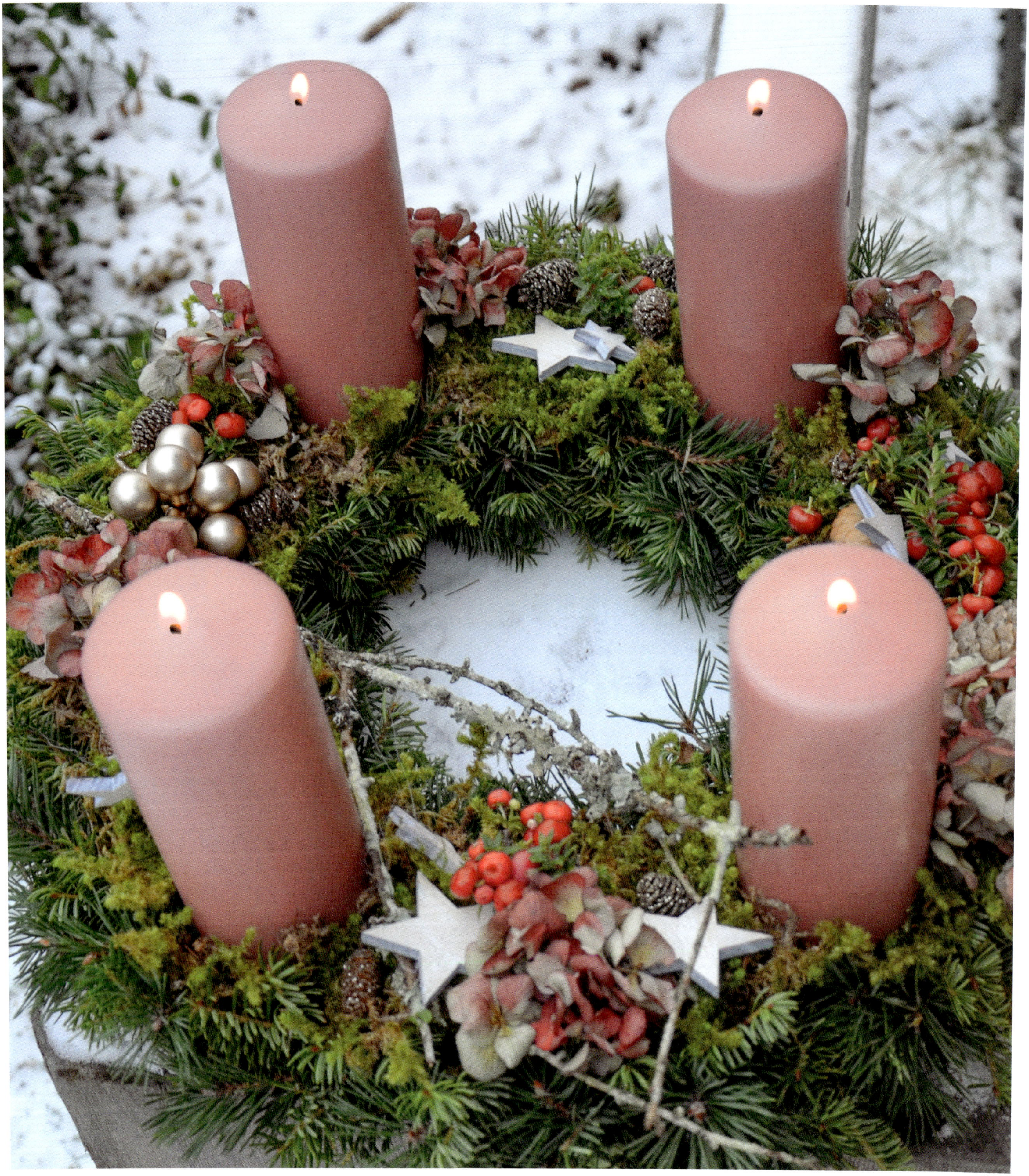

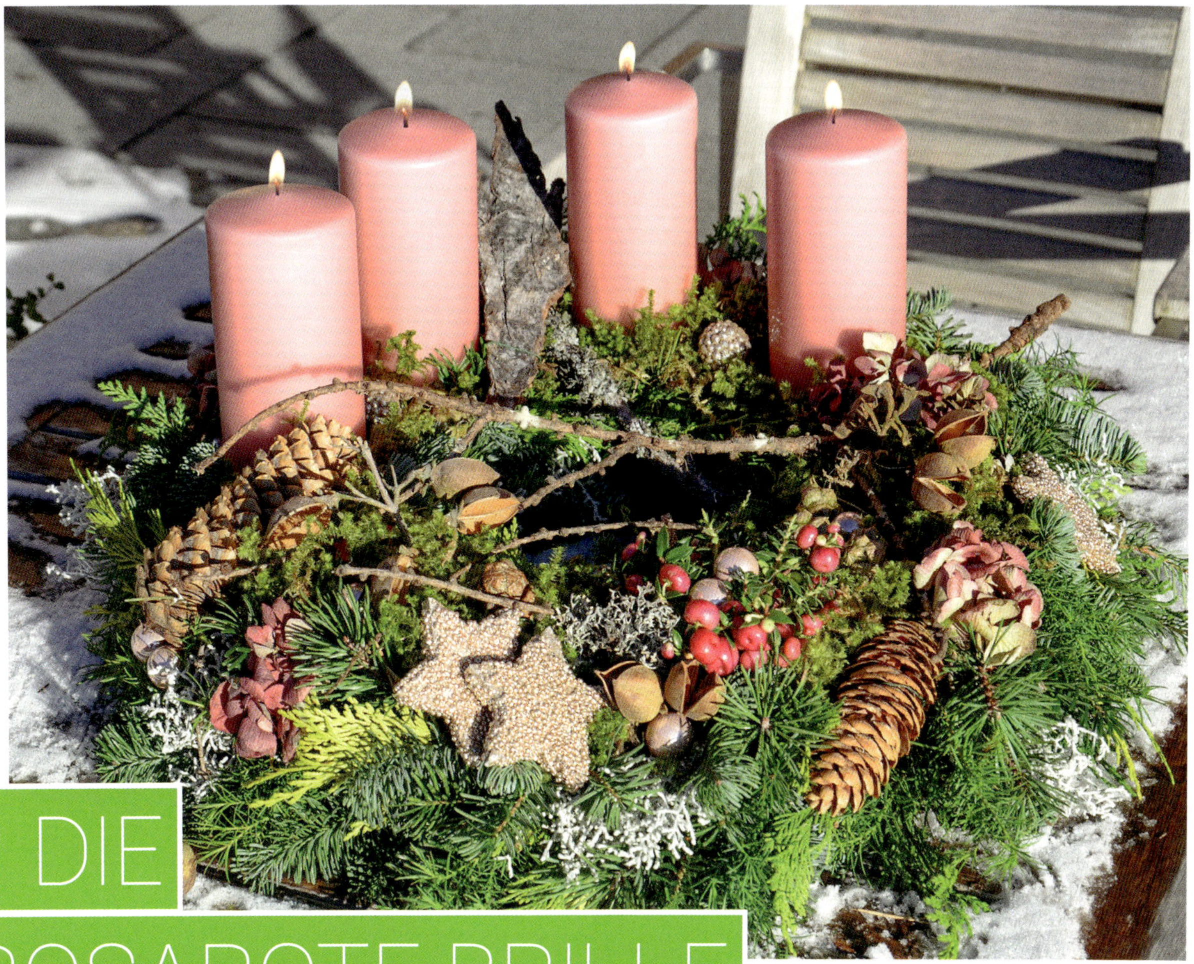

DURCH DIE ROSAROTE BRILLE

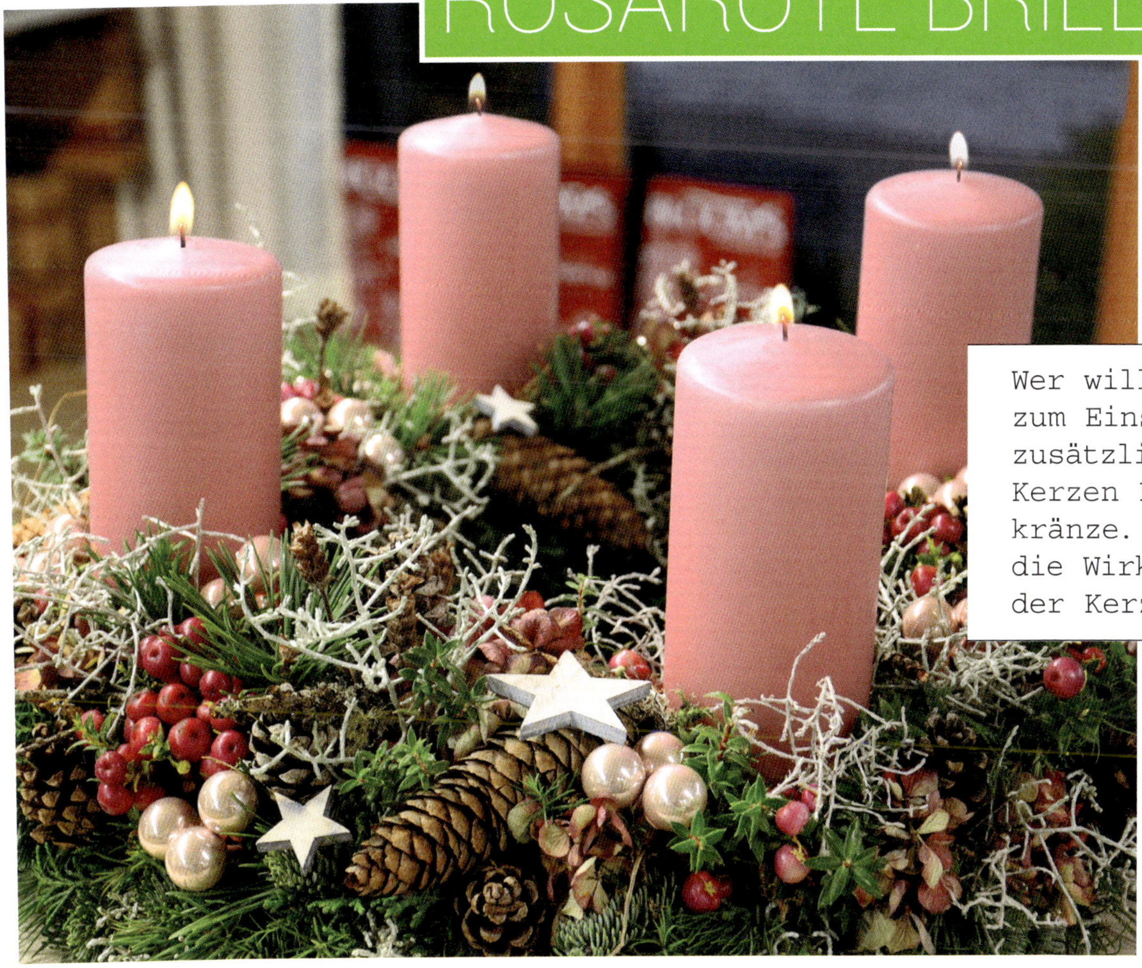

Wer will, bringt pinke Beeren zum Einsatz und bringt somit zusätzlich zu den rosafarbenen Kerzen Farbe in die Adventskränze. Dabei verändert sich die Wirkung durch die Anordnung der Kerzen.

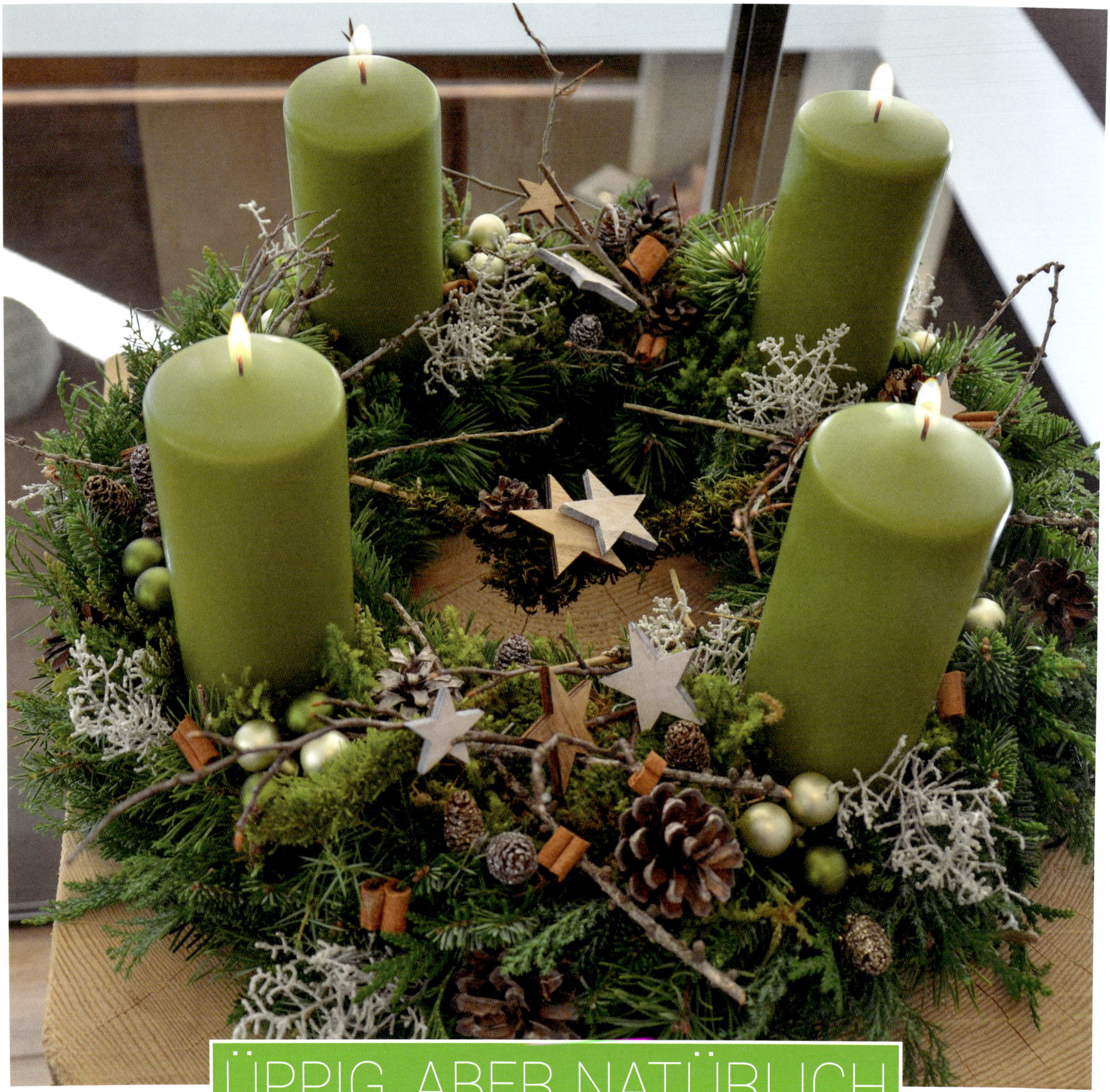

ÜPPIG, ABER NATÜRLICH

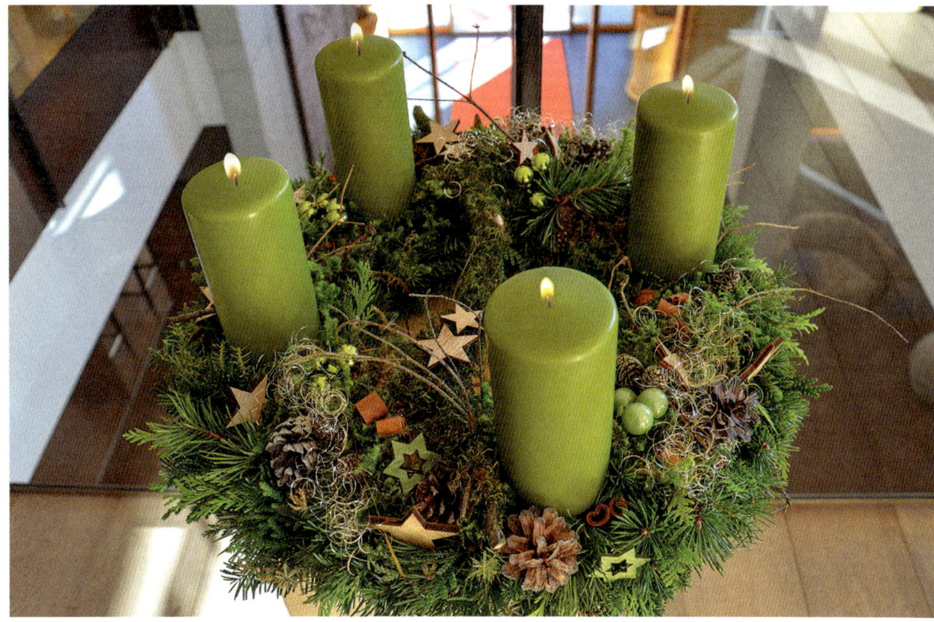

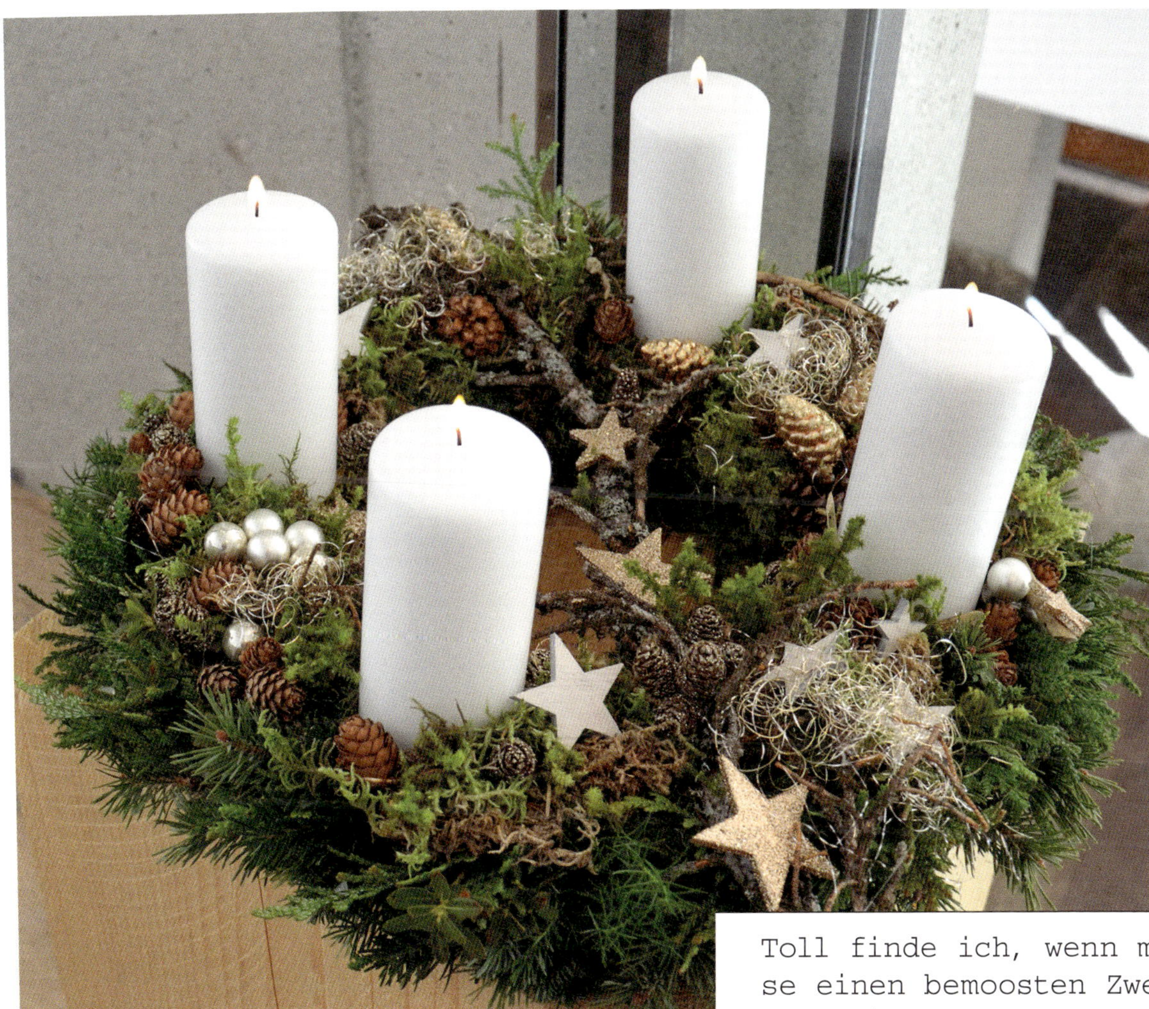

Toll finde ich, wenn man beispielsweise einen bemoosten Zweig gefunden hat. Dieser kann dann auch mal mittig durch den Kranz verlaufen. Überhaupt bekommen die Kränze erst durch Eure individuellen Fundstücke aus der Natur ihren besonderen und oft rustikal-natürlichen Look.

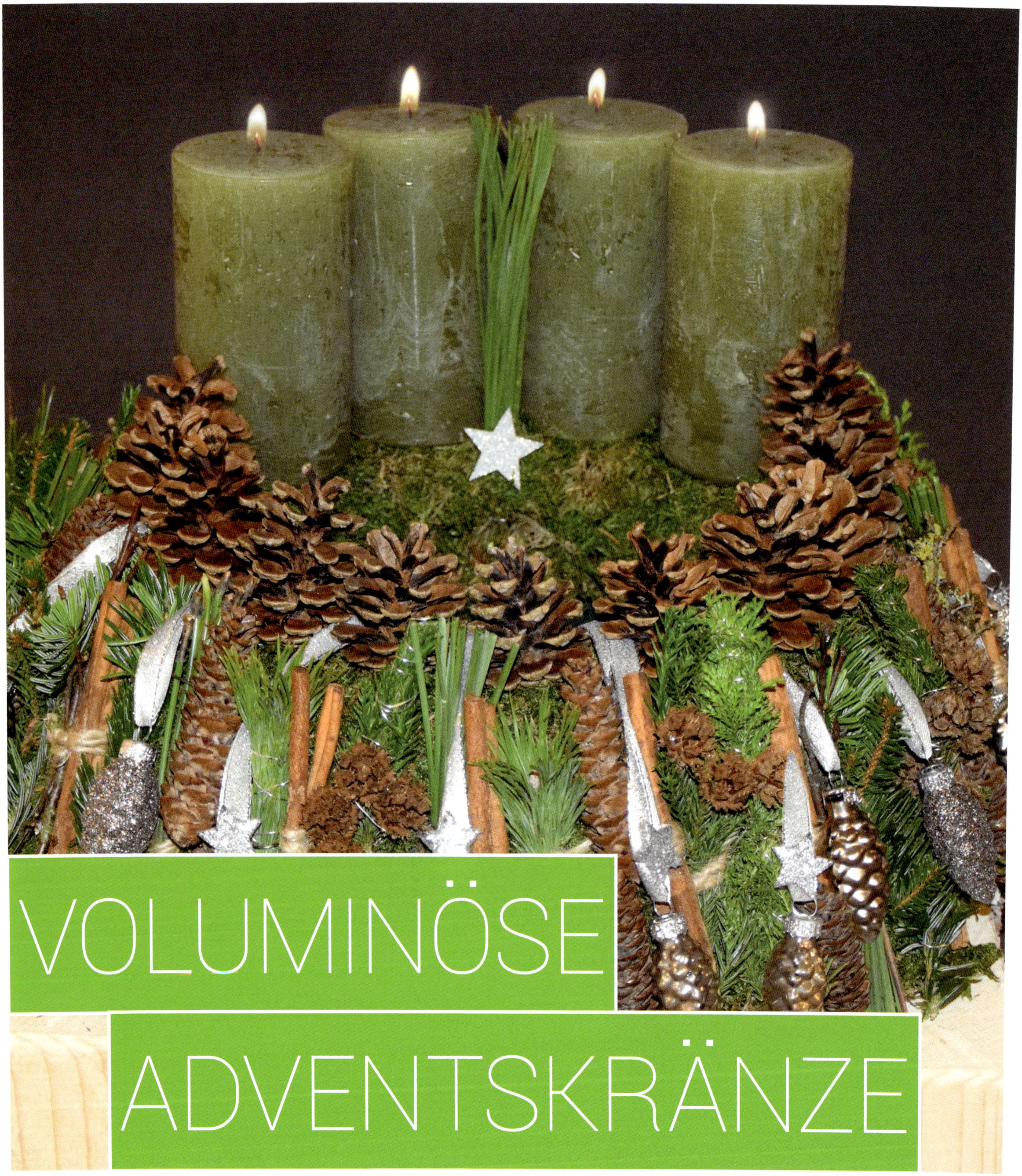

VOLUMINÖSE ADVENTSKRÄNZE

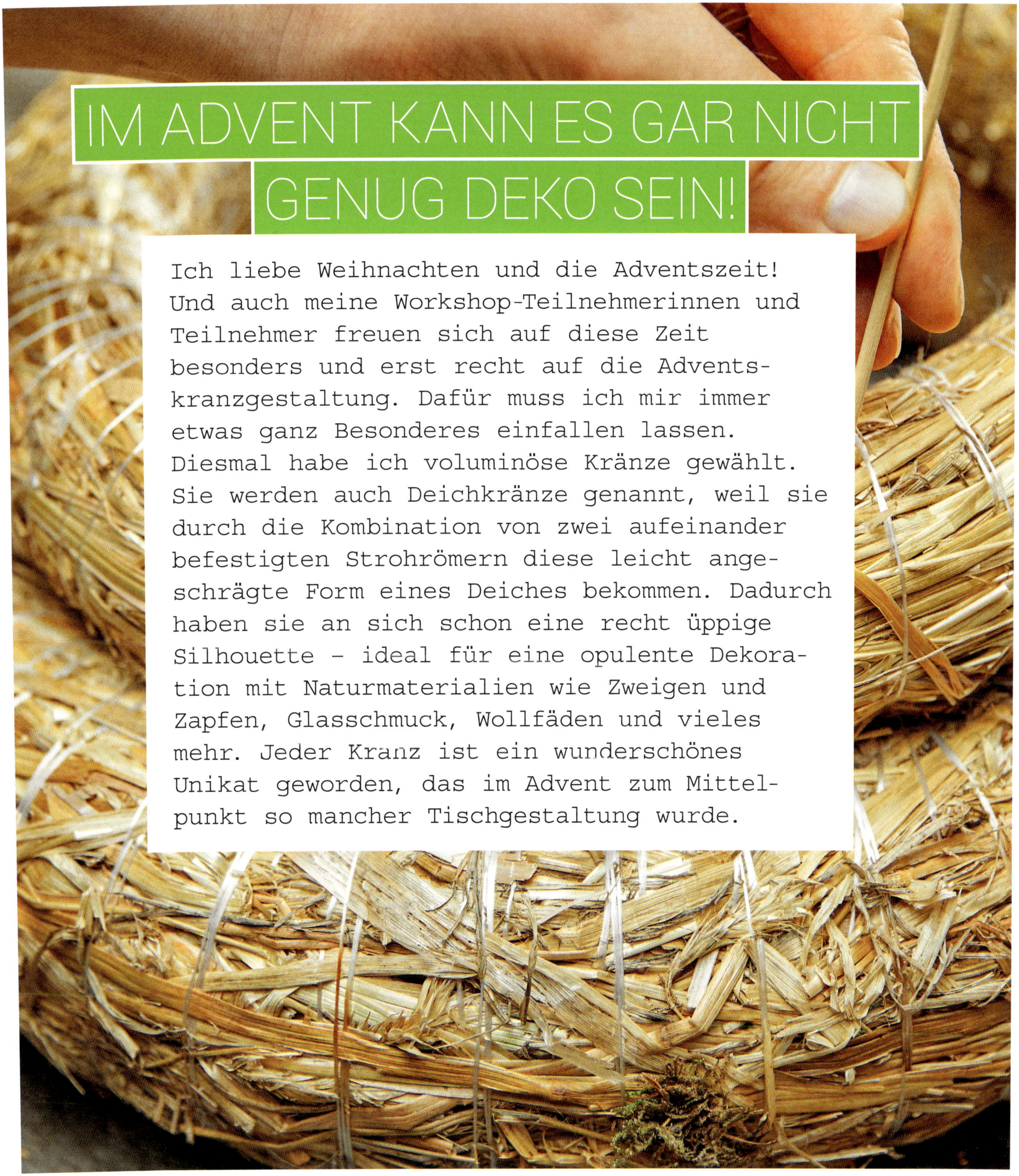

IM ADVENT KANN ES GAR NICHT GENUG DEKO SEIN!

Ich liebe Weihnachten und die Adventszeit! Und auch meine Workshop-Teilnehmerinnen und Teilnehmer freuen sich auf diese Zeit besonders und erst recht auf die Adventskranzgestaltung. Dafür muss ich mir immer etwas ganz Besonderes einfallen lassen. Diesmal habe ich voluminöse Kränze gewählt. Sie werden auch Deichkränze genannt, weil sie durch die Kombination von zwei aufeinander befestigten Strohrömern diese leicht angeschrägte Form eines Deiches bekommen. Dadurch haben sie an sich schon eine recht üppige Silhouette – ideal für eine opulente Dekoration mit Naturmaterialien wie Zweigen und Zapfen, Glasschmuck, Wollfäden und vieles mehr. Jeder Kranz ist ein wunderschönes Unikat geworden, das im Advent zum Mittelpunkt so mancher Tischgestaltung wurde.

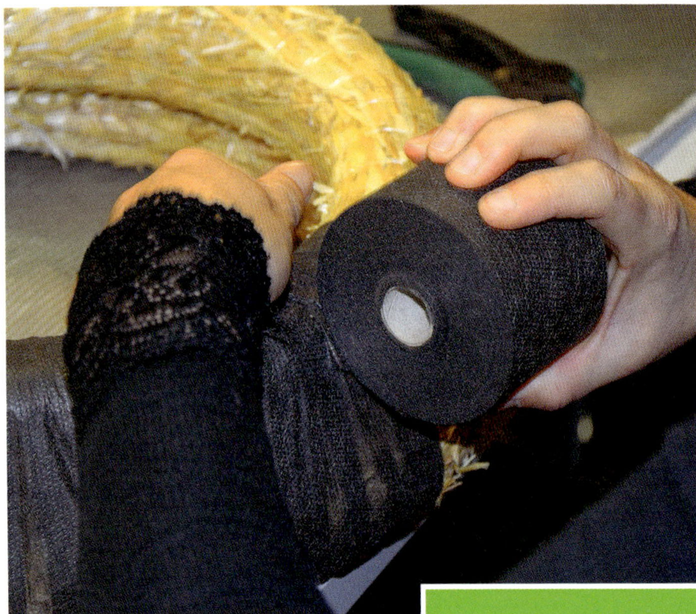

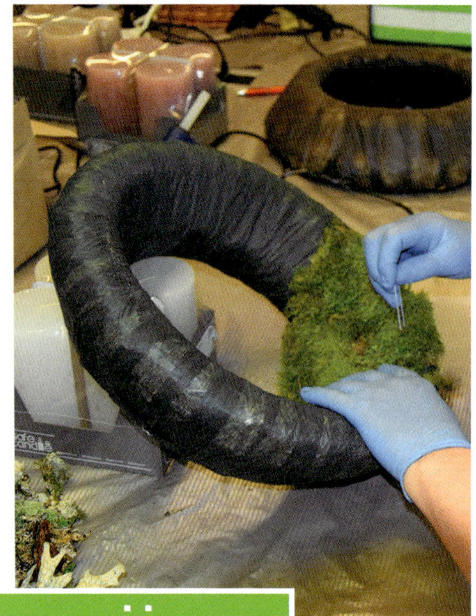

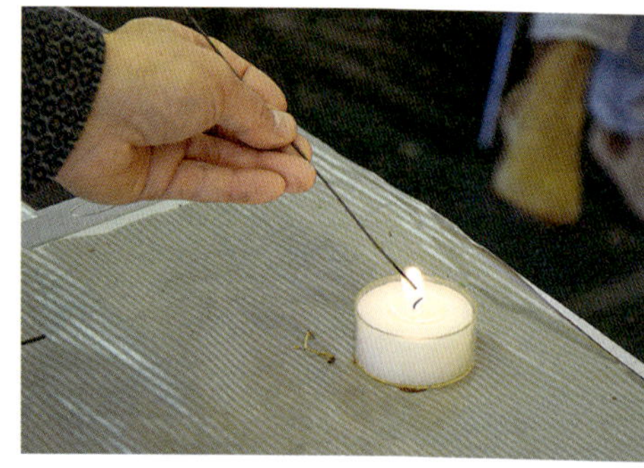

VOLUMINÖSE ADVENTSKRÄNZE: DIE GRUNDTECHNIK

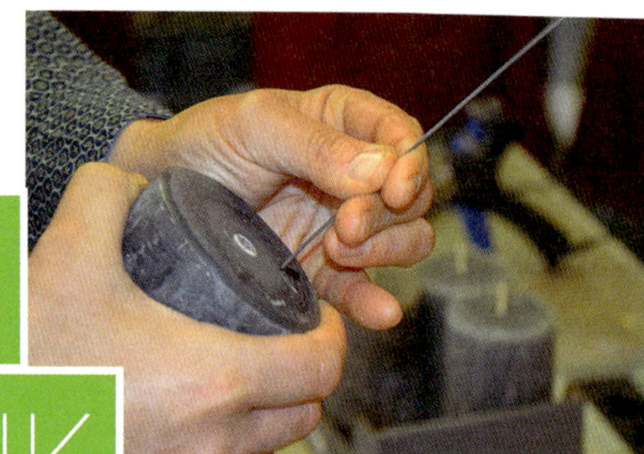

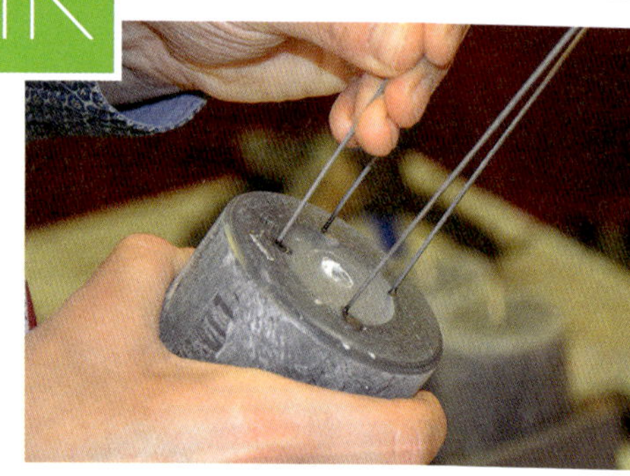

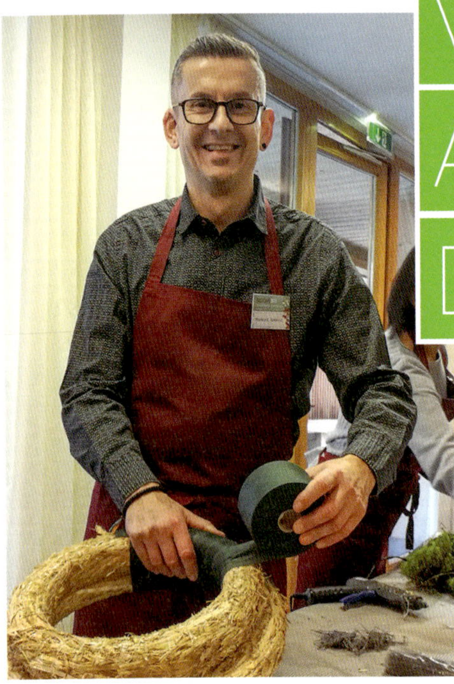

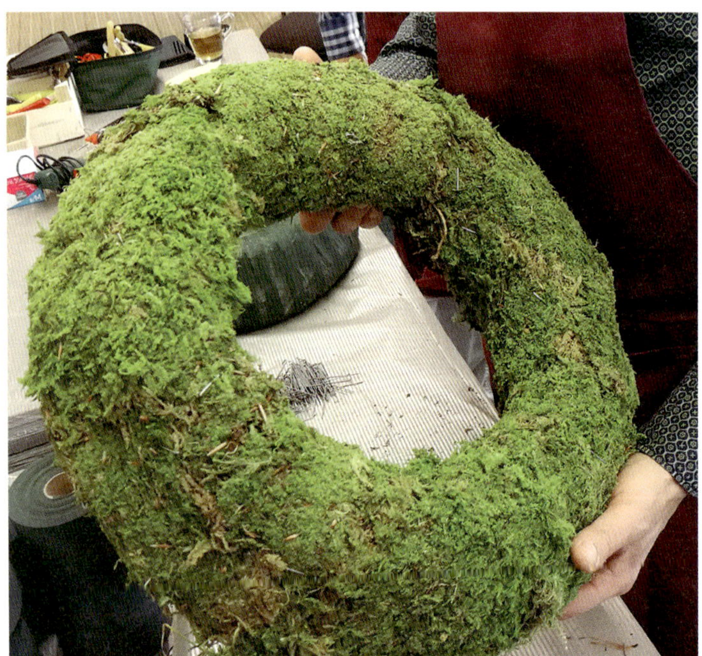

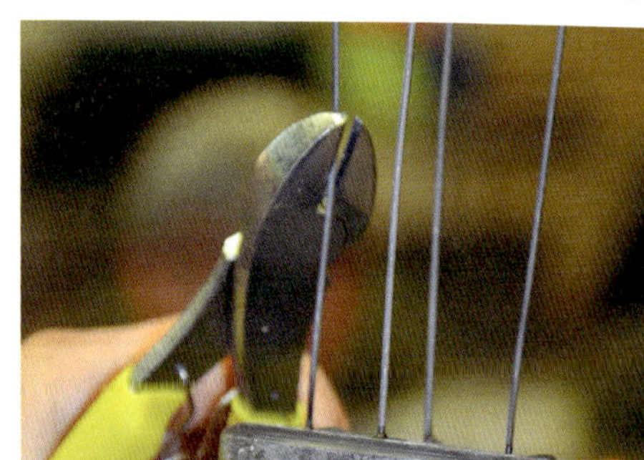

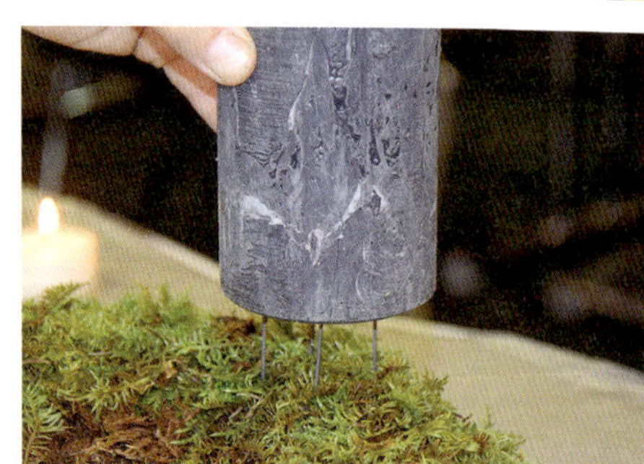

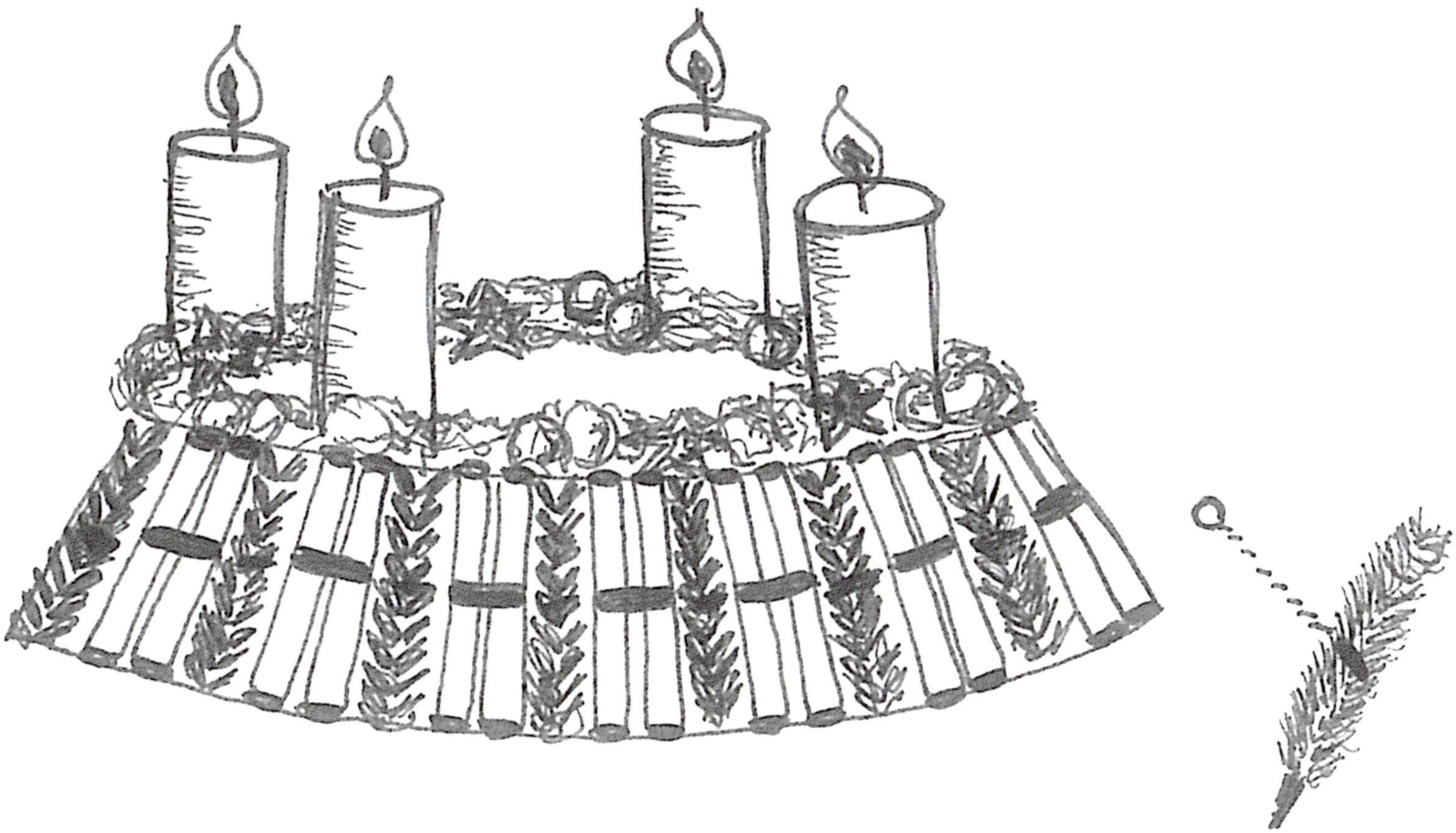

DAS BRAUCHT IHR

- Strohrömer, in zwei unterschiedlichen Größen
- Wickelband, grün
- Steckdraht
- Kerzen
- Patenthaften
- Zier- und Schmuckdraht
- Moos
- Wintergrün wie Kiefern-, Koniferen- und Eukalyptuszweige
- Zapfen
- Stacheldrahtpflanze
- Zweigstücke, unbelaubt
- Accessoires wie Zimtstangen, Glasschmuck, Streusterne, Sukkulenten usw.

SO IST DIE GRUNDTECHNIK

Zunächst den kleinen Strohrömer auf den großen setzen. Den Anfang des Wickelbandes am Kranz mit Haften fixieren und beide Strohrömer damit rundum umschlingen. Das Kranzbandende ebenfalls mit Haften fixieren. Nun die gesamte Oberfläche mit Moos behaften. Dann die vier Kerzen andrahten. Dafür vier Steckdrähte nach und nach in der Flamme eines Teelichts erwärmen und in die Kerzenunterseite stecken. Die Drähte mit dem Seitenschneider auf ca. 5 cm einkürzen und die Kerze auf dem Kranz platzieren. Dann kann der Kranz nach Belieben dekoriert werden.

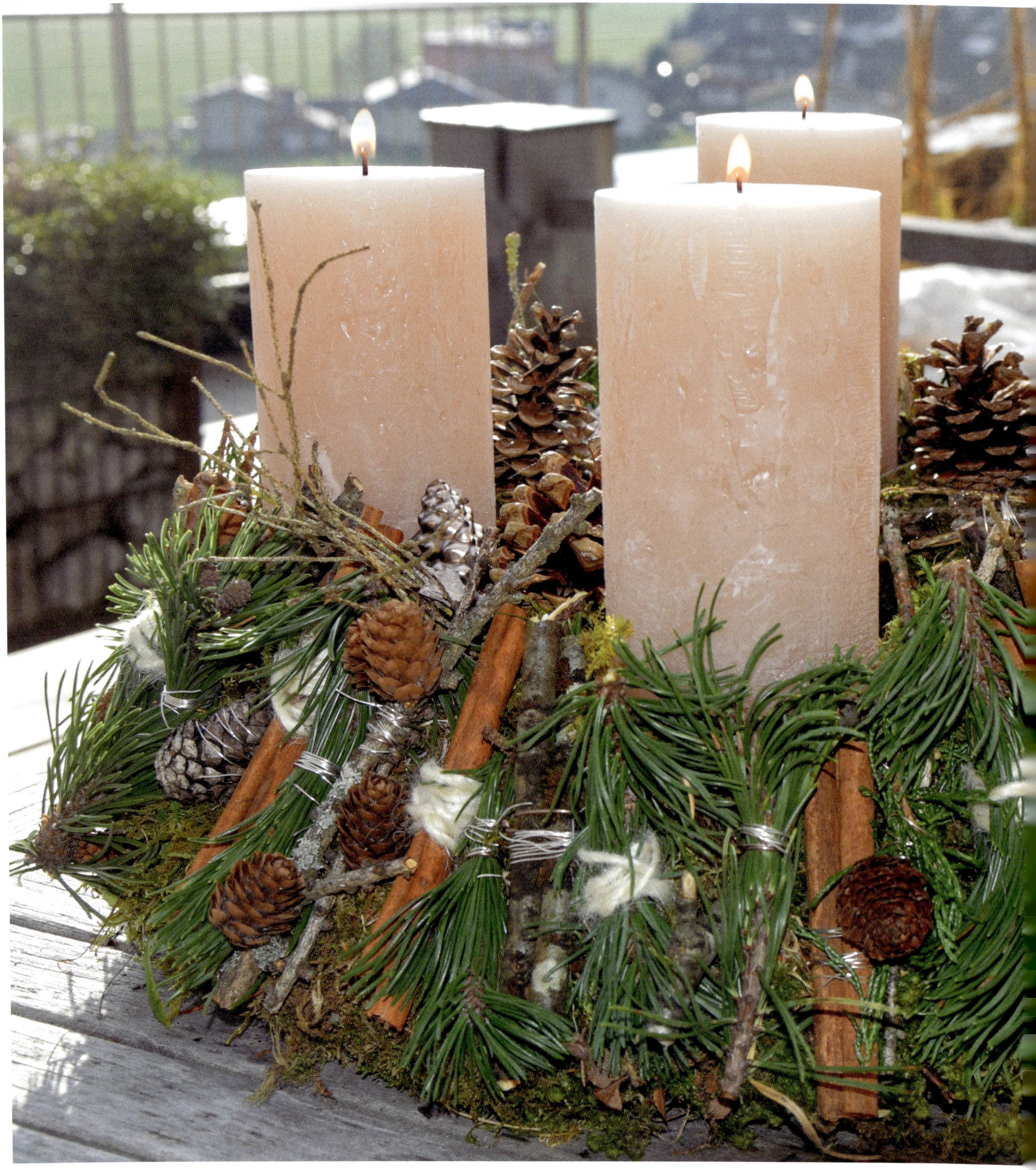

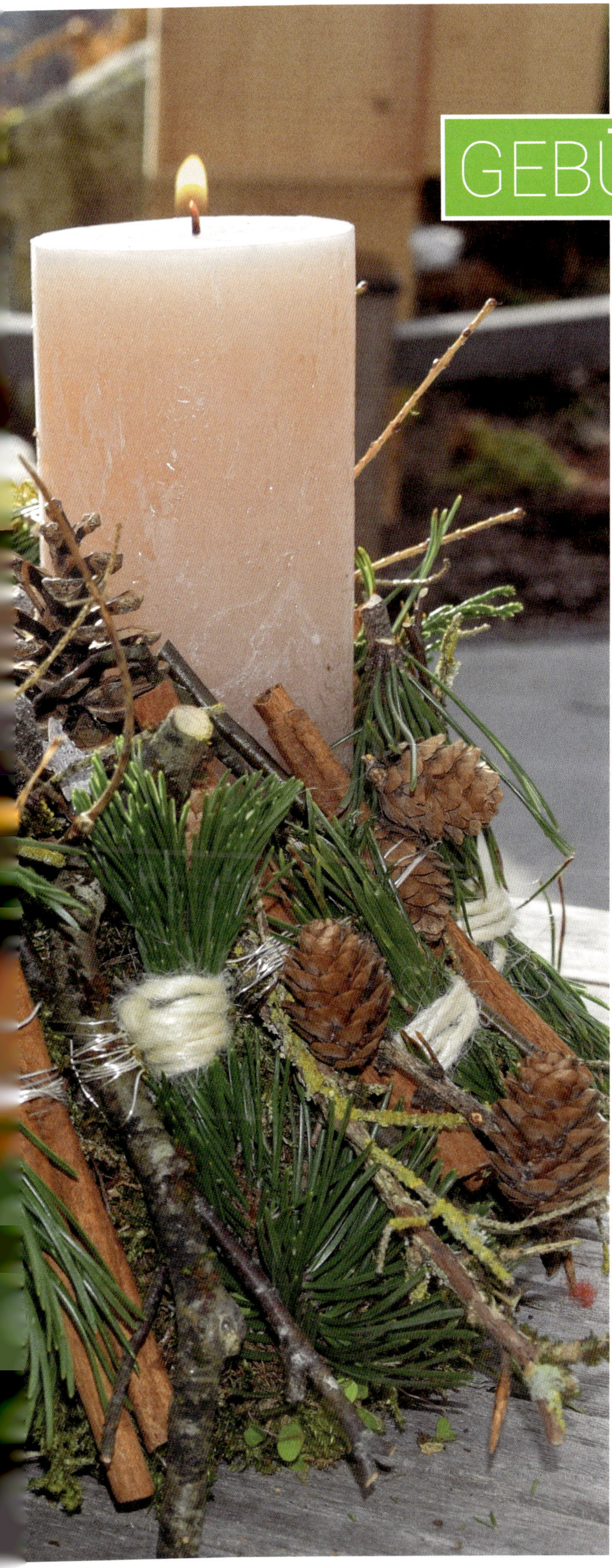

GEBÜNDELTE AKZENTE

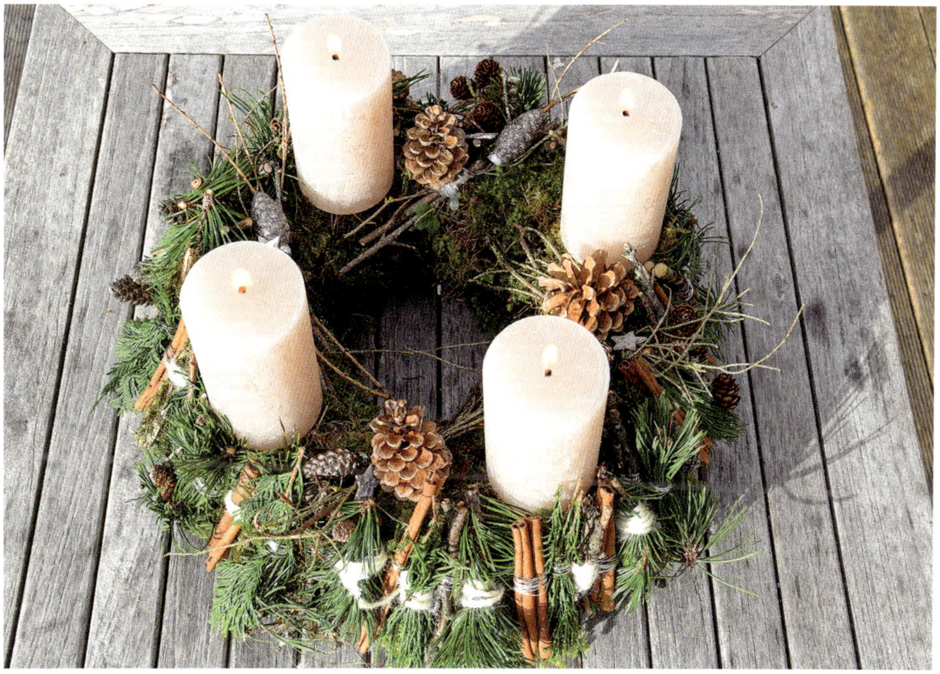

Die schräge Kranzform bietet sich an, sie in den Schmuck mit einzubeziehen. Einzelne Bündel sorgen dafür, dass er noch etwas üppiger ausfällt. Mal werden Zimtstangen, Kiefernzweigspitzen und mit Zapfen besetzte Lärchenzweige jeweils einzeln gebündelt und dann eingesteckt, mal werden nur einzelne Tannentriebe verwendet.

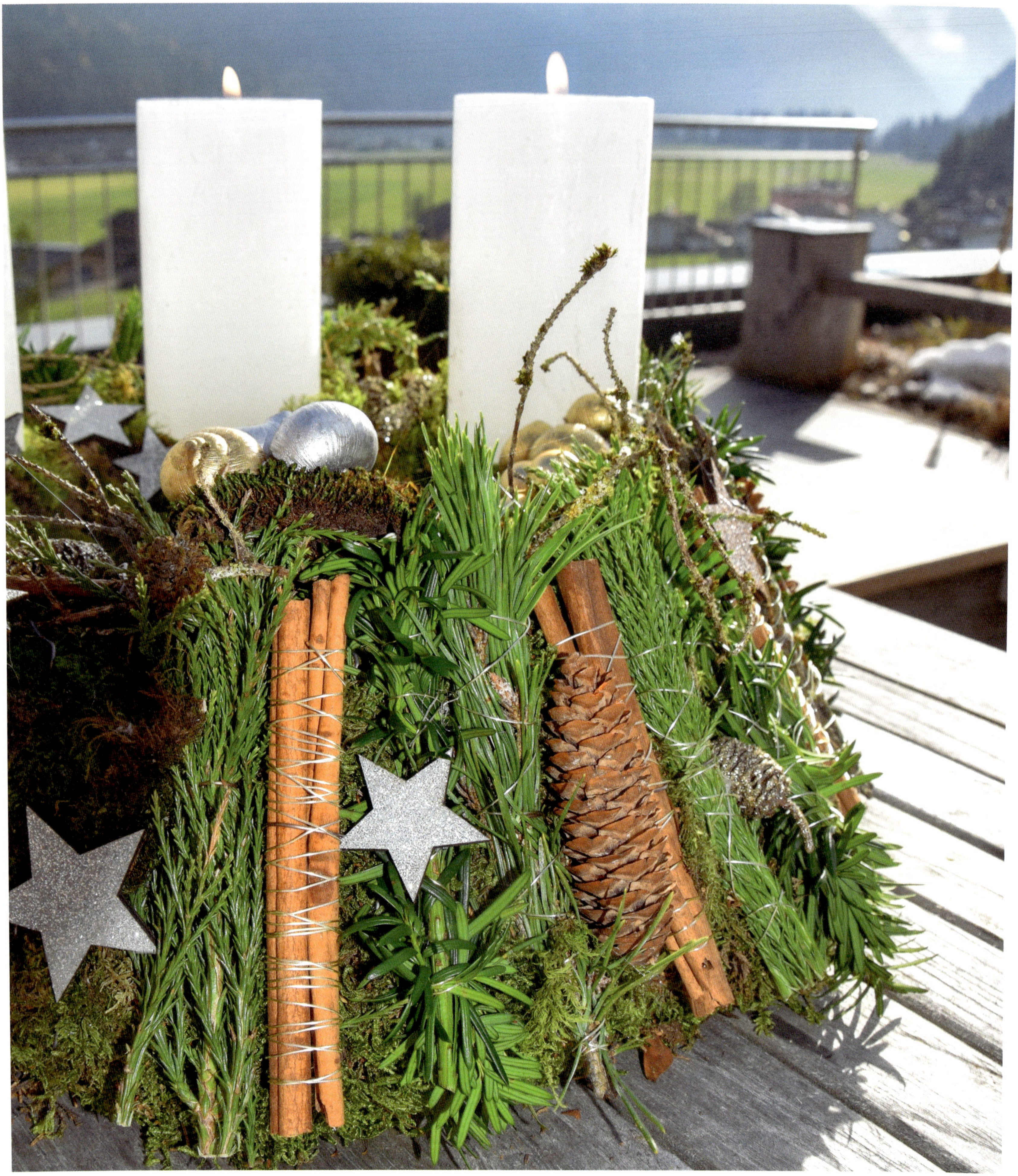

GLÄNZENDE HIGHLIGHTS

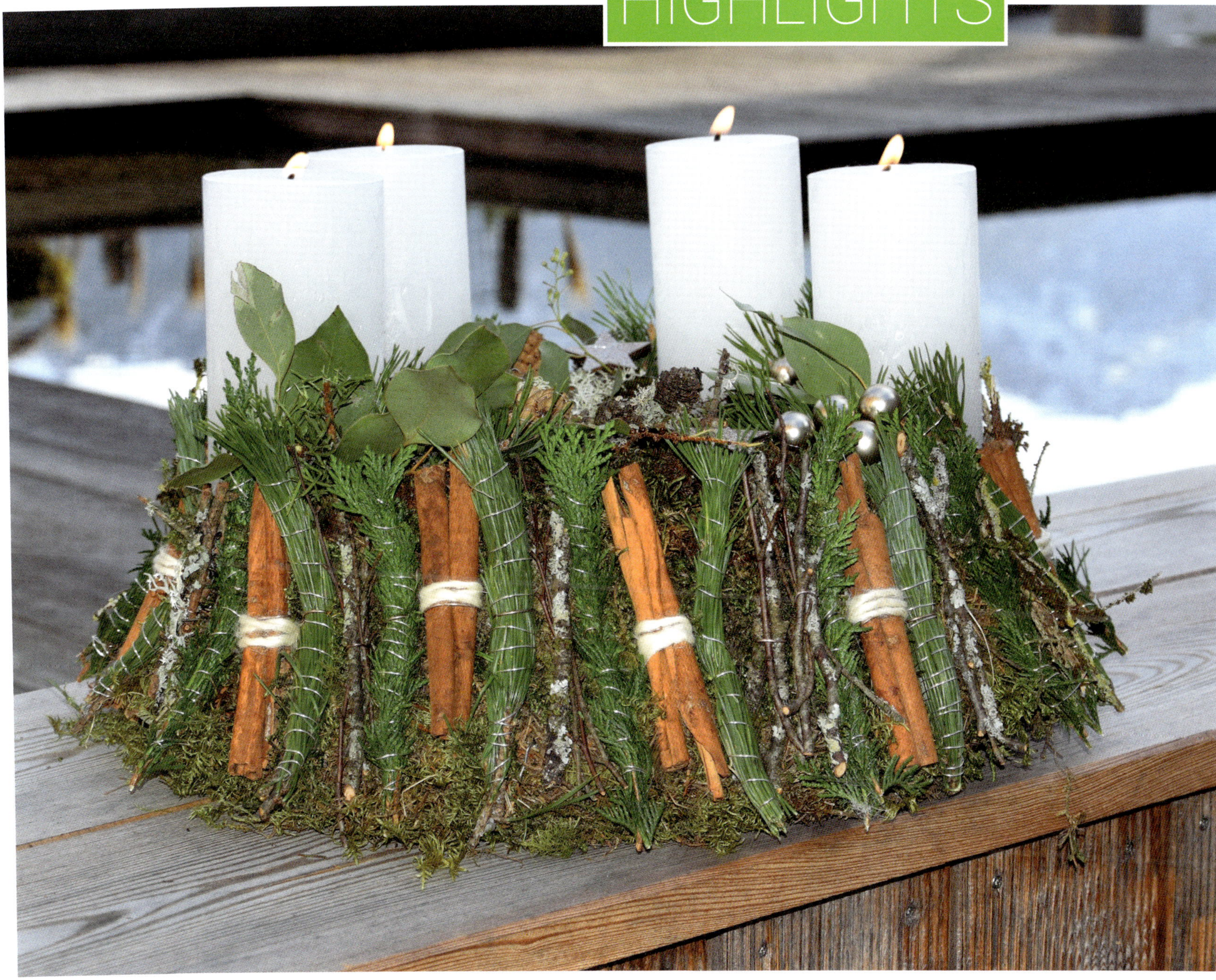

Zwischen den einzelnen Bündeln finden sich silberfarbene, glänzende Sterne, die sowohl den Rand als auch die Oberfläche zwischen den Kerzen zieren können. Wer Schneckenhäuser einbeziehen möchte, sollte diese vorher mit Schlagmetall als glänzenden Akzent vorher versilbern oder vergolden.

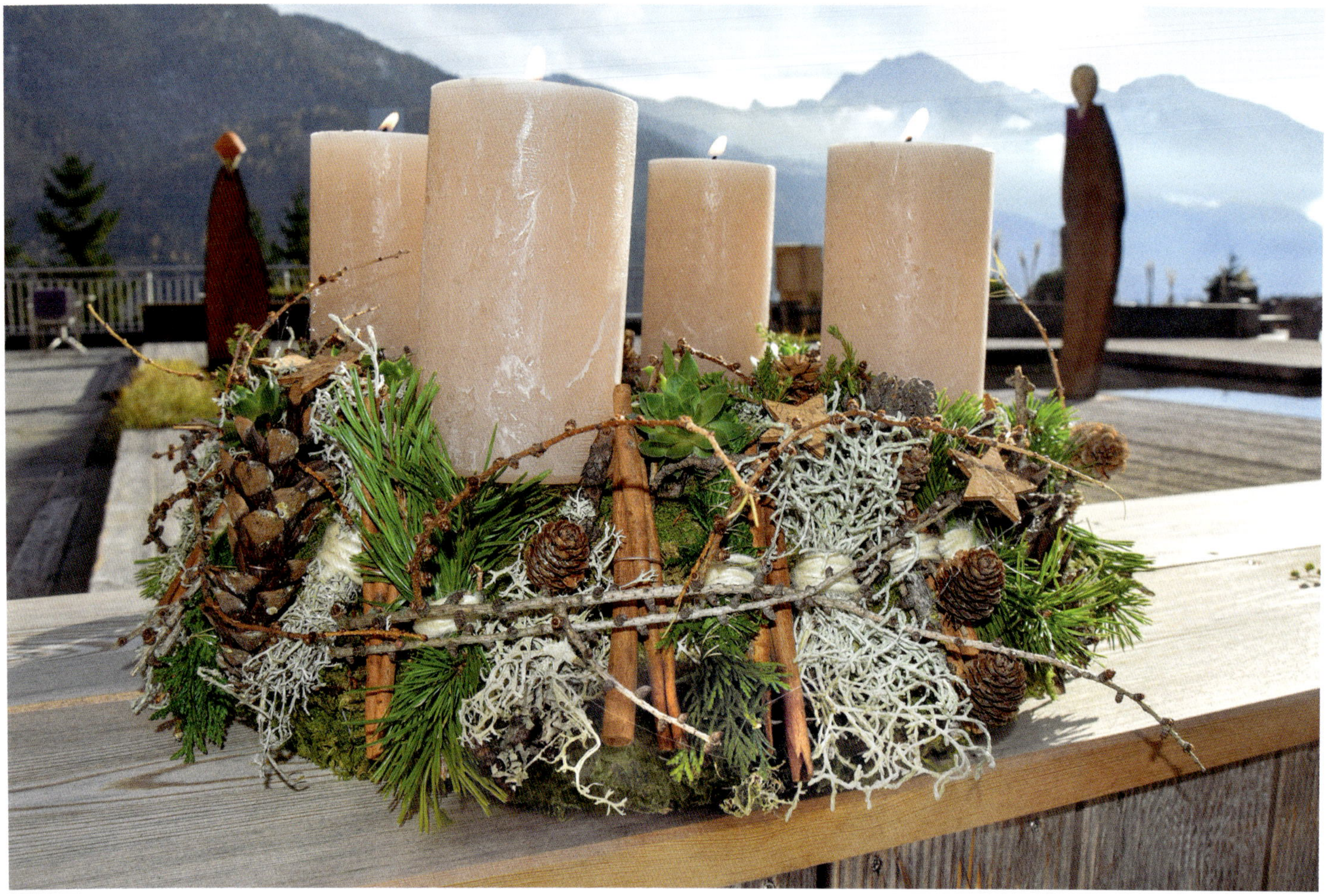

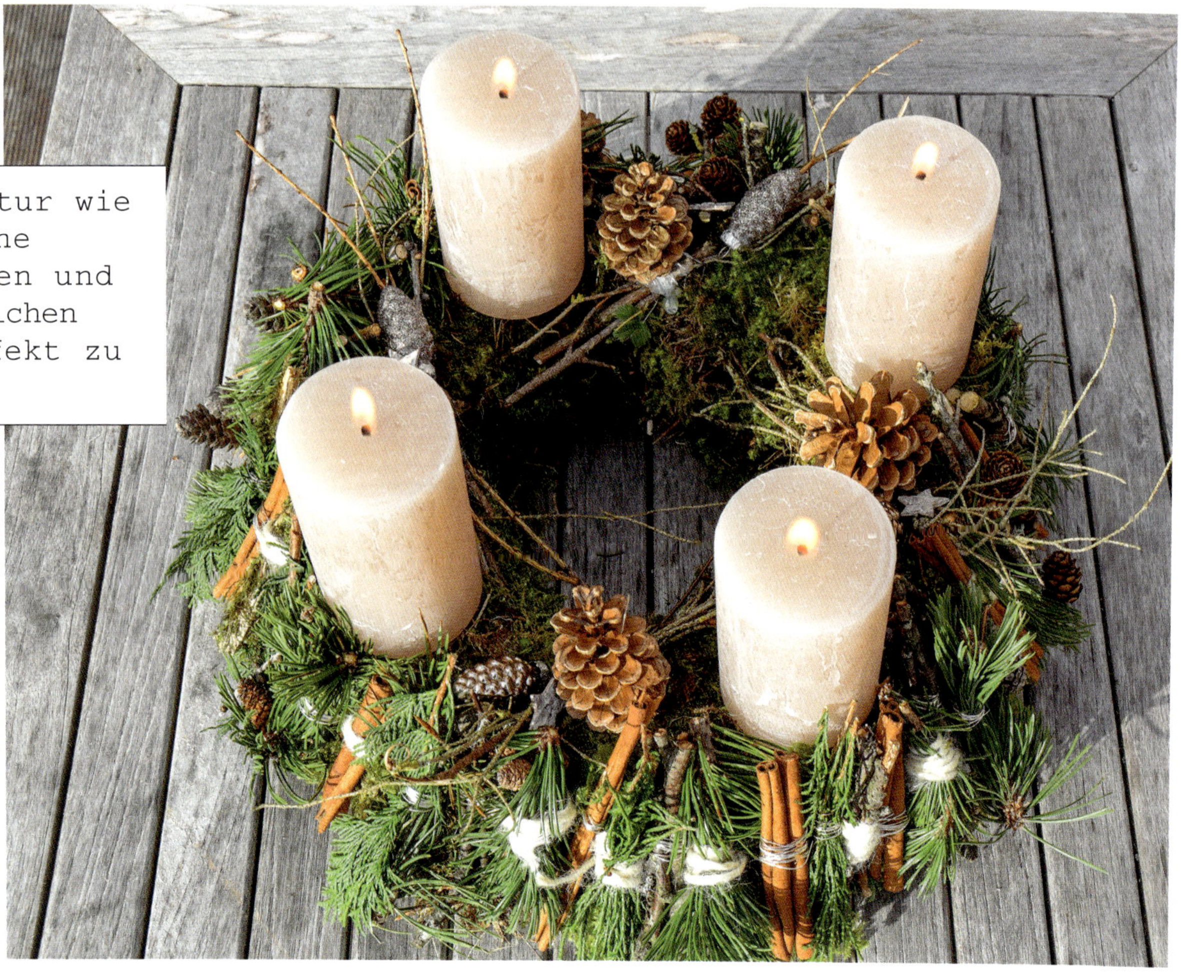

Fundstücke aus der Natur wie mit Flechten bewachsene Zweige, trockene Ranken und Zapfen in unterschiedlichen Größen harmonieren perfekt zu wolligen Accessoires.

NATÜRLICHE ELEMENTE

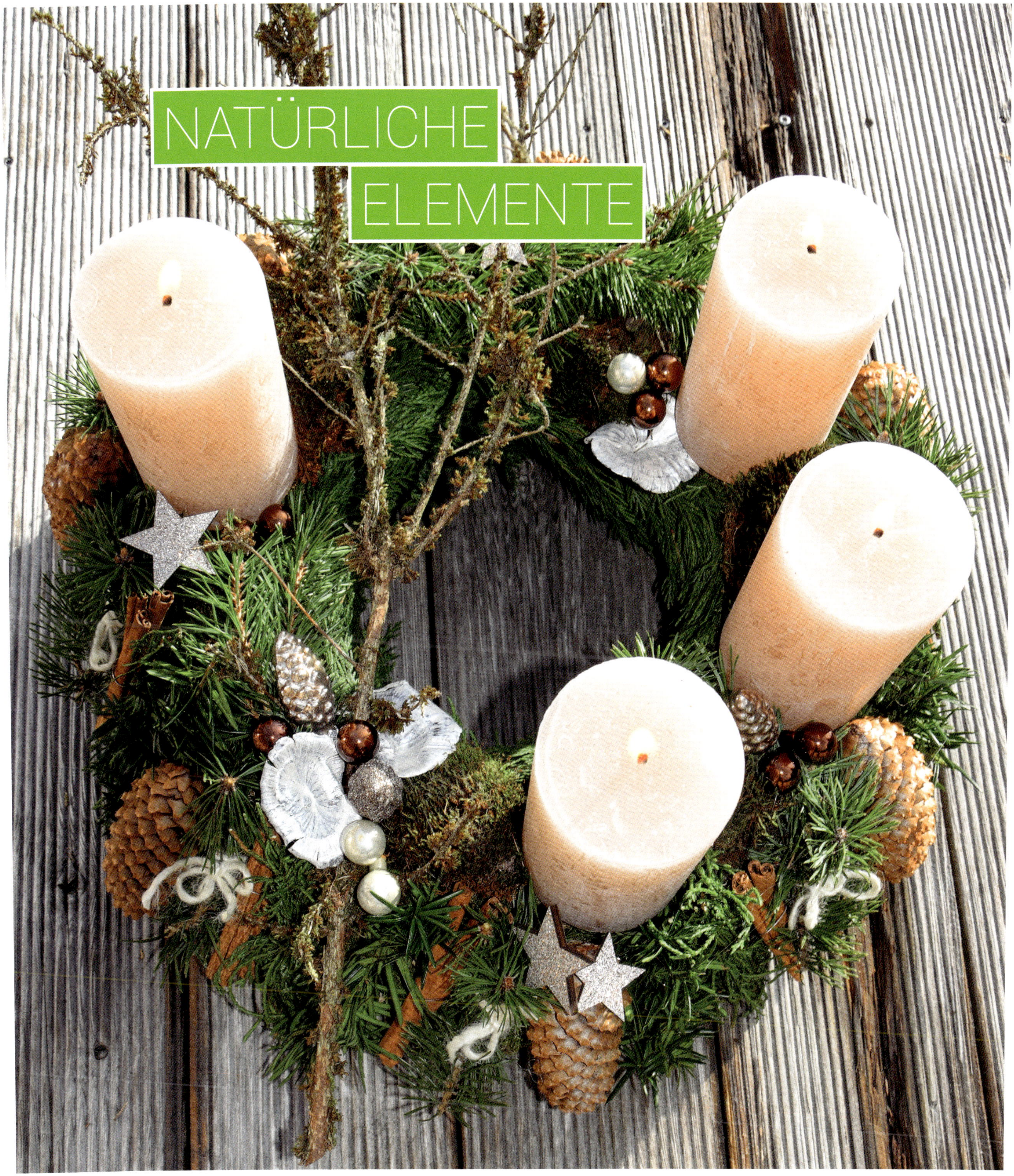

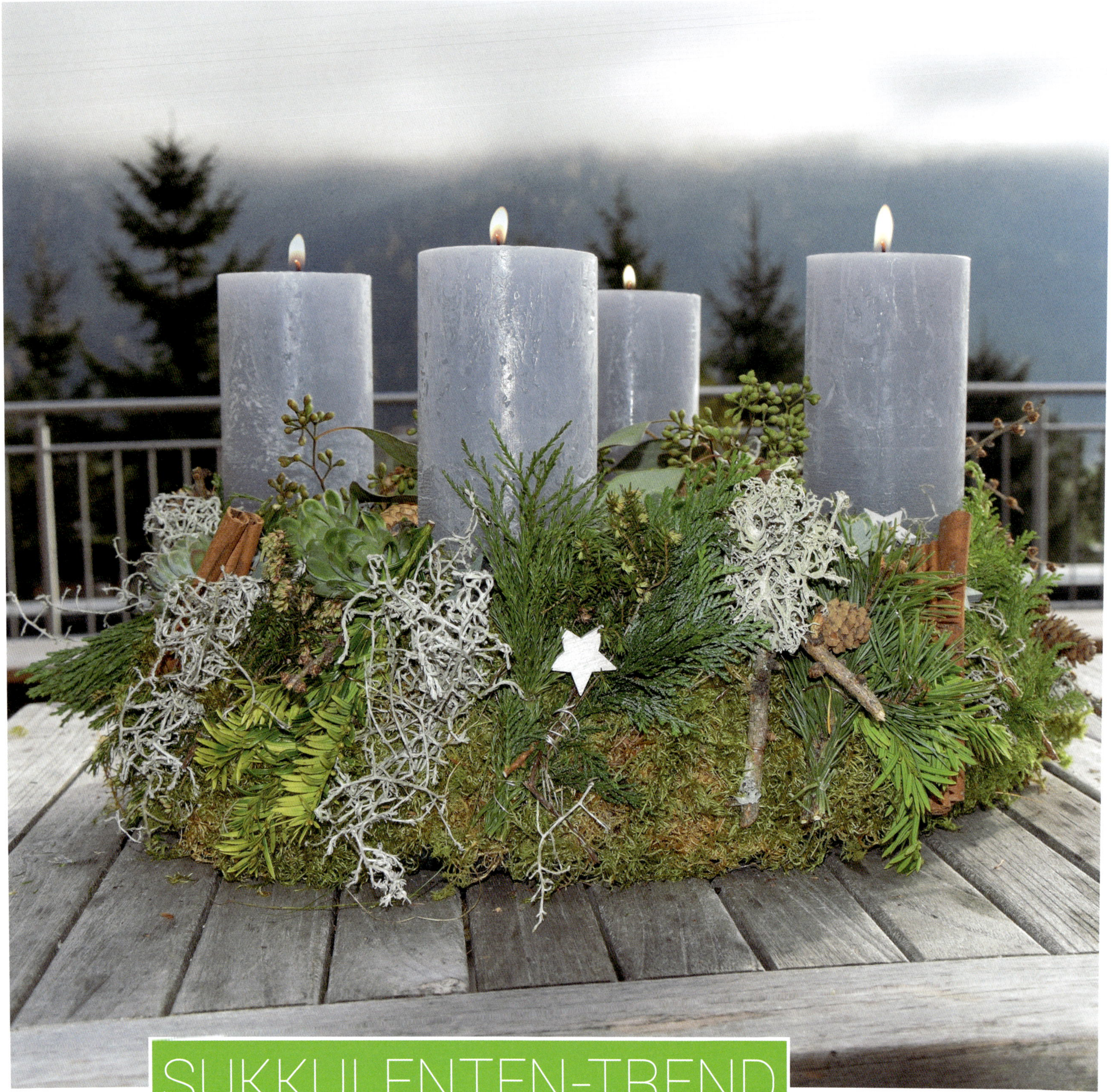

SUKKULENTEN-TREND IM ADVENT

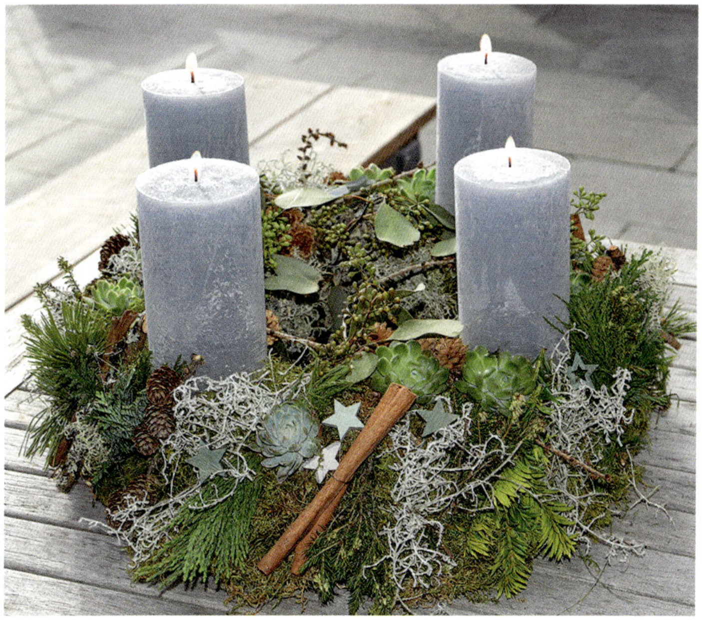

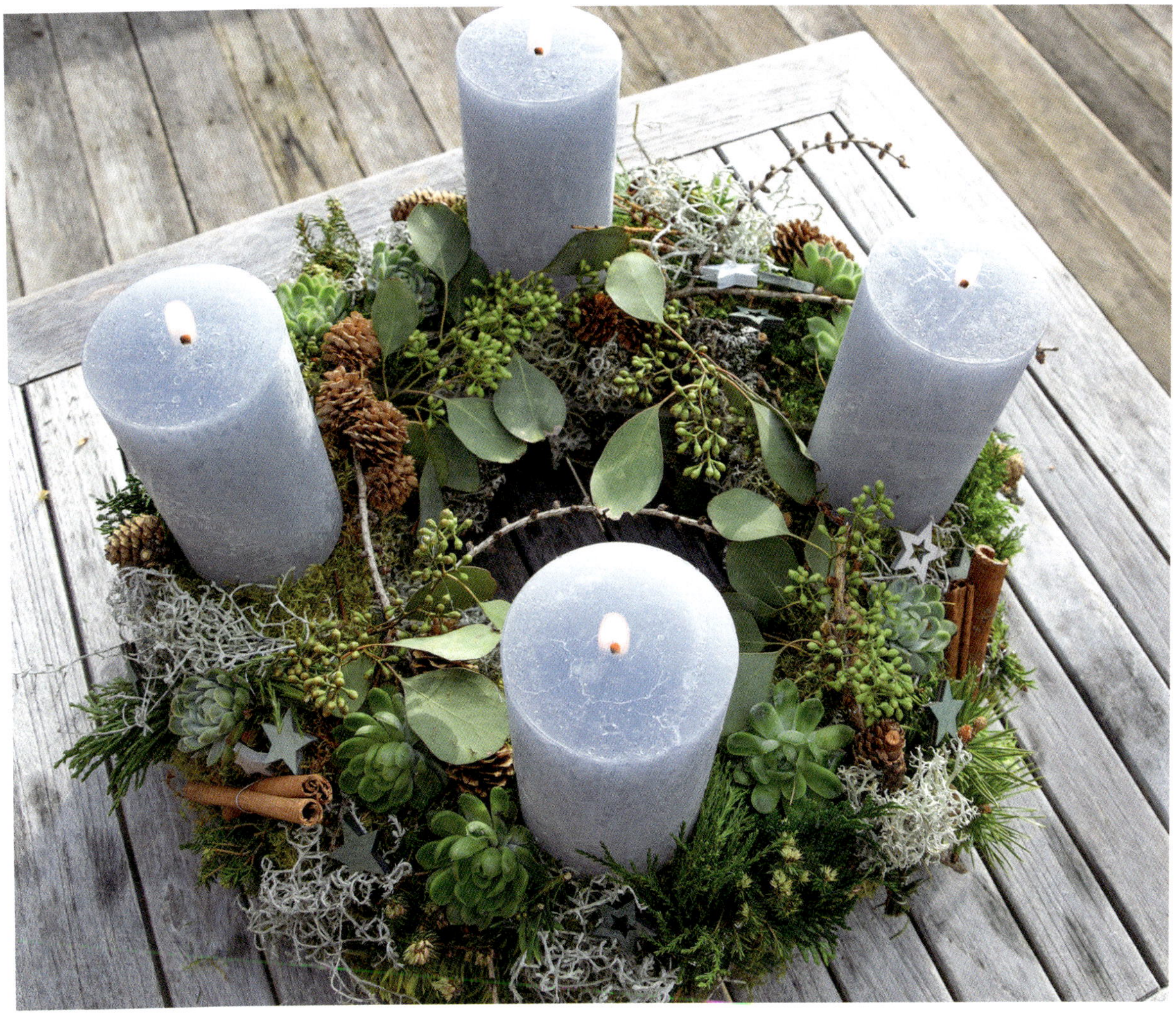

Dadurch, dass Echeverien mit besonders wenig Wasser auskommen, lassen sie sich problemlos als Schmuck im Adventskranz integrieren. Um sie im Kranz befestigen zu können, werden deshalb kleine Holzspieße in die Unterseite der Rosettenpflanze gesteckt und damit fixiert.

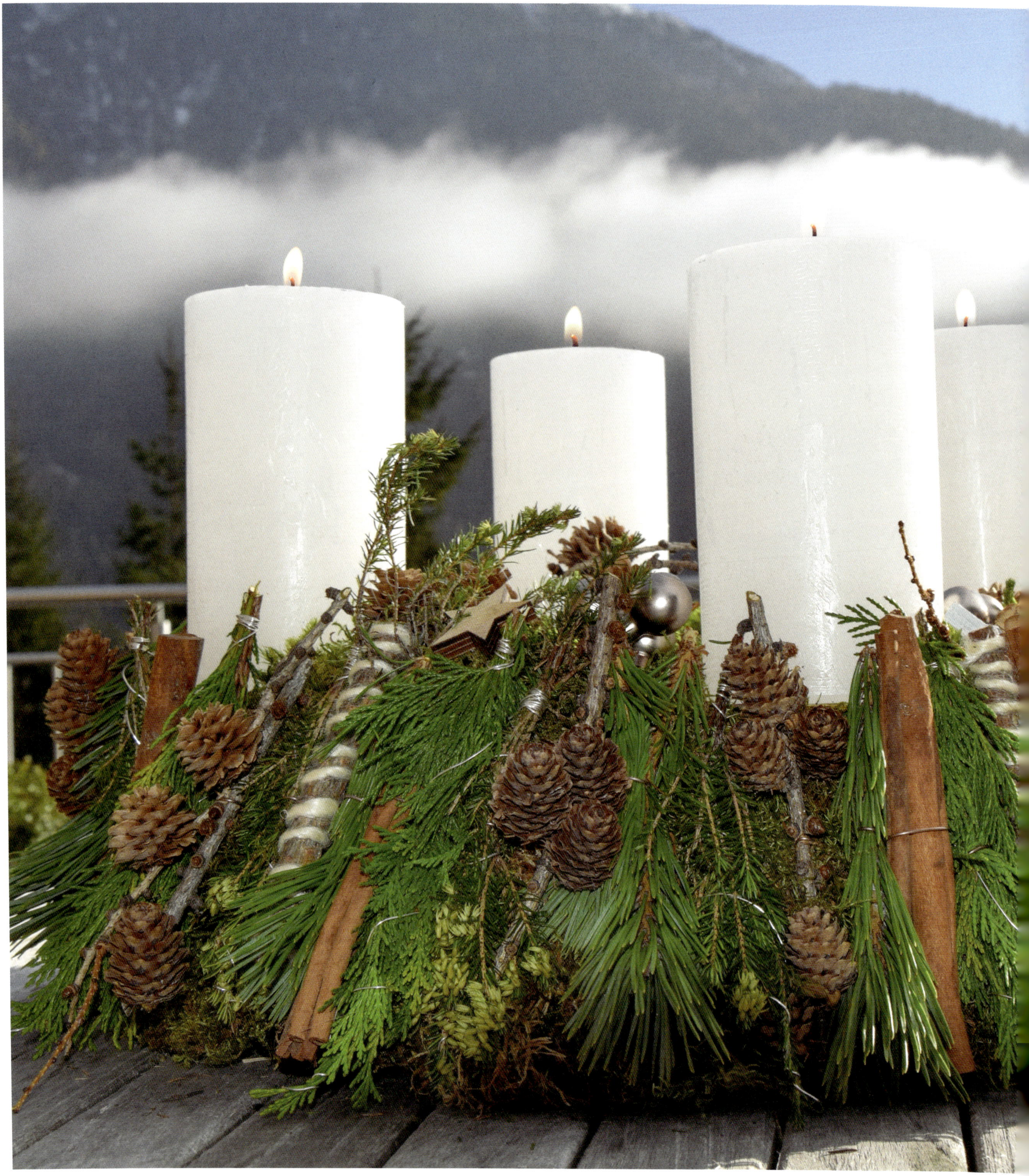

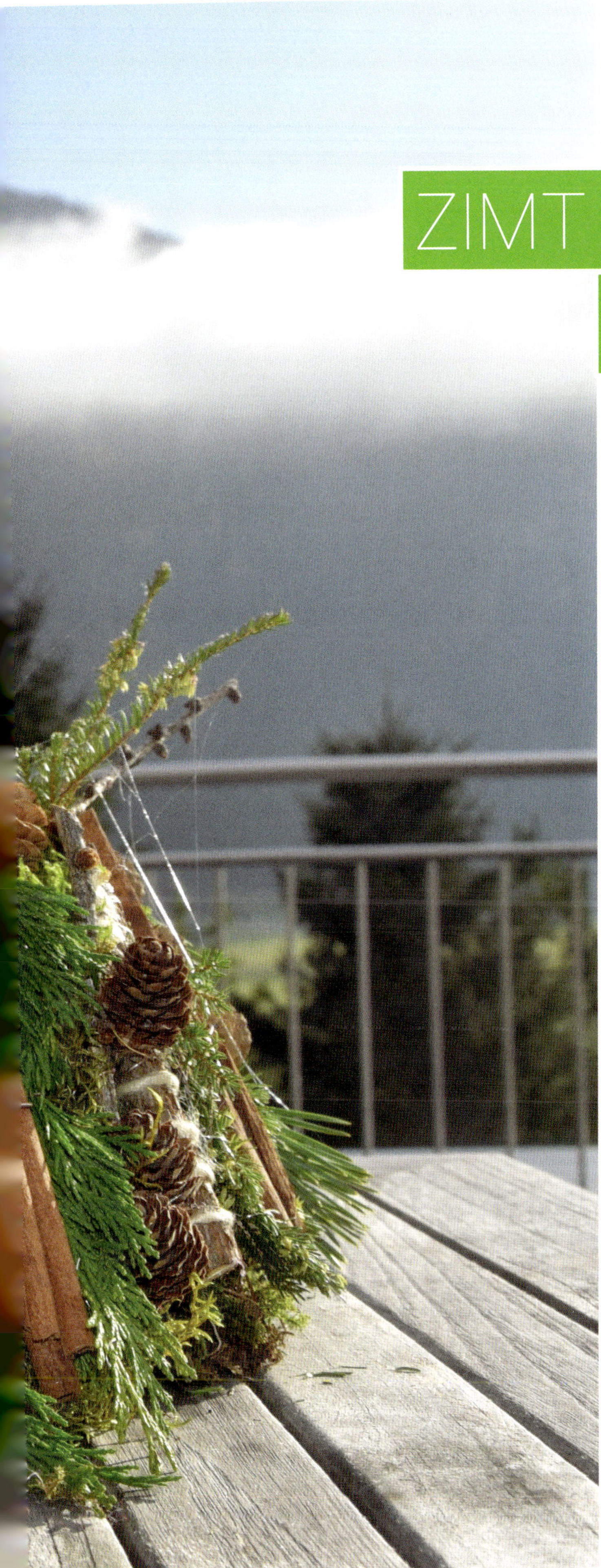

ZIMT UND ZAPFENZWEIGE

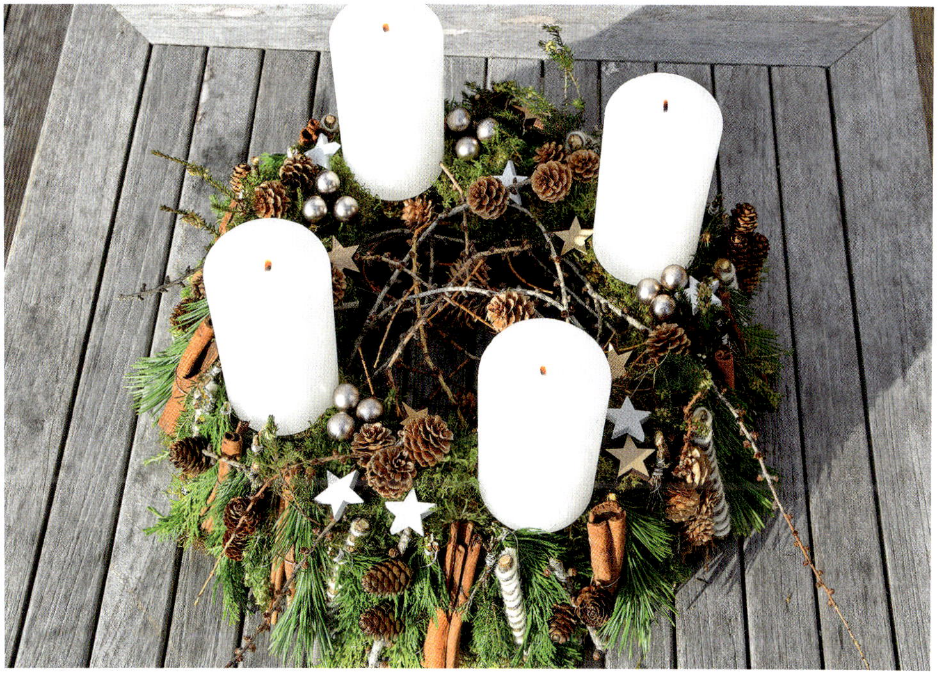

Zimtstangen gehören Weihnachten einfach immer dazu! Deshalb sind sie auch in diesen Schmuckstücken üppig vertreten. Dazu gesellen sich Lärchenzapfenzweige, die auch die Mitte des Kranzes zieren.

FARBENFROHE AKZENTE

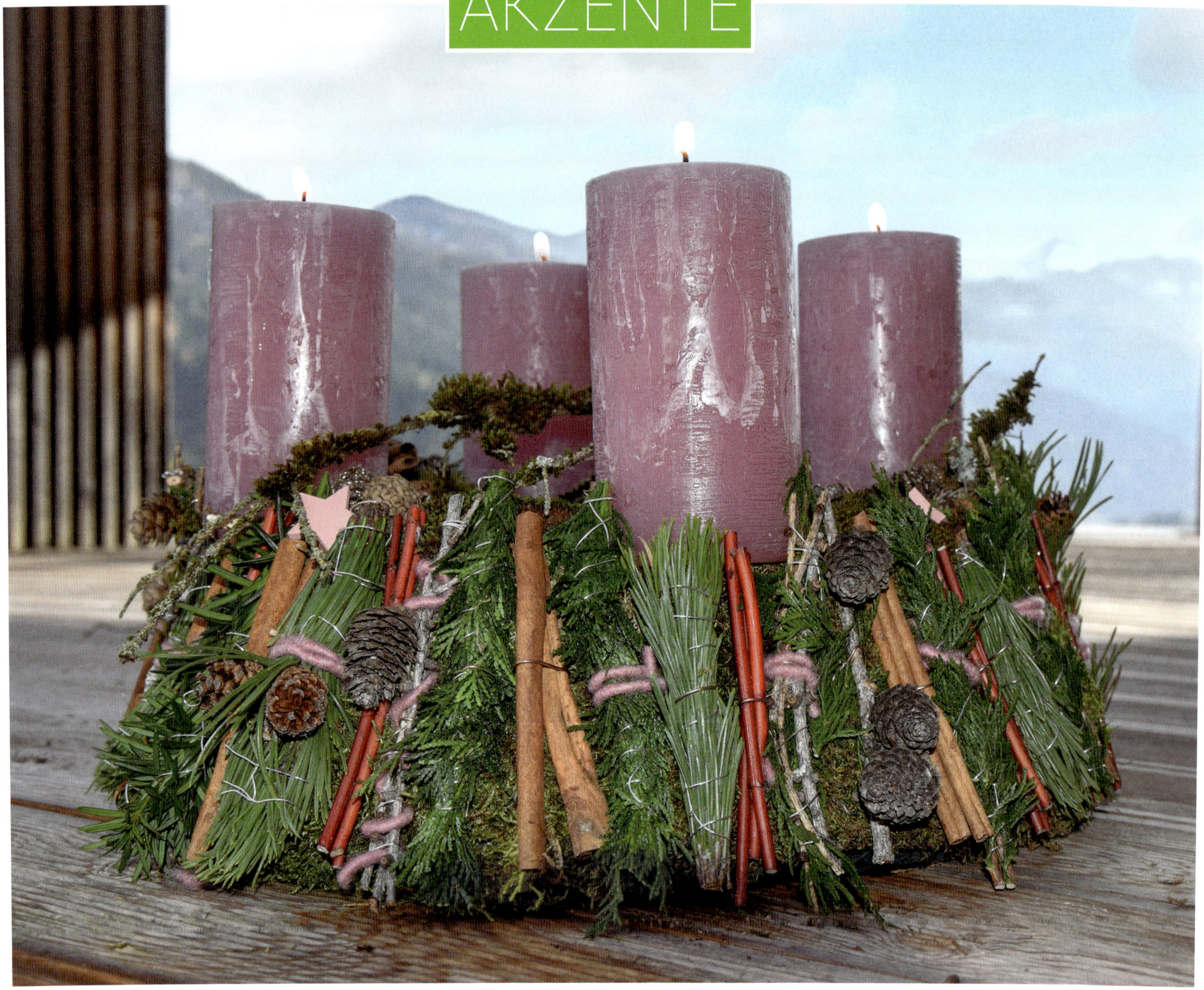

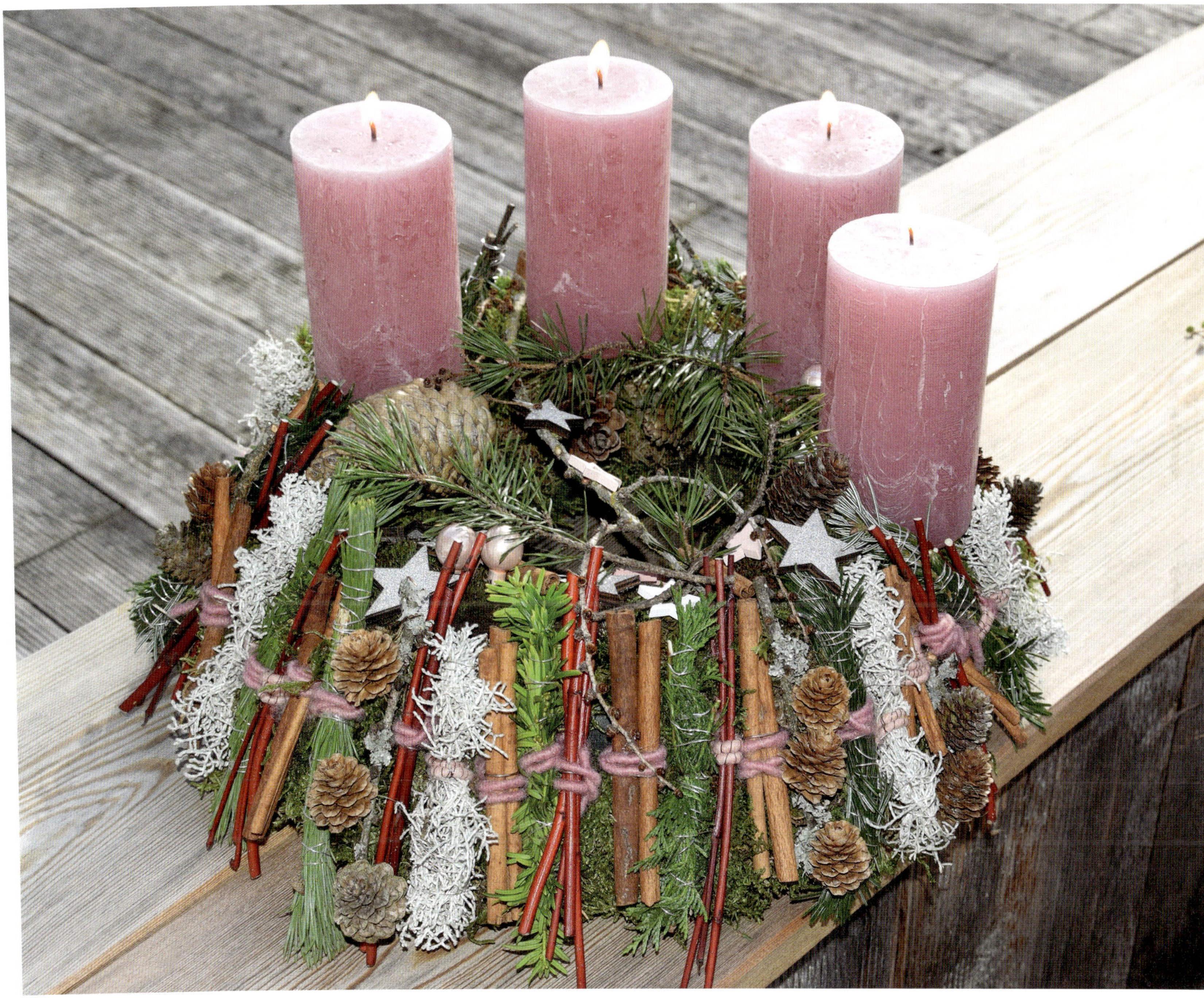

Auch bei natürlichen Materialien sind Farbakzente möglich! Und auch die stammen aus der Natur. Hier sind es rote Hartriegelzweige, die eine Liaison mit den Grün- und Brauntönen der anderen Floralien eingehen. Dazu bilden Kerzen in Rosa und Weiß einen schönen Kontrast.

IMPRESSUM

Herausgeber
BLOOM's GmbH, Ratingen (D)
Floristik + Styling
Markus A. Reinhold
Redaktion
Hella Henckel (vwtl.)
Text
Hella Henckel, Julia Bramhoff, Evelyn Schinckel
Fotos
Julia Bramhoff/BLOOM's (Seiten 82-93, 112-127)
Alexander Heide/BLOOM's (Seiten 56, 64-67)
Hella Henckel/BLOOM's (Seiten 4-21, 40-55)
Evelyn Schinckel/BLOOM's (Seiten 68-81, 94-111)
Sabrina Weller/BLOOM's (Seiten 22-39, 58-63)
Grafik Design
Marion Hennig
DTP
Gordian Jenal

Halskestraße 46
40880 Ratingen (D)
T +49 2102 9644-0
F +49 2102 896073
info@blooms.de
blooms.de
2. Auflage 2022
ISBN 978-3-96563-062-8

DANK

Auch im Namen des Verlages BLOOM's sage ich allen herzlichen Dank, die unsere Workshops durch ihre Materialspenden unterstützt haben:

- Firma Buco mit Drahtprodukten
- Firma Lehner mit Woll- und Filzprodukten
- Firma Präsent mit Dekorationsbändern
- Firma Smithers-Oasis mit Steckschaum-Produkten und technischen Hilfsmitteln
- Firma Wenzel mit Kerzen
- Firma Blumen Seidler mit Pflanzen
- Regina mit handgefertigten Holzformen

Danke auch unseren wunderbaren Hotelpartnern, in deren Räumen diese Kreationen entstanden: DAS KRONTHALER (daskronthaler.com) sowie das Naturhotel LEITHOF (leithof.com)